T&P BOOKS

ARABISCH

WOORDENSCHAT

THEMATISCHE WOORDENLIJST

NEDERLANDS ARABISCH

De meest bruikbare woorden
Om uw woordenschat uit te breiden en
uw taalvaardigheid aan te scherpen

9000 woorden

Thematische woordenschat Nederlands-Arabisch - 9000 woorden

Door Andrey Taranov

Woordenlijsten van T&P Books zijn bedoeld om u woorden van een vreemde taal te helpen leren, onthouden, en bestudering. Dit woordenboek is ingedeeld in thema's en behandelt alle belangrijk terreinen van het dagelijkse leven, bedrijven, wetenschap, cultuur, etc.

Het proces van het leren van woorden met behulp van de op thema's gebaseerde aanpak van T&P Books biedt u de volgende voordelen:

- Correct gegroepeerde informatie is bepalend voor succes bij opeenvolgende stadia van het leren van woorden
- De beschikbaarheid van woorden die van dezelfde stam zijn maakt het mogelijk om woordgroepen te onthouden (in plaats van losse woorden)
- Kleine groepen van woorden faciliteren het proces van het aanmaken van associatieve verbindingen, die nodig zijn bij het consolideren van de woordenschat
- Het niveau van talenkennis kan worden ingeschat door het aantal geleerde woorden

T&P Books Publishing
www.tpbooks.com

ISBN: 978-1-78716-721-6

Dit boek is ook beschikbaar in e-boek formaat.
Gelieve www.tpbooks.com te bezoeken of de belangrijkste online boekwinkels.

ARABISCHE WOORDENSCHAT
nieuwe woorden leren

T&P Books woordenlijsten zijn bedoeld om u te helpen vreemde woorden te leren, te onthouden, en te bestuderen. De woordenschat bevat meer dan 9000 veel gebruikte woorden die thematisch geordend zijn.

- De woordenlijst bevat de meest gebruikte woorden
- Aanbevolen als aanvulling bij welke taalcursus dan ook
- Voldoet aan de behoeften van de beginnende en gevorderde student in vreemde talen
- Geschikt voor dagelijks gebruik, bestudering en zelftestactiviteiten
- Maakt het mogelijk om uw woordenschat te evalueren

Bijzondere kenmerken van de woordenschat

- De woorden zijn gerangschikt naar hun betekenis, niet volgens alfabet
- De woorden worden weergegeven in drie kolommen om bestudering en zelftesten te vergemakkelijken
- Woorden in groepen worden verdeeld in kleine blokken om het leerproces te vergemakkelijken
- De woordenschat biedt een handige en eenvoudige beschrijving van elk buitenlands woord

De woordenschat bevat 256 onderwerpen zoals:

Basisconcepten, getallen, kleuren, maanden, seizoenen, meeteenheden, kleding en accessoires, eten & voeding, restaurant, familieleden, verwanten, karakter, gevoelens, emoties, ziekten, stad, dorp, bezienswaardigheden, winkelen, geld, huis, thuis, kantoor, werken op kantoor, import & export, marketing, werk zoeken, sport, onderwijs, computer, internet, gereedschap, natuur, landen, nationaliteiten en meer ...

INHOUDSOPGAVE

UITSPRAAKGIDS

T&P fonetisch alfabet	Arabisch voorbeeld	Nederlands voorbeeld
[a]	[ṭaffa] طَفَى	acht
[ā]	[iχtār] إِخْتَار	aan, maart
[e]	[hamburger] هامبورجر	delen, spreker
[i]	[zifāf] زِفَاف	bidden, tint
[ī]	[abrīl] أَبْرِيل	team, portier
[u]	[kalkutta] كلكتا	hoed, doe
[ū]	[ʒāmūs] جاموس	neus, treurig
[b]	[bidāya] بِدَايَة	hebben
[d]	[saʿāda] سَعَادَة	Dank u, honderd
[ḍ]	[waḍʿ] وضع	faryngale [d]
[ʒ]	[arʒantīn] الأَرجنتين	journalist, rouge
[ð]	[tiðkār] تذكار	emfatische th - [z□]
[ẓ]	[ẓahar] ظهر	faryngale [z]
[f]	[χafif] خفيف	feestdag, informeren
[g]	[gūlf] جولف	goal, tango
[h]	[ittiʒāh] إتِّجاه	het, herhalen
[ḥ]	[aḥabb] أَحَبّ	faryngale [h]
[y]	[ðahabiy] ذهبِيّ	New York, januari
[k]	[kursiy] كرسِيّ	kennen, kleur
[l]	[lamaḥ] لمح	delen, luchter
[m]	[marṣad] مرصد	morgen, etmaal
[n]	[ʒanūb] جنوب	nemen, zonder
[p]	[kaputʃīnu] كابتشينو	parallel, koper
[q]	[waθiq] وثق	kennen, kleur
[r]	[rūḥ] روح	roepen, breken
[s]	[suχriyya] سُخرِيَّة	spreken, kosten
[ṣ]	[miʿṣam] معصم	faryngale [s]
[ʃ]	[ʿaʃāʾ] عشاء	shampoo, machine
[t]	[tannūb] تنَّوب	tomaat, taart
[ṭ]	[χarīṭa] خريطة	faryngale [t]
[θ]	[mamūθ] ماموث	Stemloze dertaal, Engels - thank you
[v]	[vitnām] فيتنام	beloven, schrijven
[w]	[waddaʿ] ودَّع	twee, willen
[x]	[baχīl] بَخِيل	licht, school
[ɣ]	[taɣadda] تغدَّى	liegen, gaan
[z]	[māʿiz] ماعز	zeven, zesde
[ʿ] (ayn)	[sabʿa] سبعة	stemhebbende faryngale fricatief
[ʾ] (hamza)	[saʾal] سأل	glottisslag

AFKORTINGEN gebruikt in de woordenschat

Arabische afkortingen

du	-	dubbel meervoudig zelfstandig naamwoord
f	-	vrouwelijk zelfstandig naamwoord
m	-	mannelijk zelfstandig naamwoord
pl	-	meervoud

Nederlandse afkortingen

abn	-	als bijvoeglijk naamwoord
bijv.	-	bijvoorbeeld
bn	-	bijvoeglijk naamwoord
bw	-	bijwoord
enk.	-	enkelvoud
enz.	-	enzovoort
form.	-	formele taal
inform.	-	informele taal
mann.	-	mannelijk
mil.	-	militair
mv.	-	meervoud
on.ww.	-	onovergankelijk werkwoord
ontelb.	-	ontelbaar
ov.	-	over
ov.ww.	-	overgankelijk werkwoord
telb.	-	telbaar
vn	-	voornaamwoord
vrouw.	-	vrouwelijk
vw	-	voegwoord
vz	-	voorzetsel
wisk.	-	wiskunde
ww	-	werkwoord

Nederlandse artikelen

de	-	gemeenschappelijk geslacht
de/het	-	gemeenschappelijk geslacht, onzijdig
het	-	onzijdig

BASISBEGRIPPEN

Basisbegrippen Deel 1

1. Voornaamwoorden

ik	ana	أنا
jij, je (mann.)	anta	أنت
jij, je (vrouw.)	anti	أنت
hij	huwa	هو
zij, ze	hiya	هي
wij, we	naḥnu	نحن
jullie	antum	أنتم
zij, ze	hum	هم

2. Begroetingen. Begroetingen. Afscheid

Hallo!	as salāmu ʿalaykum!	السلام عليكم!
Goedemorgen!	ṣabāḥ al χayr!	صباح الخير!
Goedemiddag!	nahārak saʿīd!	نهارك سعيد!
Goedenavond!	masāʾ al χayr!	مساء الخير!
gedag zeggen (groeten)	sallam	سلّم
Hoi!	salām!	سلام!
groeten (het)	salām (m)	سلام
verwelkomen (ww)	sallam ʿala	سلّم على
Hoe gaat het?	kayfa ḥāluka?	كيف حالك؟
Is er nog nieuws?	ma aχbārak?	ما أخبارك؟
Dag! Tot ziens!	maʿ as salāma!	مع السلامة!
Tot snel! Tot ziens!	ilal liqāʾ!	إلى اللقاء!
Vaarwel!	maʿ as salāma!	مع السلامة!
afscheid nemen (ww)	waddaʿ	ودع
Tot kijk!	bay bay!	باي باي!
Dank u!	ʃukran!	شكرًا!
Dank u wel!	ʃukran ʒazīlan!	شكرًا جزيلًا!
Graag gedaan	ʿafwan	عفوًا
Geen dank!	la ʃukr ʿala wāʒib	لا شكر على واجب
Geen moeite.	al ʿafw	العفو
Excuseer me, … (inform.)	ʿan iðnak!	عن أذنك!
Excuseer me, … (form.)	ʿafwan!	عفوًا!
excuseren (verontschuldigen)	ʿaðar	عذر
zich verontschuldigen	iʿtaðar	إعتذر
Mijn excuses.	ana ʾāsif	أنا آسف

Het spijt me!	la tu'āχiðni!	لا تؤاخذني!
vergeven (ww)	'afa	عفا
alsjeblieft	min faḍlak	من فضلك
Vergeet het niet!	la tansa!	لا تنس!
Natuurlijk!	ṭab'an!	طبعًا!
Natuurlijk niet!	abadan!	أبدًا!
Akkoord!	ittafaqna!	إتّفقنا!
Zo is het genoeg!	kifāya!	كفاية!

3. Hoe aan te spreken

meneer	ya sayyid	يا سيّد
mevrouw	ya sayyida	يا سيدة
juffrouw	ya 'ānisa	يا آنسة
jongeman	ya ustāð	يا أستاذ
jongen	ya bni	يا بني
meisje	ya binti	يا بنتي

4. Kardinale getallen. Deel 1

nul	ṣifr	صفر
een	wāḥid	واحد
een (vrouw.)	wāḥida	واحدة
twee	iθnān	إثنان
drie	θalāθa	ثلاثة
vier	arba'a	أربعة
vijf	χamsa	خمسة
zes	sitta	ستّة
zeven	sab'a	سبعة
acht	θamāniya	ثمانية
negen	tis'a	تسعة
tien	'aʃara	عشرة
elf	aḥad 'aʃar	أحد عشر
twaalf	iθnā 'aʃar	إثنا عشر
dertien	θalāθat 'aʃar	ثلاثة عشر
veertien	arba'at 'aʃar	أربعة عشر
vijftien	χamsat 'aʃar	خمسة عشر
zestien	sittat 'aʃar	ستّة عشر
zeventien	sab'at 'aʃar	سبعة عشر
achttien	θamāniyat 'aʃar	ثمانية عشر
negentien	tis'at 'aʃar	تسعة عشر
twintig	'iʃrūn	عشرون
eenentwintig	wāḥid wa 'iʃrūn	واحد وعشرون
tweeëntwintig	iθnān wa 'iʃrūn	إثنان وعشرون
drieëntwintig	θalāθa wa 'iʃrūn	ثلاثة وعشرون
dertig	θalāθīn	ثلاثون
eenendertig	wāḥid wa θalāθūn	واحد وثلاثون

tweeëndertig	iθnān wa θalāθūn	إثنان وثلاثون
drieëndertig	θalāθa wa θalāθūn	ثلاثة وثلاثون
veertig	arba'ūn	أربعون
eenenveertig	wāḥid wa arba'ūn	واحد وأربعون
tweeënveertig	iθnān wa arba'ūn	إثنان وأربعون
drieënveertig	θalāθa wa arba'ūn	ثلاثة وأربعون
vijftig	χamsūn	خمسون
eenenvijftig	wāḥid wa χamsūn	واحد وخمسون
tweeënvijftig	iθnān wa χamsūn	إثنان وخمسون
drieënvijftig	θalāθa wa χamsūn	ثلاثة وخمسون
zestig	sittūn	ستّون
eenenzestig	wāḥid wa sittūn	واحد وستّون
tweeënzestig	iθnān wa sittūn	إثنان وستّون
drieënzestig	θalāθa wa sittūn	ثلاثة وستّون
zeventig	sab'ūn	سبعون
eenenzeventig	wāḥid wa sab'ūn	واحد وسبعون
tweeënzeventig	iθnān wa sab'ūn	إثنان وسبعون
drieënzeventig	θalāθa wa sab'ūn	ثلاثة وسبعون
tachtig	θamānūn	ثمانون
eenentachtig	wāḥid wa θamānūn	واحد وثمانون
tweeëntachtig	iθnān wa θamānūn	إثنان وثمانون
drieëntachtig	θalāθa wa θamānūn	ثلاثة وثمانون
negentig	tis'ūn	تسعون
eenennegentig	wāḥid wa tis'ūn	واحد وتسعون
tweeënnegentig	iθnān wa tis'ūn	إثنان وتسعون
drieënnegentig	θalāθa wa tis'ūn	ثلاثة وتسعون

5. Kardinale getallen. Deel 2

honderd	mi'a	مائة
tweehonderd	mi'atān	مائتان
driehonderd	θalāθumi'a	ثلاثمائة
vierhonderd	rub'umi'a	أربعمائة
vijfhonderd	χamsumi'a	خمسمائة
zeshonderd	sittumi'a	ستّمائة
zevenhonderd	sab'umi'a	سبعمائة
achthonderd	θamānimi'a	ثمانمائة
negenhonderd	tis'umi'a	تسعمائة
duizend	alf	ألف
tweeduizend	alfān	ألفان
drieduizend	θalāθat 'ālāf	ثلاثة آلاف
tienduizend	'aʃarat 'ālāf	عشرة آلاف
honderdduizend	mi'at alf	مائة ألف
miljoen (het)	milyūn (m)	مليون
miljard (het)	milyār (m)	مليار

6. Ordinale getallen

eerste (bn)	awwal	أوّل
tweede (bn)	θāni	ثان
derde (bn)	θāliθ	ثالث
vierde (bn)	rābiʿ	رابع
vijfde (bn)	χāmis	خامس
zesde (bn)	sādis	سادس
zevende (bn)	sābiʿ	سابع
achtste (bn)	θāmin	ثامن
negende (bn)	tāsiʿ	تاسع
tiende (bn)	ʿāʃir	عاشر

7. Getallen. Breuken

breukgetal (het)	kasr (m)	كسر
half	niṣf	نصف
een derde	θulθ	ثلث
kwart	rubʿ	ربع
een achtste	θumn	ثمن
een tiende	ʿuʃr	عشر
twee derde	θulθān	ثلثان
driekwart	talātit arbāʿ	ثلاثة أرباع

8. Getallen. Eenvoudige berekeningen

aftrekking (de)	ṭarḥ (m)	طرح
aftrekken (ww)	ṭaraḥ	طرح
deling (de)	qisma (f)	قسمة
delen (ww)	qasam	قسم
optelling (de)	ʒamʿ (m)	جمع
erbij optellen (bij elkaar voegen)	ʒamaʿ	جمع
optellen (ww)	ʒamaʿ	جمع
vermenigvuldiging (de)	ḍarb (m)	ضرب
vermenigvuldigen (ww)	ḍarab	ضرب

9. Getallen. Diversen

cijfer (het)	raqm (m)	رقم
nummer (het)	ʿadad (m)	عدد
telwoord (het)	ism al ʿadad (m)	إسم العدد
minteken (het)	nāqiṣ (m)	ناقص
plusteken (het)	zāʾid (m)	زائد
formule (de)	ṣīɣa (f)	صيغة
berekening (de)	ḥisāb (m)	حساب

tellen (ww)	ʻadd	عدّ
bijrekenen (ww)	ḥasab	حسب
vergelijken (ww)	qāran	قارن
Hoeveel?	kam?	كم؟
som (de), totaal (het)	maʒmūʻ (m)	مجموع
uitkomst (de)	natīʒa (f)	نتيجة
rest (de)	al bāqi (m)	الباقي
enkele (bijv. ~ minuten)	ʻiddat	عدّة
weinig (bw)	qalīl	قليل
restant (het)	al bāqi (m)	الباقي
anderhalf	wāḥid wa niṣf (m)	واحد ونصف
dozijn (het)	iθnā ʻaʃar (f)	إثنا عشر
middendoor (bw)	ila ʃaṭrayn	إلى شطرين
even (bw)	bit tasāwi	بالتساوى
helft (de)	niṣf (m)	نصف
keer (de)	marra (f)	مرّة

10. De belangrijkste werkwoorden. Deel 1

aanbevelen (ww)	naṣaḥ	نصح
aandringen (ww)	aṣarr	أصرّ
aankomen (per auto, enz.)	waṣal	وصل
aanraken (ww)	lamas	لمس
adviseren (ww)	naṣaḥ	نصح
afdalen (on.ww.)	nazil	نزل
afslaan (naar rechts ~)	inʻaṭaf	إنعطف
antwoorden (ww)	aʒāb	أجاب
bang zijn (ww)	χāf	خاف
bedreigen (bijv. met een pistool)	haddad	هدّد
bedriegen (ww)	χadaʻ	خدع
beëindigen (ww)	atamm	أتمّ
beginnen (ww)	badaʼ	بدأ
begrijpen (ww)	fahim	فهم
beheren (managen)	adār	أدار
beledigen (met scheldwoorden)	ahān	أهان
beloven (ww)	waʻad	وعد
bereiden (koken)	ḥaḍḍar	حضّر
bespreken (spreken over)	nāqaʃ	ناقش
bestellen (eten ~)	ṭalab	طلب
bestraffen (een stout kind ~)	ʻāqab	عاقب
betalen (ww)	dafaʻ	دفع
betekenen (beduiden)	ʻana	عنى
betreuren (ww)	nadim	ندم
bevallen (prettig vinden)	aʻʒab	أعجب
bevelen (mil.)	amar	أمر

bevrijden (stad, enz.)	ḥarrar	حرّر
bewaren (ww)	ḥafaẓ	حفظ
bezitten (ww)	malak	ملك
bidden (praten met God)	ṣalla	صلّى
binnengaan (een kamer ~)	daχal	دخل
breken (ww)	kasar	كسر
controleren (ww)	taḥakkam	تحكّم
creëren (ww)	χalaq	خلق
deelnemen (ww)	iʃtarak	إشترك
denken (ww)	ẓann	ظنّ
doden (ww)	qatal	قتل
doen (ww)	ʿamal	عمل
dorst hebben (ww)	arād an yaʃrab	أراد أن يشرب

11. De belangrijkste werkwoorden. Deel 2

een hint geven	aʿṭa talmīḥ	أعطى تلميحًا
eisen (met klem vragen)	ṭālib	طالب
existeren (bestaan)	kān mawʒūd	كان موجودًا
gaan (te voet)	maʃa	مشى
gaan zitten (ww)	ʒalas	جلس
gaan zwemmen	sabaḥ	سبح
geven (ww)	aʿṭa	أعطى
glimlachen (ww)	ibtasam	إبتسم
goed raden (ww)	χamman	خمّن
grappen maken (ww)	mazaḥ	مزح
graven (ww)	ḥafar	حفر
hebben (ww)	malak	ملك
helpen (ww)	sāʿad	ساعد
herhalen (opnieuw zeggen)	karrar	كرّر
honger hebben (ww)	arād an yaʾkul	أراد أن يأكل
hopen (ww)	tamanna	تمنّى
horen (waarnemen met het oor)	samiʿ	سمع
huilen (wenen)	baka	بكى
huren (huis, kamer)	istaʾʒar	إستأجر
informeren (informatie geven)	aχbar	أخبر
instemmen (akkoord gaan)	ittafaq	إتّفق
jagen (ww)	iṣṭād	إصطاد
kennen (kennis hebben van iemand)	ʿaraf	عرف
kiezen (ww)	iχtār	إختار
klagen (ww)	ʃaka	شكا
kosten (ww)	kallaf	كلّف
kunnen (ww)	istaṭāʿ	إستطاع
lachen (ww)	ḍaḥik	ضحك

laten vallen (ww)	awqaʿ	أوقع
lezen (ww)	qaraʾ	قرأ
liefhebben (ww)	aḥabb	أحبّ
lunchen (ww)	taɣadda	تغدّى
nemen (ww)	aχað	أخذ
nodig zijn (ww)	kān maṭlūb	كان مطلوبا

12. De belangrijkste werkwoorden. Deel 3

onderschatten (ww)	istaχaff	إستخفّ
ondertekenen (ww)	waqqaʿ	وقّع
ontbijten (ww)	afṭar	أفطر
openen (ww)	fataḥ	فتح
ophouden (ww)	tawaqqaf	توقّف
opmerken (zien)	lāḥaẓ	لاحظ
opscheppen (ww)	tabāha	تباهى
opschrijven (ww)	katab	كتب
plannen (ww)	χaṭṭaṭ	خطّط
prefereren (verkiezen)	faḍḍal	فضّل
proberen (trachten)	ḥāwal	حاول
redden (ww)	anqað	أنقذ
rekenen op ...	iʿtamad ʿala ...	إعتمد على...
rennen (ww)	ʒara	جرى
reserveren (een hotelkamer ~)	ḥaʒaz	حجز
roepen (om hulp)	istaɣāθ	إستغاث
schieten (ww)	aṭlaq an nār	أطلق النار
schreeuwen (ww)	ṣaraχ	صرخ
schrijven (ww)	katab	كتب
souperen (ww)	taʿaʃʃa	تعشّى
spelen (kinderen)	laʿib	لعب
spreken (ww)	takallam	تكلّم
stelen (ww)	saraq	سرق
stoppen (pauzeren)	waqaf	وقف
studeren (Nederlands ~)	daras	درس
sturen (zenden)	arsal	أرسل
tellen (optellen)	ʿadd	عدّ
toebehoren aan ...	χaṣṣ	خصّ
toestaan (ww)	raχχaṣ	رخّص
tonen (ww)	ʿaraḍ	عرض
twijfelen (onzeker zijn)	ʃakk fi	شكّ في
uitgaan (ww)	χaraʒ	خرج
uitnodigen (ww)	daʿa	دعا
uitspreken (ww)	naṭaq	نطق
uitvaren tegen (ww)	wabbaχ	وبّخ

13. De belangrijkste werkwoorden. Deel 4

vallen (ww)	saqaṭ	سقط
vangen (ww)	amsak	أمسك
veranderen (anders maken)	ɣayyar	غيّر
verbaasd zijn (ww)	indahaʃ	إندهش
verbergen (ww)	χaba'	خبأ
verdedigen (je land ~)	dāfa'	دافع
verenigen (ww)	waḥḥad	وحّد
vergelijken (ww)	qāran	قارن
vergeten (ww)	nasiy	نسي
vergeven (ww)	'afa	عفا
verklaren (uitleggen)	ʃaraḥ	شرح
verkopen (per stuk ~)	bā'	باع
vermelden (praten over)	ðakar	ذكر
versieren (decoreren)	zayyan	زيّن
vertalen (ww)	tarʒam	ترجم
vertrouwen (ww)	waθiq	وثق
vervolgen (ww)	istamarr	إستمرّ
verwarren (met elkaar ~)	iχtalaṭ	إختلط
verzoeken (ww)	ṭalab	طلب
verzuimen (school, enz.)	ɣāb	غاب
vinden (ww)	waʒad	وجد
vliegen (ww)	ṭār	طار
volgen (ww)	taba'	تبع
voorstellen (ww)	iqtaraḥ	إقترح
voorzien (verwachten)	tanabba'	تنبّأ
vragen (ww)	sa'al	سأل
waarnemen (ww)	rāqab	راقب
waarschuwen (ww)	ḥaððar	حذّر
wachten (ww)	intaẓar	إنتظر
weerspreken (ww)	i'taraḍ	إعترض
weigeren (ww)	rafaḍ	رفض
werken (ww)	'amal	عمل
weten (ww)	'araf	عرف
willen (verlangen)	arād	أراد
zeggen (ww)	qāl	قال
zich haasten (ww)	ista'ʒal	إستعجل
zich interesseren voor ...	ihtamm	إهتمّ
zich vergissen (ww)	aχṭa'	أخطأ
zich verontschuldigen	i'taðar	إعتذر
zien (ww)	ra'a	رأى
zijn (ww)	kān	كان
zoeken (ww)	baḥaθ	بحث
zwemmen (ww)	sabaḥ	سبح
zwijgen (ww)	sakat	سكت

14. Kleuren

kleur (de)	lawn (m)	لون
tint (de)	daraʒat al lawn (m)	درجة اللون
kleurnuance (de)	ṣabɣit lūn (f)	لون
regenboog (de)	qaws quzaḥ (m)	قوس قزح
wit (bn)	abyaḍ	أبيض
zwart (bn)	aswad	أسود
grijs (bn)	ramādiy	رماديّ
groen (bn)	aχḍar	أخضر
geel (bn)	aṣfar	أصفر
rood (bn)	aḥmar	أحمر
blauw (bn)	azraq	أزرق
lichtblauw (bn)	azraq fātiḥ	أزرق فاتح
roze (bn)	wardiy	ورديّ
oranje (bn)	burtuqāliy	برتقاليّ
violet (bn)	banafsaʒiy	بنفسجيّ
bruin (bn)	bunniy	بنّيّ
goud (bn)	ðahabiy	ذهبيّ
zilverkleurig (bn)	fiḍḍiy	فضيّ
beige (bn)	bɛ:ʒ	بيج
roomkleurig (bn)	ʿāʒiy	عاجيّ
turkoois (bn)	fayrūziy	فيروزيّ
kersrood (bn)	karaziy	كرزيّ
lila (bn)	laylakiy	ليلكيّ
karmijnrood (bn)	qirmiziy	قرمزيّ
licht (bn)	fātiḥ	فاتح
donker (bn)	ɣāmiq	غامق
fel (bn)	zāhi	زاه
kleur-, kleurig (bn)	mulawwan	ملوّن
kleuren- (abn)	mulawwan	ملوّن
zwart-wit (bn)	abyaḍ wa aswad	أبيض وأسود
eenkleurig (bn)	waḥīd al lawn, sāda	وحيد اللون, سادة
veelkleurig (bn)	mutaʿaddid al alwān	متعدّد الألوان

15. Vragen

Wie?	man?	من؟
Wat?	māða?	ماذا؟
Waar?	ayna?	أين؟
Waarheen?	ila ayna?	إلى أين؟
Waarvandaan?	min ayna?	من أين؟
Wanneer?	mata?	متى؟
Waarom?	li māða?	لماذا؟
Waarom?	li māða?	لماذا؟
Waarvoor dan ook?	li māða?	لماذا؟

Hoe?	kayfa?	كيف؟
Wat voor ...?	ay?	أي؟
Welk?	ay?	أي؟
Aan wie?	li man?	لمن؟
Over wie?	ʻamman?	عمّن؟
Waarover?	ʻamma?	عمّا؟
Met wie?	maʻ man?	مع من؟
Hoeveel?	kam?	كم؟
Van wie? (mann.)	li man?	لمن؟

16. Voorzetsels

met (bijv. ~ beleg)	maʻ	مع
zonder (~ accent)	bi dūn	بدون
naar (in de richting van)	ila	إلى
over (praten ~)	ʻan	عن
voor (in tijd)	qabl	قبل
voor (aan de voorkant)	amām	أمام
onder (lager dan)	taḥt	تحت
boven (hoger dan)	fawq	فوق
op (bovenop)	ʻala	على
van (uit, afkomstig van)	min	من
van (gemaakt van)	min	من
over (bijv. ~ een uur)	baʻd	بعد
over (over de bovenkant)	ʻabr	عبر

17. Functiewoorden. Bijwoorden. Deel 1

Waar?	ayna?	أين؟
hier (bw)	huna	هنا
daar (bw)	hunāk	هناك
ergens (bw)	fi makānin ma	في مكان ما
nergens (bw)	la fi ay makān	لا في أي مكان
bij ... (in de buurt)	bi ʒānib	بجانب
bij het raam	bi ʒānib aʃ ʃubbāk	بجانب الشبّاك
Waarheen?	ila ayna?	إلى أين؟
hierheen (bw)	huna	هنا
daarheen (bw)	hunāk	هناك
hiervandaan (bw)	min huna	من هنا
daarvandaan (bw)	min hunāk	من هناك
dichtbij (bw)	qarīban	قريبًا
ver (bw)	baʻīdan	بعيدًا
in de buurt (van ...)	ʻind	عند
dichtbij (bw)	qarīban	قريبًا

niet ver (bw)	ɣayr baʿīd	غير بعيد
linker (bn)	al yasār	اليسار
links (bw)	ʿalaʃ ʃimāl	على الشمال
linksaf, naar links (bw)	ilaʃ ʃimāl	إلى الشمال
rechter (bn)	al yamīn	اليمين
rechts (bw)	ʿalal yamīn	على اليمين
rechtsaf, naar rechts (bw)	ilal yamīn	إلى اليمين
vooraan (bw)	min al amām	من الأمام
voorste (bn)	amāmiy	أماميّ
vooruit (bw)	ilal amām	إلى الأمام
achter (bw)	warāʾ	وراء
van achteren (bw)	min al warāʾ	من الوراء
achteruit (naar achteren)	ilal warāʾ	إلى الوراء
midden (het)	wasaṭ (m)	وسط
in het midden (bw)	fil wasat	في الوسط
opzij (bw)	bi ʒānib	بجانب
overal (bw)	fi kull makān	في كل مكان
omheen (bw)	ḥawl	حول
binnenuit (bw)	min ad dāχil	من الداخل
naar ergens (bw)	ila ayy makān	إلى أيّ مكان
rechtdoor (bw)	bi aqṣar ṭarīq	بأقصر طريق
terug (bijv. ~ komen)	ʾīyāban	إيابًا
ergens vandaan (bw)	min ayy makān	من أي مكان
ergens vandaan (en dit geld moet ~ komen)	min makānin ma	من مكان ما
ten eerste (bw)	awwalan	أوّلًا
ten tweede (bw)	θāniyan	ثانيًا
ten derde (bw)	θāliθan	ثالثًا
plotseling (bw)	faʒʾa	فجأة
in het begin (bw)	fil bidāya	في البداية
voor de eerste keer (bw)	li ʾawwal marra	لأوّل مرّة
lang voor … (bw)	qabl … bi mudda ṭawīla	قبل...بمدّة طويلة
opnieuw (bw)	min ʒadīd	من جديد
voor eeuwig (bw)	ilal abad	إلى الأبد
nooit (bw)	abadan	أبدًا
weer (bw)	min ʒadīd	من جديد
nu (bw)	al ʾān	الآن
vaak (bw)	kaθīran	كثيرًا
toen (bw)	fi ðalika al waqt	في ذلك الوقت
urgent (bw)	ʿāʒilan	عاجلًا
meestal (bw)	kal ʿāda	كالعادة
trouwens, … (tussen haakjes)	ʿala fikra …	على فكرة...
mogelijk (bw)	min al mumkin	من الممكن
waarschijnlijk (bw)	laʿalla	لعلّ

misschien (bw)	min al mumkin	من الممكن
trouwens (bw)	bil iḍāfa ila ðalik …	بالإضافة إلى...
daarom …	li ðalik	لذلك
in weerwil van …	bir raɣm min …	بالرغم من...
dankzij …	bi faḍl …	بفضل...
wat (vn)	allaði	الذي
dat (vw)	anna	أنّ
iets (vn)	ʃay' (m)	شيء
iets	ʃay' (m)	شيء
niets (vn)	la ʃay'	لا شيء
wie (~ is daar?)	allaði	الذي
iemand (een onbekende)	aḥad	أحد
iemand (een bepaald persoon)	aḥad	أحد
niemand (vn)	la aḥad	لا أحد
nergens (bw)	la ila ay makān	لا إلى أي مكان
niemands (bn)	la yaχuṣṣ aḥad	لا يخص أحدًا
iemands (bn)	li aḥad	لأحد
zo (Ik ben ~ blij)	hakaða	هكذا
ook (evenals)	kaðalika	كذلك
alsook (eveneens)	ayḍan	أيضًا

18. Functiewoorden. Bijwoorden. Deel 2

Waarom?	li māða?	لماذا؟
om een bepaalde reden	li sababin ma	لسبب ما
omdat …	li'anna …	لأنّ...
voor een bepaald doel	li amr mā	لأمر ما
en (vw)	wa	و
of (vw)	aw	أو
maar (vw)	lakin	لكن
voor (vz)	li	لـ
te (~ veel mensen)	kaθīran ʒiddan	كثير جدّاً
alleen (bw)	faqaṭ	فقط
precies (bw)	biḍ ḍabṭ	بالضبط
ongeveer (~ 10 kg)	naḥw	نحو
omstreeks (bw)	taqrīban	تقريبًا
bij benadering (bn)	taqrībiy	تقريبيّ
bijna (bw)	taqrīban	تقريبًا
rest (de)	al bāqi (m)	الباقي
elk (bn)	kull	كلّ
om het even welk	ayy	أيّ
veel (grote hoeveelheid)	kaθīr	كثير
veel mensen	kaθīr min an nās	كثير من الناس
iedereen (alle personen)	kull an nās	كل الناس
in ruil voor …	muqābil …	مقابل...

in ruil (bw)	muqābil	مقابل
met de hand (bw)	bil yad	باليد
onwaarschijnlijk (bw)	hayhāt	هيهات
waarschijnlijk (bw)	la'alla	لعلّ
met opzet (bw)	qaṣdan	قصدا
toevallig (bw)	ṣudfa	صدفة
zeer (bw)	ʒiddan	جدًا
bijvoorbeeld (bw)	maθalan	مثلًا
tussen (~ twee steden)	bayn	بين
tussen (te midden van)	bayn	بين
zoveel (bw)	haðihi al kammiyya	هذه الكمية
vooral (bw)	χāṣṣa	خاصّة

Basisbegrippen Deel 2

19. Dagen van de week

maandag (de)	yawm al iθnayn (m)	يوم الإثنين
dinsdag (de)	yawm aθ θulāθā' (m)	يوم الثلاثاء
woensdag (de)	yawm al arbi'ā' (m)	يوم الأربعاء
donderdag (de)	yawm al χamīs (m)	يوم الخميس
vrijdag (de)	yawm al ʒum'a (m)	يوم الجمعة
zaterdag (de)	yawm as sabt (m)	يوم السبت
zondag (de)	yawm al aḥad (m)	يوم الأحد
vandaag (bw)	al yawm	اليوم
morgen (bw)	ɣadan	غداً
overmorgen (bw)	ba'd ɣad	بعد غد
gisteren (bw)	ams	أمس
eergisteren (bw)	awwal ams	أوّل أمس
dag (de)	yawm (m)	يوم
werkdag (de)	yawm 'amal (m)	يوم عمل
feestdag (de)	yawm al 'uṭla ar rasmiyya (m)	يوم العطلة الرسمية
verlofdag (de)	yawm 'uṭla (m)	يوم عطلة
weekend (het)	ayyām al 'uṭla (pl)	أيام العطلة
de hele dag (bw)	ṭūl al yawm	طول اليوم
de volgende dag (bw)	fil yawm at tāli	في اليوم التالي
twee dagen geleden	min yawmayn	قبل يومين
aan de vooravond (bw)	fil yawm as sābiq	في اليوم السابق
dag-, dagelijks (bn)	yawmiy	يومي
elke dag (bw)	yawmiyyan	يومياً
week (de)	usbū' (m)	أسبوع
vorige week (bw)	fil isbū' al māḍi	في الأسبوع الماضي
volgende week (bw)	fil isbū' al qādim	في الأسبوع القادم
wekelijks (bn)	usbū'iy	أسبوعي
elke week (bw)	usbū'iyyan	أسبوعياً
twee keer per week	marratayn fil usbū'	مرّتين في الأسبوع
elke dinsdag	kull yawm aθ θulaθā'	كل يوم الثلاثاء

20. Uren. Dag en nacht

morgen (de)	ṣabāḥ (m)	صباح
's morgens (bw)	fiṣ ṣabāḥ	في الصباح
middag (de)	ẓuhr (m)	ظهر
's middags (bw)	ba'd aẓ ẓuhr	بعد الظهر
avond (de)	masā' (m)	مساء
's avonds (bw)	fil masā'	في المساء

nacht (de)	layl (m)	ليل
's nachts (bw)	bil layl	بالليل
middernacht (de)	muntaṣif al layl (m)	منتصف الليل
seconde (de)	θāniya (f)	ثانية
minuut (de)	daqīqa (f)	دقيقة
uur (het)	sā'a (f)	ساعة
halfuur (het)	niṣf sā'a (m)	نصف ساعة
kwartier (het)	rub' sā'a (f)	ربع ساعة
vijftien minuten	χamsat 'aʃar daqīqa	خمس عشرة دقيقة
etmaal (het)	yawm kāmil (m)	يوم كامل
zonsopgang (de)	ʃurūq aʃ ʃams (m)	شروق الشمس
dageraad (de)	faʒr (m)	فجر
vroege morgen (de)	ṣabāḥ bākir (m)	صباح باكر
zonsondergang (de)	ɣurūb aʃ ʃams (m)	غروب الشمس
's morgens vroeg (bw)	fis ṣabāḥ al bākir	في الصباح الباكر
vanmorgen (bw)	al yawm fiṣ ṣabāḥ	اليوم في الصباح
morgenochtend (bw)	ɣadan fiṣ ṣabāḥ	غدًا في الصباح
vanmiddag (bw)	al yawm ba'd aẓ ẓuhr	اليوم بعد الظهر
's middags (bw)	ba'd aẓ ẓuhr	بعد الظهر
morgenmiddag (bw)	ɣadan ba'd aẓ ẓuhr	غدًا بعد الظهر
vanavond (bw)	al yawm fil masā'	اليوم في المساء
morgenavond (bw)	ɣadan fil masā'	غدًا في المساء
klokslag drie uur	fis sā'a aθ θāliθa tamāman	في الساعة الثالثة تماما
ongeveer vier uur	fis sā'a ar rābi'a taqrīban	في الساعة الرابعة تقريبا
tegen twaalf uur	ḥattas sā'a aθ θāniya 'aʃara	حتى الساعة الثانية عشرة
over twintig minuten	ba'd 'iʃrīn daqīqa	بعد عشرين دقيقة
over een uur	ba'd sā'a	بعد ساعة
op tijd (bw)	fi maw'idih	في موعده
kwart voor ...	illa rub'	إلا ربع
binnen een uur	ṭiwāl sā'a	طوال الساعة
elk kwartier	kull rub' sā'a	كل ربع ساعة
de klok rond	layl nahār	ليل نهار

21. Maanden. Seizoenen

januari (de)	yanāyir (m)	يناير
februari (de)	fibrāyir (m)	فبراير
maart (de)	māris (m)	مارس
april (de)	abrīl (m)	أبريل
mei (de)	māyu (m)	مايو
juni (de)	yūnyu (m)	يونيو
juli (de)	yūlyu (m)	يوليو
augustus (de)	aɣusṭus (m)	أغسطس
september (de)	sibtambar (m)	سبتمبر
oktober (de)	uktūbir (m)	أكتوبر
november (de)	nuvimbar (m)	نوفمبر

december (de)	disimbar (m)	ديسمبر
lente (de)	rabīʿ (m)	ربيع
in de lente (bw)	fir rabīʿ	في الربيع
lente- (abn)	rabīʿiy	ربيعي
zomer (de)	ṣayf (m)	صيف
in de zomer (bw)	fiṣ ṣayf	في الصيف
zomer-, zomers (bn)	ṣayfiy	صيفي
herfst (de)	χarīf (m)	خريف
in de herfst (bw)	fil χarīf	في الخريف
herfst- (abn)	χarīfiy	خريفيّ
winter (de)	ʃitāʾ (m)	شتاء
in de winter (bw)	fiʃ ʃitāʾ	في الشتاء
winter- (abn)	ʃitawiy	شتويّ
maand (de)	ʃahr (m)	شهر
deze maand (bw)	fi haða aʃ ʃahr	في هذا الشهر
volgende maand (bw)	fiʃ ʃahr al qādim	في الشهر القادم
vorige maand (bw)	fiʃ ʃahr al māḍi	في الشهر الماضي
een maand geleden (bw)	qabl ʃahr	قبل شهر
over een maand (bw)	baʿd ʃahr	بعد شهر
over twee maanden (bw)	baʿd ʃahrayn	بعد شهرين
de hele maand (bw)	ṭūl aʃ ʃahr	طول الشهر
een volle maand (bw)	ʃahr kāmil	شهر كامل
maand-, maandelijks (bn)	ʃahriy	شهريّ
maandelijks (bw)	kull ʃahr	كل شهر
elke maand (bw)	kull ʃahr	كل شهر
twee keer per maand	marratayn fiʃ ʃahr	مرّتين في الشهر
jaar (het)	sana (f)	سنة
dit jaar (bw)	fi haðihi as sana	في هذه السنة
volgend jaar (bw)	fis sana al qādima	في السنة القادمة
vorig jaar (bw)	fis sana al māḍiya	في السنة الماضية
een jaar geleden (bw)	qabla sana	قبل سنة
over een jaar	baʿd sana	بعد سنة
over twee jaar	baʿd sanatayn	بعد سنتين
het hele jaar	ṭūl as sana	طول السنة
een vol jaar	sana kāmila	سنة كاملة
elk jaar	kull sana	كل سنة
jaar-, jaarlijks (bn)	sanawiy	سنويّ
jaarlijks (bw)	kull sana	كل سنة
4 keer per jaar	arbaʿ marrāt fis sana	أربع مرّات في السنة
datum (de)	tarīχ (m)	تاريخ
datum (de)	tarīχ (m)	تاريخ
kalender (de)	taqwīm (m)	تقويم
een half jaar	niṣf sana (m)	نصف سنة
zes maanden	niṣf sana (m)	نصف سنة
seizoen (bijv. lente, zomer)	faṣl (m)	فصل
eeuw (de)	qarn (m)	قرن

22. Tijd. Diversen

tijd (de)	waqt (m)	وقت
ogenblik (het)	lahẓa (f)	لحظة
moment (het)	lahẓa (f)	لحظة
ogenblikkelijk (bn)	χāṭif	خاطف
tijdsbestek (het)	fatra (f)	فترة
leven (het)	ḥayāt (f)	حياة
eeuwigheid (de)	abadiyya (f)	أبديّة
epoche (de), tijdperk (het)	ʿahd (m)	عهد
era (de), tijdperk (het)	ʿaṣr (m)	عصر
cyclus (de)	dawra (f)	دورة
periode (de)	fatra (f)	فترة
termijn (vastgestelde periode)	fatra (f)	فترة
toekomst (de)	al mustaqbal (m)	المستقبل
toekomstig (bn)	qādim	قادم
de volgende keer	fil marra al qādima	في المرّة القادمة
verleden (het)	al māḍi (m)	الماضي
vorig (bn)	māḍi	ماض
de vorige keer	fil marra al māḍiya	في المرّة الماضية
later (bw)	fima baʿd	فيما بعد
na (~ het diner)	baʿd	بعد
tegenwoordig (bw)	fi haðihi al ayyām	في هذه الأيام
nu (bw)	al ʾān	الآن
onmiddellijk (bw)	ḥālan	حالًا
snel (bw)	qarīban	قريبًا
bij voorbaat (bw)	muqaddaman	مقدّمًا
lang geleden (bw)	min zamān	من زمان
kort geleden (bw)	min zaman qarīb	من زمان قريب
noodlot (het)	maṣīr (m)	مصير
herinneringen (mv.)	ðikra (f)	ذكرى
archief (het)	arʃīf (m)	أرشيف
tijdens ... (ten tijde van)	aθnāʾ...	أثناء...
lang (bw)	li mudda ṭawīla	لمدّة طويلة
niet lang (bw)	li mudda qaṣīra	لمدّة قصيرة
vroeg (bijv. ~ in de ochtend)	bākiran	باكرًا
laat (bw)	mutaʾaχχiran	متأخّرًا
voor altijd (bw)	lil abad	للأبد
beginnen (ww)	badaʾ	بدأ
uitstellen (ww)	aʒʒal	أجّل
tegelijkertijd (bw)	fi nafs al waqt	في نفس الوقت
voortdurend (bw)	dāʾiman	دائمًا
voortdurend	mustamirr	مستمرّ
tijdelijk (bn)	muʾaqqat	مؤقّت
soms (bw)	min ḥīn li ʾāχar	من حين لآخر
zelden (bw)	nādiran	نادرًا
vaak (bw)	kaθīran	كثيرًا

23. Tegenovergestelden

rijk (bn)	ɣaniy	غنيّ
arm (bn)	faqīr	فقير
ziek (bn)	marīḍ	مريض
gezond (bn)	salīm	سليم
groot (bn)	kabīr	كبير
klein (bn)	ṣaɣīr	صغير
snel (bw)	bi surʿa	بسرعة
langzaam (bw)	bi buṭʾ	ببطء
snel (bn)	sarīʿ	سريع
langzaam (bn)	baṭīʾ	بطيء
vrolijk (bn)	farḥān	فرحان
treurig (bn)	ḥazīn	حزين
samen (bw)	maʿan	معًا
apart (bw)	bi mufradih	بمفرده
hardop (~ lezen)	bi ṣawt ʿāli	بصوت عال
stil (~ lezen)	sirran	سرًا
hoog (bn)	ʿāli	عال
laag (bn)	munχafiḍ	منخفض
diep (bn)	ʿamīq	عميق
ondiep (bn)	ḍaḥl	ضحل
ja	naʿam	نعم
nee	la	لا
ver (bn)	baʿīd	بعيد
dicht (bn)	qarīb	قريب
ver (bw)	baʿīdan	بعيدًا
dichtbij (bw)	qarīban	قريبًا
lang (bn)	ṭawīl	طويل
kort (bn)	qaṣīr	قصير
vriendelijk (goedhartig)	ṭayyib	طيّب
kwaad (bn)	ʃarīr	شرير
gehuwd (mann.)	mutazawwiʒ	متزوّج
ongehuwd (mann.)	aʿzab	أعزب
verbieden (ww)	manaʿ	منع
toestaan (ww)	samaḥ	سمح
einde (het)	nihāya (f)	نهاية
begin (het)	bidāya (f)	بداية

linker (bn)	al yasār	اليسار
rechter (bn)	al yamīn	اليمين
eerste (bn)	awwal	أوّل
laatste (bn)	'āχir	آخر
misdaad (de)	ʒarīma (f)	جريمة
bestraffing (de)	'uqūba (f),'iqāb (m)	عقوبة, عقاب
bevelen (ww)	amar	أمر
gehoorzamen (ww)	ṭā'	طاع
recht (bn)	mustaqīm	مستقيم
krom (bn)	munḥani	منحن
paradijs (het)	al ʒanna (f)	الجنّة
hel (de)	al ʒaḥīm (f)	الجحيم
geboren worden (ww)	wulid	وُلد
sterven (ww)	māt	مات
sterk (bn)	qawiy	قويّ
zwak (bn)	ḍa'īf	ضعيف
oud (bn)	'aʒūz	عجوز
jong (bn)	ʃābb	شابّ
oud (bn)	qadīm	قديم
nieuw (bn)	ʒadīd	جديد
hard (bn)	ṣalb	صلب
zacht (bn)	ṭariy	طريّ
warm (bn)	dāfi'	دافئ
koud (bn)	bārid	بارد
dik (bn)	θaχīn	ثخين
dun (bn)	naḥīf	نحيف
smal (bn)	ḍayyiq	ضيّق
breed (bn)	wāsi'	واسع
goed (bn)	ʒayyid	جيّد
slecht (bn)	sayyi'	سيّئ
moedig (bn)	ʃuʒā'	شجاع
laf (bn)	ʒabān	جبان

24. Lijnen en vormen

vierkant (het)	murabba' (m)	مربّع
vierkant (bn)	murabba'	مربّع
cirkel (de)	dā'ira (f)	دائرة
rond (bn)	mudawwar	مدوّر

driehoek (de)	muθallaθ (m)	مثلّث
driehoekig (bn)	muθallaθ	مثلّث
ovaal (het)	bayḍawiy (m)	بيضويّ
ovaal (bn)	bayḍawiy	بيضوي
rechthoek (de)	mustaṭīl (m)	مستطيل
rechthoekig (bn)	mustaṭīliy	مستطيليّ
piramide (de)	haram (m)	هرم
ruit (de)	mu'ayyan (m)	معيّن
trapezium (het)	murabba' munḥarif (m)	مربّع منحرف
kubus (de)	muka''ab (m)	مكعّب
prisma (het)	manʃūr (m)	منشور
omtrek (de)	muḥīṭ munḥanan muɣlaq (m)	محيط منحنى مغلق
bol, sfeer (de)	kura (f)	كرة
bal (de)	kura (f)	كرة
diameter (de)	quṭr (m)	قطر
straal (de)	niṣf qaṭr (m)	نصف قطر
omtrek (~ van een cirkel)	muḥīṭ (m)	محيط
middelpunt (het)	wasaṭ (m)	وسط
horizontaal (bn)	ufuqiy	أفقيّ
verticaal (bn)	'amūdiy	عموديّ
parallel (de)	χaṭṭ mutawāzi (m)	خطّ متواز
parallel (bn)	mutawāzi	متواز
lijn (de)	χaṭṭ (m)	خطّ
streep (de)	ḥaraka (m)	حركة
rechte lijn (de)	χaṭṭ mustaqīm (m)	خط مستقيم
kromme (de)	χaṭṭ munḥani (m)	خط منحن
dun (bn)	rafī'	رفيع
omlijning (de)	kuntūr (m)	كنتور
snijpunt (het)	taqāṭu' (m)	تقاطع
rechte hoek (de)	zāwya mustaqīma (f)	زاوية مستقيمة
segment (het)	qiṭ'a (f)	قطعة
sector (de)	qiṭā' (m)	قطاع
zijde (de)	ḍil' (m)	ضلع
hoek (de)	zāwiya (f)	زاوية

25. Meeteenheden

gewicht (het)	wazn (m)	وزن
lengte (de)	ṭūl (m)	طول
breedte (de)	'arḍ (m)	عرض
hoogte (de)	irtifā' (m)	إرتفاع
diepte (de)	'umq (m)	عمق
volume (het)	ḥaʒm (m)	حجم
oppervlakte (de)	misāḥa (f)	مساحة
gram (het)	grām (m)	جرام
milligram (het)	milliɣrām (m)	ملّيغرام
kilogram (het)	kiluɣrām (m)	كيلوغرام

ton (duizend kilo)	ṭunn (m)	طنّ
pond (het)	raṭl (m)	رطل
ons (het)	ūnṣa (f)	أونصة
meter (de)	mitr (m)	متر
millimeter (de)	millimitr (m)	ملّيمتر
centimeter (de)	santimitr (m)	سنتيمتر
kilometer (de)	kilumitr (m)	كيلومتر
mijl (de)	mīl (m)	ميل
duim (de)	būṣa (f)	بوصة
voet (de)	qadam (f)	قدم
yard (de)	yārda (f)	يارد ة
vierkante meter (de)	mitr murabba' (m)	متر مربّع
hectare (de)	hiktār (m)	هكتار
liter (de)	litr (m)	لتر
graad (de)	daraʒa (f)	درجة
volt (de)	vūlt (m)	فولت
ampère (de)	ambīr (m)	أمبير
paardenkracht (de)	ḥiṣān (m)	حصان
hoeveelheid (de)	kammiyya (f)	كمّيّة
een beetje ...	qalīl ...	قليل...
helft (de)	niṣf (m)	نصف
dozijn (het)	iθnā 'aʃar (f)	إثنا عشر
stuk (het)	waḥda (f)	وحدة
afmeting (de)	ḥaʒm (m)	حجم
schaal (bijv. ~ van 1 op 50)	miqyās (m)	مقياس
minimaal (bn)	al adna	الأدنى
minste (bn)	al aṣɣar	الأصغر
medium (bn)	mutawassiṭ	متوسّط
maximaal (bn)	al aqṣa	الأقصى
grootste (bn)	al akbar	الأكبر

26. Containers

glazen pot (de)	barṭamān (m)	برطمان
blik (conserven~)	tanaka (f)	تنكة
emmer (de)	ʒardal (m)	جردل
ton (bijv. regenton)	barmīl (m)	برميل
ronde waterbak (de)	ḥawḍ lil ɣasīl (m)	حوض للغسيل
tank (bijv. watertank-70-ltr)	χazzān (m)	خزّان
heupfles (de)	zamzamiyya (f)	زمزميّة
jerrycan (de)	ʒirikan (m)	جركن
tank (bijv. ketelwagen)	χazzān (m)	خزّان
beker (de)	māgg (m)	ماجّ
kopje (het)	finʒān (m)	فنجان
schoteltje (het)	ṭabaq finʒān (m)	طبق فنجان

glas (het)	kubbāya (f)	كبّاية
wijnglas (het)	ka's (f)	كأس
pan (de)	kassirūlla (f)	كاسرولة
fles (de)	zuʒāʒa (f)	زجاجة
flessenhals (de)	'unq (m)	عنق
karaf (de)	dawraq zuʒāʒiy (m)	دورق زجاجيّ
kruik (de)	ibrīq (m)	إبريق
vat (het)	inā' (m)	إناء
pot (de)	aṣīṣ (m)	أصيص
vaas (de)	vāza (f)	فازة
flacon (de)	zuʒāʒa (f)	زجاجة
flesje (het)	zuʒāʒa (f)	زجاجة
tube (bijv. ~ tandpasta)	umbūba (f)	أنبوبة
zak (bijv. ~ aardappelen)	kīs (m)	كيس
tasje (het)	kīs (m)	كيس
pakje (~ sigaretten, enz.)	'ulba (f)	علبة
doos (de)	'ulba (f)	علبة
kist (de)	ṣundū' (m)	صندوق
mand (de)	salla (f)	سلّة

27. Materialen

materiaal (het)	mādda (f)	مادّة
hout (het)	χaʃab (m)	خشب
houten (bn)	χaʃabiy	خشبيّ
glas (het)	zuʒāʒ (m)	زجاج
glazen (bn)	zuʒāʒiy	زجاجيّ
steen (de)	ḥaʒar (m)	حجر
stenen (bn)	ḥaʒariy	حجريّ
plastic (het)	blastīk (m)	بلاستيك
plastic (bn)	min al blastīk	من البلاستيك
rubber (het)	maṭṭāṭ (m)	مطّاط
rubber-, rubberen (bn)	maṭṭāṭiy	مطّاطيّ
stof (de)	qumāʃ (m)	قماش
van stof (bn)	min al qumāʃ	من القماش
papier (het)	waraq (m)	ورق
papieren (bn)	waraqiy	ورقيّ
karton (het)	kartūn (m)	كرتون
kartonnen (bn)	kartūniy	كرتونيّ
polyethyleen (het)	buli iθilīn (m)	بولي إثيلين
cellofaan (het)	silufān (m)	سيلوفان

multiplex (het)	ablakāʃ (m)	أبلكاش
porselein (het)	bursilān (m)	بورسلان
porseleinen (bn)	min il bursilān	من البورسلان
klei (de)	ṭīn (m)	طين
klei-, van klei (bn)	faχχāry	فخّاري
keramiek (de)	siramīk (m)	سيراميك
keramieken (bn)	siramīkiy	سيراميكيّ

28. Metalen

metaal (het)	maʿdan (m)	معدن
metalen (bn)	maʿdaniy	معدنيّ
legering (de)	sabīka (f)	سبيكة
goud (het)	ðahab (m)	ذهب
gouden (bn)	ðahabiy	ذهبيّ
zilver (het)	fiḍḍa (f)	فضّة
zilveren (bn)	fiḍḍiy	فضّيّ
ijzer (het)	ḥadīd (m)	حديد
ijzeren	ḥadīdiy	حديديّ
staal (het)	fūlāð (m)	فولاذ
stalen (bn)	fulāðiy	فولاذيّ
koper (het)	nuḥās (m)	نحاس
koperen (bn)	nuḥāsiy	نحاسيّ
aluminium (het)	alumīniyum (m)	الومينيوم
aluminium (bn)	alumīniyum	الومينيوم
brons (het)	brūnz (m)	برونز
bronzen (bn)	brūnziy	برونزيّ
messing (het)	nuḥās aṣfar (m)	نحاس أصفر
nikkel (het)	nikil (m)	نيكل
platina (het)	blatīn (m)	بلاتين
kwik (het)	ziʾbaq (m)	زئبق
tin (het)	qaṣdīr (m)	قصدير
lood (het)	ruṣāṣ (m)	رصاص
zink (het)	zink (m)	زنك

MENS

Mens. Het lichaam

29. Mensen. Basisbegrippen

mens (de)	insān (m)	إنسان
man (de)	raʒul (m)	رجل
vrouw (de)	imra'a (f)	إمرأة
kind (het)	ṭifl (m)	طفل
meisje (het)	bint (f)	بنت
jongen (de)	walad (m)	ولد
tiener, adolescent (de)	murāhiq (m)	مراهق
oude man (de)	ʻaʒūz (m)	عجوز
oude vrouw (de)	ʻaʒūza (f)	عجوزة

30. Menselijke anatomie

organisme (het)	ʒism (m)	جسم
hart (het)	qalb (m)	قلب
bloed (het)	dam (m)	دم
slagader (de)	ʃaryān (m)	شريان
ader (de)	ʻirq (m)	عرق
hersenen (mv.)	muχχ (m)	مخّ
zenuw (de)	ʻaṣab (m)	عصب
zenuwen (mv.)	aʻṣāb (pl)	أعصاب
wervel (de)	faqra (f)	فقرة
ruggengraat (de)	ʻamūd faqriy (m)	عمود فقريّ
maag (de)	maʻida (f)	معدة
darmen (mv.)	amʻā' (pl)	أمعاء
darm (de)	miʻan (m)	معى
lever (de)	kibd (f)	كبد
nier (de)	kilya (f)	كلية
been (deel van het skelet)	ʻaẓm (m)	عظم
skelet (het)	haykal ʻaẓmiy (m)	هيكل عظميّ
rib (de)	ḍilʻ (m)	ضلع
schedel (de)	ʒumʒuma (f)	جمجمة
spier (de)	ʻaḍala (f)	عضلة
biceps (de)	ʻaḍala ðāt ra'sayn (f)	عضلة ذات رأسين
triceps (de)	ʻaḍla θulāθiyyat ar ru'ūs (f)	عضلة ثلاثيّة الرءوس
pees (de)	watar (m)	وتر
gewricht (het)	mafṣil (m)	مفصل

longen (mv.)	riʾatān (du)	رئتان
geslachtsorganen (mv.)	aʿḍāʾ ʒinsiyya (pl)	أعضاء جنسيّة
huid (de)	buʃra (m)	بشرة

31. Hoofd

hoofd (het)	raʾs (m)	رأس
gezicht (het)	waʒh (m)	وجه
neus (de)	anf (m)	أنف
mond (de)	fam (m)	فم
oog (het)	ʿayn (f)	عين
ogen (mv.)	ʿuyūn (pl)	عيون
pupil (de)	ḥadaqa (f)	حدقة
wenkbrauw (de)	ḥāʒib (m)	حاجب
wimper (de)	rimʃ (m)	رمش
ooglid (het)	ʒafn (m)	جفن
tong (de)	lisān (m)	لسان
tand (de)	sinn (f)	سنّ
lippen (mv.)	ʃifāh (pl)	شفاه
jukbeenderen (mv.)	ʿiẓām waʒhiyya (pl)	عظام وجهيّة
tandvlees (het)	liθθa (f)	لثّة
gehemelte (het)	ḥanak (m)	حنك
neusgaten (mv.)	minχarān (du)	منخران
kin (de)	ðaqan (m)	ذقن
kaak (de)	fakk (m)	فكّ
wang (de)	χadd (m)	خدّ
voorhoofd (het)	ʒabha (f)	جبهة
slaap (de)	ṣudɣ (m)	صدغ
oor (het)	uðun (f)	أذن
achterhoofd (het)	qafa (m)	قفا
hals (de)	raqaba (f)	رقبة
keel (de)	ḥalq (m)	حلق
haren (mv.)	ʃaʿr (m)	شعر
kapsel (het)	tasrīḥa (f)	تسريحة
haarsnit (de)	tasrīḥa (f)	تسريحة
pruik (de)	barūka (f)	باروكة
snor (de)	ʃawārib (pl)	شوارب
baard (de)	liḥya (f)	لحية
dragen (een baard, enz.)	ʿindahu	عنده
vlecht (de)	ḍifīra (f)	ضفيرة
bakkebaarden (mv.)	sawālif (pl)	سوالف
ros (roodachtig, rossig)	aḥmar aʃ ʃaʿr	أحمر الشعر
grijs (~ haar)	abyaḍ	أبيض
kaal (bn)	aṣlaʿ	أصلع
kale plek (de)	ṣalaʿ (m)	صلع
paardenstaart (de)	ðayl ḥiṣān (m)	ذيل حصان
pony (de)	quṣṣa (f)	قصّة

32. Menselijk lichaam

hand (de)	yad (m)	يد
arm (de)	ðirā' (f)	ذراع
vinger (de)	iṣba' (m)	إصبع
teen (de)	iṣba' al qadam (m)	إصبع القدم
duim (de)	ibhām (m)	إبهام
pink (de)	χunṣur (m)	خنصر
nagel (de)	ẓufr (m)	ظفر
vuist (de)	qabḍa (f)	قبضة
handpalm (de)	kaff (f)	كفّ
pols (de)	mi'ṣam (m)	معصم
voorarm (de)	sā'id (m)	ساعد
elleboog (de)	mirfaq (m)	مرفق
schouder (de)	katf (f)	كتف
been (rechter ~)	riʒl (f)	رجل
voet (de)	qadam (f)	قدم
knie (de)	rukba (f)	ركبة
kuit (de)	sammāna (f)	سمّانة
heup (de)	faχð (f)	فخذ
hiel (de)	'aqb (m)	عقب
lichaam (het)	ʒism (m)	جسم
buik (de)	baṭn (m)	بطن
borst (de)	ṣadr (m)	صدر
borst (de)	θady (m)	ثدي
zijde (de)	ʒamb (m)	جنب
rug (de)	ẓahr (m)	ظهر
lage rug (de)	asfal aẓ ẓahr (m)	أسفل الظهر
taille (de)	χaṣr (m)	خصر
navel (de)	surra (f)	سرّة
billen (mv.)	ardāf (pl)	أرداف
achterwerk (het)	dubr (m)	دبر
huidvlek (de)	ʃāma (f)	شامة
moedervlek (de)	waḥma	وحمة
tatoeage (de)	waʃm (m)	وشم
litteken (het)	nadba (f)	ندبة

Kleding en accessoires

33. Bovenkleding. Jassen

kleren (mv.)	malābis (pl)	ملابس
bovenkleding (de)	malābis fawqāniyya (pl)	ملابس فوقانيّة
winterkleding (de)	malābis ʃitawiyya (pl)	ملابس شتويّة
jas (de)	miʿṭaf (m)	معطف
bontjas (de)	miʿtaf farw (m)	معطف فرو
bontjasje (het)	ʒakīt farw (m)	جاكيت فرو
donzen jas (de)	ḥaʃiyyat rīʃ (m)	حشية ريش
jasje (bijv. een leren ~)	ʒākīt (m)	جاكيت
regenjas (de)	miʿṭaf lil maṭar (m)	معطف للمطر
waterdicht (bn)	ṣāmid lil māʾ	صامد للماء

34. Heren & dames kleding

overhemd (het)	qamīṣ (m)	قميص
broek (de)	banṭalūn (m)	بنطلون
jeans (de)	ʒīnz (m)	جينز
colbert (de)	sutra (f)	سترة
kostuum (het)	badla (f)	بدلة
jurk (de)	fustān (m)	فستان
rok (de)	tannūra (f)	تنّورة
blouse (de)	blūza (f)	بلوزة
wollen vest (de)	kardigān (m)	كارديجان
blazer (kort jasje)	ʒākīt (m)	جاكيت
T-shirt (het)	ti ʃirt (m)	تي شيرت
shorts (mv.)	ʃūrt (m)	شورت
trainingspak (het)	badlat at tadrīb (f)	بدلة التدريب
badjas (de)	θawb ḥammām (m)	ثوب حمّام
pyjama (de)	biʒāma (f)	بيجاما
sweater (de)	bulūvir (m)	بلوفر
pullover (de)	bulūvir (m)	بلوفر
gilet (het)	ṣudayriy (m)	صديريّ
rokkostuum (het)	badlat sahra (f)	بدلة سهرة
smoking (de)	smūkin (m)	سموكن
uniform (het)	zayy muwaḥḥad (m)	زيّ موحّد
werkkleding (de)	θiyāb al ʿamal (m)	ثياب العمل
overall (de)	uvirūl (m)	اوفرول
doktersjas (de)	θawb (m)	ثوب

35. Kleding. Ondergoed

ondergoed (het)	malābis dāχiliyya (pl)	ملابس داخليّة
herenslip (de)	sirwāl dāχiliy riʒāliy (m)	سروال داخلي رجاليّ
slipjes (mv.)	sirwāl dāχiliy nisā'iy (m)	سروال داخلي نسائي
onderhemd (het)	qamīṣ bila aqmām (m)	قميص بلا أكمام
sokken (mv.)	ʒawārib (pl)	جوارب
nachthemd (het)	qamīṣ nawm (m)	قميص نوم
beha (de)	ḥammālat ṣadr (f)	حمّالة صدر
kniekousen (mv.)	ʒawārib ṭawīla (pl)	جوارب طويلة
panty (de)	ʒawārib kulūn (pl)	جوارب كولون
nylonkousen (mv.)	ʒawārib nisā'iyya (pl)	جوارب نسائية
badpak (het)	libās sibāḥa (m)	لباس سباحة

36. Hoofddeksels

hoed (de)	qubbaʿa (f)	قبّعة
deukhoed (de)	burnayṭa (f)	برنيطة
honkbalpet (de)	kāb baysbūl (m)	كاب بيسبول
kleppet (de)	qubbaʿa musaṭṭaḥa (f)	قبّعة مسطحة
baret (de)	birīh (m)	بيريه
kap (de)	γiṭā' (m)	غطاء
panamahoed (de)	qubbaʿat banāma (f)	قبّعة بناما
gebreide muts (de)	qubbāʿa maḥbūka (m)	قبّعة محبوكة
hoofddoek (de)	ʾīʃārb (m)	إيشارب
dameshoed (de)	burnayṭa (f)	برنيطة
veiligheidshelm (de)	χūða (f)	خوذة
veldmuts (de)	kāb (m)	كاب
helm, valhelm (de)	χūða (f)	خوذة
bolhoed (de)	qubbaʿat dirbi (f)	قبّعة ديربي
hoge hoed (de)	qubbaʿa ʿāliya (f)	قبّعة عالية

37. Schoeisel

schoeisel (het)	aḥðiya (pl)	أحذية
schoenen (mv.)	ʒazma (f)	جزمة
vrouwenschoenen (mv.)	ʒazma (f)	جزمة
laarzen (mv.)	būt (m)	بوت
pantoffels (mv.)	ʃibʃib (m)	شبشب
sportschoenen (mv.)	ḥiðā' riyāḍiy (m)	حذاء رياضيّ
sneakers (mv.)	kutʃi (m)	كوتشي
sandalen (mv.)	ṣandal (pl)	صندل
schoenlapper (de)	iskāfiy (m)	إسكافيّ
hiel (de)	kaʿb (m)	كعب

paar (een ~ schoenen)	zawʒ (m)	زوج
veter (de)	ʃarīṭ (m)	شريط
rijgen (schoenen ~)	rabaṭ	ربط
schoenlepel (de)	labbāsat ḥiðā' (f)	لبّاسة حذاء
schoensmeer (de/het)	warnīʃ al ḥiðā' (m)	ورنيش الحذاء

38. Textiel. Weefsel

katoen (de/het)	quṭn (m)	قطن
katoenen (bn)	min al quṭn	من القطن
vlas (het)	kattān (m)	كتّان
vlas-, van vlas (bn)	min il kattān	من الكتّان
zijde (de)	ḥarīr (m)	حرير
zijden (bn)	min al ḥarīr	من الحرير
wol (de)	ṣūf (m)	صوف
wollen (bn)	min aṣ ṣūf	من الصوف
fluweel (het)	muχmal (m)	مخمل
suède (de)	ʒild ʃāmwāh (m)	جلد شامواه
ribfluweel (het)	quṭn qaṭīfa (f)	قطن قطيفة
nylon (de/het)	naylūn (m)	نايلون
nylon-, van nylon (bn)	min an naylūn	من النيلون
polyester (het)	bulyistir (m)	بوليستر
polyester- (abn)	min al bulyastar	من البوليستر
leer (het)	ʒild (m)	جلد
leren (van leer gemaak)	min al ʒild	من الجلد
bont (het)	farw (m)	فرو
bont- (abn)	min al farw	من الفرو

39. Persoonlijke accessoires

handschoenen (mv.)	quffāz (m)	قفّاز
wanten (mv.)	quffāz muɣlaq (m)	قفّاز مغلق
sjaal (fleece ~)	'īʃārb (m)	إيشارب
bril (de)	naẓẓāra (f)	نظّارة
brilmontuur (het)	iṭār (m)	إطار
paraplu (de)	ʃamsiyya (f)	شمسيّة
wandelstok (de)	ʿaṣa (f)	عصا
haarborstel (de)	furʃat ʃaʿr (f)	فرشة شعر
waaier (de)	mirwaḥa yadawiyya (f)	مروحة يدويّة
das (de)	karavatta (f)	كرافتة
strikje (het)	babyūn (m)	ببيون
bretels (mv.)	ḥammāla (f)	حمّالة
zakdoek (de)	mandīl (m)	منديل
kam (de)	miʃṭ (m)	مشط
haarspeldje (het)	dabbūs (m)	دبّوس

schuifspeldje (het)	bansa (m)	بنسة
gesp (de)	bukla (f)	بكلة
broekriem (de)	ḥizām (m)	حزام
draagriem (de)	ḥammalat al katf (f)	حمّالة الكتف
handtas (de)	ʃanṭa (f)	شنطة
damestas (de)	ʃanṭat yad (f)	شنطة يد
rugzak (de)	ḥaqībat ẓahr (f)	حقيبة ظهر

40. Kleding. Diversen

mode (de)	mūḍa (f)	موضة
de mode (bn)	fil mūḍa	في الموضة
kledingstilist (de)	muṣammim azyā' (m)	مصمّم أزياء
kraag (de)	yāqa (f)	ياقة
zak (de)	ʒayb (m)	جيب
zak- (abn)	ʒayb	جيب
mouw (de)	kumm (m)	كمّ
lusje (het)	'allāqa (f)	علّاقة
gulp (de)	lisān (m)	لسان
rits (de)	zimām munzaliq (m)	زمام منزلق
sluiting (de)	miʃbak (m)	مشبك
knoop (de)	zirr (m)	زرّ
knoopsgat (het)	'urwa (f)	عروة
losraken (bijv. knopen)	waqa'	وقع
naaien (kleren, enz.)	χāṭ	خاط
borduren (ww)	ṭarraz	طرّز
borduursel (het)	taṭrīz (m)	تطريز
naald (de)	ibra (f)	إبرة
draad (de)	χayṭ (m)	خيط
naad (de)	darz (m)	درز
vies worden (ww)	tawassaχ	توسّخ
vlek (de)	buq'a (f)	بقعة
gekreukt raken (ov. kleren)	takarmaʃ	تكرمش
scheuren (ov.ww.)	qaṭṭa'	قطّع
mot (de)	'uθθa (f)	عثّة

41. Persoonlijke verzorging. Schoonheidsmiddelen

tandpasta (de)	ma'ʒūn asnān (m)	معجون أسنان
tandenborstel (de)	furʃat asnān (f)	فرشة أسنان
tanden poetsen (ww)	naẓẓaf al asnān	نظّف الأسنان
scheermes (het)	mūs ḥilāqa (m)	موس حلاقة
scheerschuim (het)	krīm ḥilāqa (m)	كريم حلاقة
zich scheren (ww)	ḥalaq	حلق
zeep (de)	ṣābūn (m)	صابون

shampoo (de)	ʃāmbū (m)	شامبو
schaar (de)	maqaṣṣ (m)	مقصّ
nagelvijl (de)	mibrad (m)	مبرد
nagelknipper (de)	milqaṭ (m)	ملقط
pincet (het)	milqaṭ (m)	ملقط
cosmetica (mv.)	mawādd at taʒmīl (pl)	موادّ التجميل
masker (het)	mask (m)	ماسك
manicure (de)	manikūr (m)	مانيكور
manicure doen	ʿamal manikūr	عمل مانيكور
pedicure (de)	badikīr (m)	باديكير
cosmetica tasje (het)	ḥaqībat adawāt at taʒmīl (f)	حقيبة أدوات التجميل
poeder (de/het)	budrat waʒh (f)	بودرة وجه
poederdoos (de)	ʿulbat būdra (f)	علبة بودرة
rouge (de)	aḥmar χudūd (m)	أحمر خدود
parfum (de/het)	ʿiṭr (m)	عطر
eau de toilet (de)	kulūnya (f)	كولونيا
lotion (de)	lusiyun (m)	لوسيون
eau de cologne (de)	kulūniya (f)	كولونيا
oogschaduw (de)	ay ʃaduw (m)	اي شادو
oogpotlood (het)	kuḥl al ʿuyūn (m)	كحل العيون
mascara (de)	maskara (f)	ماسكارا
lippenstift (de)	aḥmar ʃifāh (m)	أحمر شفاه
nagellak (de)	mulammiʿ al aẓāfir (m)	ملمّع الاظافر
haarlak (de)	muθabbit aʃ ʃaʿr (m)	مثبّت الشعر
deodorant (de)	muzīl rawāʾiḥ (m)	مزيل روائح
crème (de)	krīm (m)	كريم
gezichtscrème (de)	krīm lil waʒh (m)	كريم للوجه
handcrème (de)	krīm lil yadayn (m)	كريم لليدين
antirimpelcrème (de)	krīm muḍādd lit taʒāʿīd (m)	كريم مضادّ للتجاعيد
dagcrème (de)	krīm an nahār (m)	كريم النهار
nachtcrème (de)	krīm al layl (m)	كريم الليل
dag- (abn)	nahāriy	نهاريّ
nacht- (abn)	layliy	ليلي
tampon (de)	tambūn (m)	تانبون
toiletpapier (het)	waraq ḥammām (m)	ورق حمّام
föhn (de)	muʒaffif ʃaʿr (m)	مجفّف شعر

42. Juwelen

sieraden (mv.)	muʒawharāt (pl)	مجوهرات
edel (bijv. ~ stenen)	karīm	كريم
keurmerk (het)	damɣa (f)	دمغة
ring (de)	χātim (m)	خاتم
trouwring (de)	diblat al χuṭūba (m)	دبلة الخطوبة
armband (de)	siwār (m)	سوار
oorringen (mv.)	ḥalaq (m)	حلق

halssnoer (het)	‘aqd (m)	عقد
kroon (de)	tāʒ (m)	تاج
kralen snoer (het)	‘aqd χaraz (m)	عقد خرز
diamant (de)	almās (m)	الماس
smaragd (de)	zumurrud (m)	زمرّد
robijn (de)	yāqūt aḥmar (m)	ياقوت أحمر
saffier (de)	yāqūt azraq (m)	ياقوت أزرق
parel (de)	lu’lu’ (m)	لؤلؤ
barnsteen (de)	kahramān (m)	كهرمان

43. Horloges. Klokken

polshorloge (het)	sā‘a (f)	ساعة
wijzerplaat (de)	waʒh as sā‘a (m)	وجه الساعة
wijzer (de)	‘aqrab as sā‘a (m)	عقرب الساعة
metalen horlogeband (de)	siwār sā‘a ma‘daniyya (m)	سوار ساعة معدنية
horlogebandje (het)	siwār sā‘a (m)	سوار ساعة
batterij (de)	baṭṭāriyya (f)	بطّاريّة
leeg zijn (ww)	tafarraɣ	تفرّغ
batterij vervangen	ɣayyar al baṭṭāriyya	غيّر البطّاريّة
voorlopen (ww)	sabaq	سبق
achterlopen (ww)	ta’aχχar	تأخّر
wandklok (de)	sā‘at ḥā’iṭ (f)	ساعة حائط
zandloper (de)	sā‘a ramliyya (f)	ساعة رمليّة
zonnewijzer (de)	sā‘a ʃamsiyya (f)	ساعة شمسيّة
wekker (de)	munabbih (m)	منبّه
horlogemaker (de)	sa‘ātiy (m)	ساعاتيّ
repareren (ww)	aṣlaḥ	أصلح

Voedsel. Voeding

44. Voedsel

vlees (het)	laḥm (m)	لحم
kip (de)	daʒāʒ (m)	دجاج
kuiken (het)	farrūʒ (m)	فرّوج
eend (de)	baṭṭa (f)	بطّة
gans (de)	iwazza (f)	إوزّة
wild (het)	ṣayd (m)	صيد
kalkoen (de)	daʒāʒ rūmiy (m)	دجاج رومي
varkensvlees (het)	laḥm al χinzīr (m)	لحم الخنزير
kalfsvlees (het)	laḥm il ʿiʒl (m)	لحم العجل
schapenvlees (het)	laḥm aḍ ḍa'n (m)	لحم الضأن
rundvlees (het)	laḥm al baqar (m)	لحم البقر
konijnenvlees (het)	arnab (m)	أرنب
worst (de)	suʒuq (m)	سجق
saucijs (de)	suʒuq (m)	سجق
spek (het)	bikūn (m)	بيكون
ham (de)	hām (m)	هام
gerookte achterham (de)	faχð χinzīr (m)	فخذ خنزير
paté (de)	maʿʒūn laḥm (m)	معجون لحم
lever (de)	kibda (f)	كبدة
gehakt (het)	ḥaʃwa (f)	حشوة
tong (de)	lisān (m)	لسان
ei (het)	bayḍa (f)	بيضة
eieren (mv.)	bayḍ (m)	بيض
eiwit (het)	bayāḍ al bayḍ (m)	بياض البيض
eigeel (het)	ṣafār al bayḍ (m)	صفار البيض
vis (de)	samak (m)	سمك
zeevruchten (mv.)	fawākih al baḥr (pl)	فواكه البحر
kaviaar (de)	kaviyār (m)	كافيار
krab (de)	salṭaʿūn (m)	سلطعون
garnaal (de)	ʒambari (m)	جمبريّ
oester (de)	maḥār (m)	محار
langoest (de)	karkand ʃāik (m)	كركند شائك
octopus (de)	uχṭubūṭ (m)	أخطبوط
inktvis (de)	kalmāri (m)	كالماري
steur (de)	samak al ḥafʃ (m)	سمك الحفش
zalm (de)	salmūn (m)	سلمون
heilbot (de)	samak al halbūt (m)	سمك الهلبوت
kabeljauw (de)	samak al qudd (m)	سمك القدّ
makreel (de)	usqumriy (m)	أسقمريّ

tonijn (de)	tūna (f)	تونة
paling (de)	ḥankalīs (m)	حنكليس
forel (de)	salmūn muraqqaṭ (m)	سلمون مرقّط
sardine (de)	sardīn (m)	سردين
snoek (de)	samak al karāki (m)	سمك الكراكي
haring (de)	rinʒa (f)	رنجة
brood (het)	χubz (m)	خبز
kaas (de)	ʒubna (f)	جبنة
suiker (de)	sukkar (m)	سكّر
zout (het)	milḥ (m)	ملح
rijst (de)	urz (m)	أرز
pasta (de)	makarūna (f)	مكرونة
noedels (mv.)	nūdlis (f)	نودلز
boter (de)	zubda (f)	زبدة
plantaardige olie (de)	zayt (m)	زيت
zonnebloemolie (de)	zayt ʻabīd aʃ ʃams (m)	زيت عبيد الشمس
margarine (de)	marɣarīn (m)	مرغرين
olijven (mv.)	zaytūn (m)	زيتون
olijfolie (de)	zayt az zaytūn (m)	زيت الزيتون
melk (de)	ḥalīb (m)	حليب
gecondenseerde melk (de)	ḥalīb mukaθθaf (m)	حليب مكثّف
yoghurt (de)	yūɣurt (m)	يوغورت
zure room (de)	krīma ḥāmiḍa (f)	كريمة حامضة
room (de)	krīma (f)	كريمة
mayonaise (de)	mayunīz (m)	مايونيز
crème (de)	krīmat zubda (f)	كريمة زبدة
graan (het)	ḥubūb (pl)	حبوب
meel (het), bloem (de)	daqīq (m)	دقيق
conserven (mv.)	muʻallabāt (pl)	معلّبات
maïsvlokken (mv.)	kurn fliks (m)	كورن فليكس
honing (de)	ʻasal (m)	عسل
jam (de)	murabba (m)	مربّى
kauwgom (de)	ʻilk (m)	علك

45. Drankjes

water (het)	mā' (m)	ماء
drinkwater (het)	mā' ʃurb (m)	ماء شرب
mineraalwater (het)	mā' maʻdaniy (m)	ماء معدنيّ
zonder gas	bi dūn ɣāz	بدون غاز
koolzuurhoudend (bn)	mukarban	مكربن
bruisend (bn)	bil ɣāz	بالغاز
ijs (het)	θalʒ (m)	ثلج
met ijs	biθ θalʒ	بالثلج

alcohol vrij (bn)	bi dūn kuḥūl	بدون كحول
alcohol vrije drank (de)	maʃrūb ɣāziy (m)	مشروب غازي
frisdrank (de)	maʃrūb muθallaʒ (m)	مشروب مثلّج
limonade (de)	ʃarāb laymūn (m)	شراب ليمون
alcoholische dranken (mv.)	maʃrūbāt kuḥūliyya (pl)	مشروبات كحوليّة
wijn (de)	nabīð (f)	نبيذ
witte wijn (de)	nibīð abyaḍ (m)	نبيذ أبيض
rode wijn (de)	nabīð aḥmar (m)	نبيذ أحمر
likeur (de)	liqiūr (m)	ليكيور
champagne (de)	ʃambāniya (f)	شمبانيا
vermout (de)	virmut (m)	فيرموث
whisky (de)	wiski (m)	وسكي
wodka (de)	vudka (f)	فودكا
gin (de)	ʒīn (m)	جين
cognac (de)	kunyāk (m)	كونياك
rum (de)	rum (m)	رم
koffie (de)	qahwa (f)	قهوة
zwarte koffie (de)	qahwa sāda (f)	قهوة سادة
koffie (de) met melk	qahwa bil ḥalīb (f)	قهوة بالحليب
cappuccino (de)	kaputʃīnu (m)	كابتشينو
oploskoffie (de)	niskafi (m)	نيسكافيه
melk (de)	ḥalīb (m)	حليب
cocktail (de)	kuktayl (m)	كوكتيل
milkshake (de)	milk ʃiyk (m)	ميلك شيك
sap (het)	ʿaṣīr (m)	عصير
tomatensap (het)	ʿaṣīr ṭamāṭim (m)	عصير طماطم
sinaasappelsap (het)	ʿaṣīr burtuqāl (m)	عصير برتقال
vers geperst sap (het)	ʿaṣīr ṭāziʒ (m)	عصير طازج
bier (het)	bīra (f)	بيرة
licht bier (het)	bīra χafīfa (f)	بيرة خفيفة
donker bier (het)	bīra ɣāmiqa (f)	بيرة غامقة
thee (de)	ʃāy (m)	شاي
zwarte thee (de)	ʃāy aswad (m)	شاي أسود
groene thee (de)	ʃāy aχḍar (m)	شاي أخضر

46. Groenten

groenten (mv.)	χuḍār (pl)	خضار
verse kruiden (mv.)	χuḍrawāt waraqiyya (pl)	خضروات ورقيّة
tomaat (de)	ṭamāṭim (f)	طماطم
augurk (de)	χiyār (m)	خيار
wortel (de)	ʒazar (m)	جزر
aardappel (de)	baṭāṭis (f)	بطاطس
ui (de)	baṣal (m)	بصل
knoflook (de)	θūm (m)	ثوم

kool (de)	kurumb (m)	كرنب
bloemkool (de)	qarnabīṭ (m)	قرنبيط
spruitkool (de)	kurumb brūksil (m)	كرنب بروكسل
broccoli (de)	brukuli (m)	بركولي
rode biet (de)	banʒar (m)	بنجر
aubergine (de)	bātinʒān (m)	باذنجان
courgette (de)	kūsa (f)	كوسة
pompoen (de)	qarʿ (m)	قرع
raap (de)	lift (m)	لفت
peterselie (de)	baqdūnis (m)	بقدونس
dille (de)	ʃabat (m)	شبت
sla (de)	χass (m)	خسّ
selderij (de)	karafs (m)	كرفس
asperge (de)	halyūn (m)	هليون
spinazie (de)	sabāniχ (m)	سبانخ
erwt (de)	bisilla (f)	بسلّة
bonen (mv.)	fūl (m)	فول
maïs (de)	ðura (f)	ذرّة
boon (de)	faṣūliya (f)	فاصوليا
peper (de)	filfil (m)	فلفل
radijs (de)	fiʒl (m)	فجل
artisjok (de)	χurʃūf (m)	خرشوف

47. Vruchten. Noten

vrucht (de)	fākiha (f)	فاكهة
appel (de)	tuffāḥa (f)	تفّاحة
peer (de)	kummaθra (f)	كمّثرى
citroen (de)	laymūn (m)	ليمون
sinaasappel (de)	burtuqāl (m)	برتقال
aardbei (de)	farawla (f)	فراولة
mandarijn (de)	yūsufiy (m)	يوسفي
pruim (de)	barqūq (m)	برقوق
perzik (de)	durrāq (m)	دراق
abrikoos (de)	miʃmiʃ (f)	مشمش
framboos (de)	tūt al ʿullayq al aḥmar (m)	توت العلّيق الأحمر
ananas (de)	ananās (m)	أناناس
banaan (de)	mawz (m)	موز
watermeloen (de)	baṭṭīχ aḥmar (m)	بطّيخ أحمر
druif (de)	ʿinab (m)	عنب
kers (de)	karaz (m)	كرز
meloen (de)	baṭṭīχ aṣfar (f)	بطّيخ أصفر
grapefruit (de)	zinbāʿ (m)	زنباع
avocado (de)	avukādu (f)	افوكاتو
papaja (de)	babāya (m)	ببايا
mango (de)	mangu (m)	مانجو
granaatappel (de)	rummān (m)	رمان

rode bes (de)	kiʃmiʃ aḥmar (m)	كشمش أحمر
zwarte bes (de)	ʿinab aθ θaʿlab al aswad (m)	عنب الثعلب الأسود
kruisbes (de)	ʿinab aθ θaʿlab (m)	عنب الثعلب
bosbes (de)	ʿinab al aḥrāʒ (m)	عنب الأحراج
braambes (de)	θamar al ʿullayk (m)	ثمر العلّيق
rozijn (de)	zabīb (m)	زبيب
vijg (de)	tīn (m)	تين
dadel (de)	tamr (m)	تمر
pinda (de)	fūl sudāniy (m)	فول سودانيّ
amandel (de)	lawz (m)	لوز
walnoot (de)	ʿayn al ʒamal (f)	عين الجمل
hazelnoot (de)	bunduq (m)	بندق
kokosnoot (de)	ʒawz al hind (m)	جوز هند
pistaches (mv.)	fustuq (m)	فستق

48. Brood. Snoep

suikerbakkerij (de)	ḥalawiyyāt (pl)	حلويّات
brood (het)	χubz (m)	خبز
koekje (het)	baskawīt (m)	بسكويت
chocolade (de)	ʃukulāta (f)	شكولاتة
chocolade- (abn)	biʃ ʃukulāṭa	بالشكولاتة
snoepje (het)	bumbūn (m)	بونبون
cakeje (het)	kaʿk (m)	كعك
taart (bijv. verjaardags~)	tūrta (f)	تورتة
pastei (de)	faṭīra (f)	فطيرة
vulling (de)	ḥaʃwa (f)	حشوة
confituur (de)	murabba (m)	مربّى
marmelade (de)	marmalād (f)	مرملاد
wafel (de)	wāfil (m)	وافل
ijsje (het)	muθallaʒāt (pl)	مثلّجات
pudding (de)	būding (m)	بودنج

49. Bereide gerechten

gerecht (het)	waʒba (f)	وجبة
keuken (bijv. Franse ~)	maṭbaχ (m)	مطبخ
recept (het)	waṣfa (f)	وصفة
portie (de)	waʒba (f)	وجبة
salade (de)	sulṭa (f)	سلطة
soep (de)	ʃūrba (f)	شوربة
bouillon (de)	maraq (m)	مرق
boterham (de)	sandawitʃ (m)	ساندويتش
spiegelei (het)	bayḍ maqliy (m)	بيض مقليّ
hamburger (de)	hamburger (m)	هامبورجر

biefstuk (de)	biftīk (m)	بفتيك
garnering (de)	ṭabaq ʒānibiy (m)	طبق جانبيّ
spaghetti (de)	spaɣitti (m)	سباغيتي
aardappelpuree (de)	harīs baṭāṭis (m)	هريس بطاطس
pizza (de)	bītza (f)	بيتزا
pap (de)	ʿaṣīda (f)	عصيدة
omelet (de)	bayḍ maχfūq (m)	بيض مخفوق
gekookt (in water)	maslūq	مسلوق
gerookt (bn)	mudaχχin	مدخّن
gebakken (bn)	maqliy	مقليّ
gedroogd (bn)	muʒaffaf	مجفّف
diepvries (bn)	muʒammad	مجمّد
gemarineerd (bn)	muχallil	مخلّل
zoet (bn)	musakkar	مسكّر
gezouten (bn)	māliḥ	مالح
koud (bn)	bārid	بارد
heet (bn)	sāχin	ساخن
bitter (bn)	murr	مرّ
lekker (bn)	laðīð	لذيذ
koken (in kokend water)	ṭabaχ	طبخ
bereiden (avondmaaltijd ~)	ḥaḍḍar	حضّر
bakken (ww)	qala	قلى
opwarmen (ww)	saχχan	سخّن
zouten (ww)	mallaḥ	ملّح
peperen (ww)	falfal	فلفل
raspen (ww)	baʃar	بشر
schil (de)	qiʃra (f)	قشرة
schillen (ww)	qaʃʃar	قشّر

50. Kruiden

zout (het)	milḥ (m)	ملح
gezouten (bn)	māliḥ	مالح
zouten (ww)	mallaḥ	ملّح
zwarte peper (de)	filfil aswad (m)	فلفل أسود
rode peper (de)	filfil aḥmar (m)	فلفل أحمر
mosterd (de)	ṣalṣat al χardal (f)	صلصة الخردل
mierikswortel (de)	fiʒl ḥārr (m)	فجل حارّ
condiment (het)	tābil (m)	تابل
specerij, kruiderij (de)	bahār (m)	بهار
saus (de)	ṣalṣa (f)	صلصة
azijn (de)	χall (m)	خلّ
anijs (de)	yānsūn (m)	يانسون
basilicum (de)	rīḥān (m)	ريحان
kruidnagel (de)	qurumful (m)	قرنفل
gember (de)	zanʒabīl (m)	زنجبيل
koriander (de)	kuzbara (f)	كزبرة

kaneel (de/het)	qirfa (f)	قرفة
sesamzaad (het)	simsim (m)	سمسم
laurierblad (het)	awrāq al ɣār (pl)	أوراق الغار
paprika (de)	babrika (f)	بابريكا
komijn (de)	karāwiya (f)	كراوية
saffraan (de)	zaʻfarān (m)	زعفران

51. Maaltijden

eten (het)	akl (m)	أكل
eten (ww)	akal	أكل
ontbijt (het)	futūr (m)	فطور
ontbijten (ww)	afṭar	أفطر
lunch (de)	ɣadā' (m)	غداء
lunchen (ww)	taɣadda	تغدّى
avondeten (het)	ʻaʃā' (m)	عشاء
souperen (ww)	taʻaʃʃa	تعشّى
eetlust (de)	ʃahiyya (f)	شهيّة
Eet smakelijk!	hanī'an marī'an!	هنيئًا مريئًا!
openen (een fles ~)	fatah	فتح
morsen (koffie, enz.)	dalaq	دلق
zijn gemorst	indalaq	إندلق
koken (water kookt bij 100°C)	ɣala	غلى
koken (Hoe om water te ~)	ɣala	غلى
gekookt (~ water)	maɣliy	مغليّ
afkoelen (koeler maken)	barrad	برّد
afkoelen (koeler worden)	tabarrad	تبرّد
smaak (de)	ṭaʻm (m)	طعم
nasmaak (de)	al maðāq al ʻāliq fil fam (m)	المذاق العالق في الفم
volgen een dieet	faqad al wazn	فقد الوزن
dieet (het)	ḥimya ɣaðā'iyya (f)	حمية غذائية
vitamine (de)	vitamīn (m)	فيتامين
calorie (de)	suʻra ḥarāriyya (f)	سعرة حراريّة
vegetariër (de)	nabātiy (m)	نباتيّ
vegetarisch (bn)	nabātiy	نباتيّ
vetten (mv.)	duhūn (pl)	دهون
eiwitten (mv.)	brutināt (pl)	بروتينات
koolhydraten (mv.)	naʃawiyyāt (pl)	نشويّات
snede (de)	ʃarīḥa (f)	شريحة
stuk (bijv. een ~ taart)	qiṭʻa (f)	قطعة
kruimel (de)	futāta (f)	فتاتة

52. Tafelschikking

lepel (de)	milʻaqa (f)	ملعقة
mes (het)	sikkīn (m)	سكّين

vork (de)	ʃawka (f)	شوكة
kopje (het)	finʒān (m)	فنجان
bord (het)	ṭabaq (m)	طبق
schoteltje (het)	ṭabaq finʒān (m)	طبق فنجان
servet (het)	mandīl (m)	منديل
tandenstoker (de)	χallat asnān (f)	خلّة أسنان

53. Restaurant

restaurant (het)	maṭʿam (m)	مطعم
koffiehuis (het)	kafé (m), maqha (m)	كافيه, مقهى
bar (de)	bār (m)	بار
tearoom (de)	ṣālun ʃāy (m)	صالون شاي
kelner, ober (de)	nādil (m)	نادل
serveerster (de)	nādila (f)	نادلة
barman (de)	bārman (m)	بارمان
menu (het)	qā'imat aṭ ṭaʿām (f)	قائمة طعام
wijnkaart (de)	qā'imat al χumūr (f)	قائمة خمور
een tafel reserveren	ḥaʒaz mā'ida	حجز مائدة
gerecht (het)	waʒba (f)	وجبة
bestellen (eten ~)	ṭalab	طلب
een bestelling maken	ṭalab	طلب
aperitief (de/het)	ʃarāb (m)	شراب
voorgerecht (het)	muqabbilāt (pl)	مقبّلات
dessert (het)	ḥalawiyyāt (pl)	حلويّات
rekening (de)	ḥisāb (m)	حساب
de rekening betalen	dafaʿ al ḥisāb	دفع الحساب
wisselgeld teruggeven	aʿṭa al bāqi	أعطى الباقي
fooi (de)	baqʃīʃ (m)	بقشيش

Familie, verwanten en vrienden

54. Persoonlijke informatie. Formulieren

naam (de)	ism (m)	إسم
achternaam (de)	ism al ʿā'ila (m)	إسم العائلة
geboortedatum (de)	tarīχ al mīlād (m)	تاريخ الميلاد
geboorteplaats (de)	makān al mīlād (m)	مكان الميلاد
nationaliteit (de)	ʒinsiyya (f)	جنسية
woonplaats (de)	maqarr al iqāma (m)	مقر الإقامة
land (het)	balad (m)	بلد
beroep (het)	mihna (f)	مهنة
geslacht (ov. het vrouwelijk ~)	ʒins (m)	جنس
lengte (de)	ṭūl (m)	طول
gewicht (het)	wazn (m)	وزن

55. Familieleden. Verwanten

moeder (de)	umm (f)	أمّ
vader (de)	ab (m)	أب
zoon (de)	ibn (m)	إبن
dochter (de)	ibna (f)	إبنة
jongste dochter (de)	al ibna aṣ ṣaɣīra (f)	الإبنة الصغيرة
jongste zoon (de)	al ibn aṣ ṣaɣīr (m)	الابن الصغير
oudste dochter (de)	al ibna al kabīra (f)	الإبنة الكبيرة
oudste zoon (de)	al ibn al kabīr (m)	الإبن الكبير
broer (de)	aχ (m)	أخ
oudere broer (de)	al aχ al kabīr (m)	الأخ الكبير
jongere broer (de)	al aχ aṣ ṣaɣīr (m)	الأخ الصغير
zuster (de)	uχt (f)	أخت
oudere zuster (de)	al uχt al kabīra (f)	الأخت الكبيرة
jongere zuster (de)	al uχt aṣ ṣaɣīra (f)	الأخت الصغيرة
neef (zoon van oom, tante)	ibn ʿamm (m), ibn χāl (m)	إبن عمّ, إبن خال
nicht (dochter van oom, tante)	ibnat ʿamm (f), ibnat χāl (f)	إبنة عمّ, إبنة خال
mama (de)	mama (f)	ماما
papa (de)	baba (m)	بابا
ouders (mv.)	wālidān (du)	والدان
kind (het)	ṭifl (m)	طفل
kinderen (mv.)	aṭfāl (pl)	أطفال
oma (de)	ʒidda (f)	جدّة
opa (de)	ʒadd (m)	جدّ

kleinzoon (de)	ḥafīd (m)	حفيد
kleindochter (de)	ḥafīda (f)	حفيدة
kleinkinderen (mv.)	aḥfād (pl)	أحفاد
oom (de)	ʿamm (m), χāl (m)	عمّ, خال
tante (de)	ʿamma (f), χāla (f)	عمّة, خالة
neef (zoon van broer, zus)	ibn al aχ (m), ibn al uχt (m)	إبن الأخ, إبن الأخت
nicht (dochter van broer, zus)	ibnat al aχ (f), ibnat al uχt (f)	إبنة الأخ, إبنة الأخت
schoonmoeder (de)	ḥamātt (f)	حماة
schoonvader (de)	ḥamm (m)	حم
schoonzoon (de)	zawʒ al ibna (m)	زوج الأبنة
stiefmoeder (de)	zawʒat al ab (f)	زوجة الأب
stiefvader (de)	zawʒ al umm (m)	زوج الأمّ
zuigeling (de)	ṭifl raḍīʿ (m)	طفل رضيع
wiegenkind (het)	mawlūd (m)	مولود
kleuter (de)	walad ṣaɣīr (m)	ولد صغير
vrouw (de)	zawʒa (f)	زوجة
man (de)	zawʒ (m)	زوج
echtgenoot (de)	zawʒ (m)	زوج
echtgenote (de)	zawʒa (f)	زوجة
gehuwd (mann.)	mutazawwiʒ	متزوّج
gehuwd (vrouw.)	mutazawwiʒa	متزوّجة
ongehuwd (mann.)	aʿzab	أعزب
vrijgezel (de)	aʿzab (m)	أعزب
gescheiden (bn)	muṭallaq (m)	مطلّق
weduwe (de)	armala (f)	أرملة
weduwnaar (de)	armal (m)	أرمل
familielid (het)	qarīb (m)	قريب
dichte familielid (het)	nasīb qarīb (m)	نسيب قريب
verre familielid (het)	nasīb baʿīd (m)	نسيب بعيد
familieleden (mv.)	aqārib (pl)	أقارب
wees (de), weeskind (het)	yatīm (m)	يتيم
voogd (de)	waliyy amr (m)	ولي أمر
adopteren (een jongen te ~)	tabanna	تبنّى
adopteren (een meisje te ~)	tabanna	تبنّى

56. Vrienden. Collega's

vriend (de)	ṣadīq (m)	صديق
vriendin (de)	ṣadīqa (f)	صديقة
vriendschap (de)	ṣadāqa (f)	صداقة
bevriend zijn (ww)	ṣādaq	صادق
makker (de)	ṣāḥib (m)	صاحب
vriendin (de)	ṣaḥiba (f)	صاحبة
partner (de)	rafīq (m)	رفيق
chef (de)	raʾīs (m)	رئيس
baas (de)	raʾīs (m)	رئيس

eigenaar (de)	ṣāḥib (m)	صاحب
ondergeschikte (de)	tābiʿ (m)	تابع
collega (de)	zamīl (m)	زميل
kennis (de)	maʿruf (m)	معروف
medereiziger (de)	rafīq safar (m)	رفيق سفر
klasgenoot (de)	zamīl fiṣ ṣaff (m)	زميل في الصفّ
buurman (de)	ʒār (m)	جار
buurvrouw (de)	ʒāra (f)	جارة
buren (mv.)	ʒirān (pl)	جيران

57. Man. Vrouw

vrouw (de)	imraʾa (f)	إمرأة
meisje (het)	fatāt (f)	فتاة
bruid (de)	ʿarūsa (f)	عروسة
mooi(e) (vrouw, meisje)	ʒamīla	جميلة
groot, grote (vrouw, meisje)	ṭawīla	طويلة
slank(e) (vrouw, meisje)	raʃīqa	رشيقة
korte, kleine (vrouw, meisje)	qaṣīra	قصيرة
blondine (de)	ʃaqrāʾ (f)	شقراء
brunette (de)	sawdāʾ aʃ ʃaʿr (f)	سوداء الشعر
dames- (abn)	sayyidāt	سيّدات
maagd (de)	ʿaðrāʾ (f)	عذراء
zwanger (bn)	ḥāmil	حامل
man (de)	raʒul (m)	رجل
blonde man (de)	aʃqar (m)	أشقر
bruinharige man (de)	aswad aʃ ʃaʿr (m)	أسود الشعر
groot (bn)	ṭawīl	طويل
klein (bn)	qaṣīr	قصير
onbeleefd (bn)	waqiḥ	وقح
gedrongen (bn)	malyān	مليان
robuust (bn)	matīn	متين
sterk (bn)	qawiy	قويّ
sterkte (de)	quwwa (f)	قوّة
mollig (bn)	θaχīn	ثخين
getaand (bn)	asmar	أسمر
slank (bn)	raʃīq	رشيق
elegant (bn)	anīq	أنيق

58. Leeftijd

leeftijd (de)	ʿumr (m)	عمر
jeugd (de)	ʃabāb (m)	شباب
jong (bn)	ʃābb	شابّ

jonger (bn)	aṣɣar	أصغر
ouder (bn)	akbar	أكبر
jongen (de)	ʃābb (m)	شابّ
tiener, adolescent (de)	murāhiq (m)	مراهق
kerel (de)	ʃābb (m)	شابّ
oude man (de)	ʻaʒūz (m)	عجوز
oude vrouw (de)	ʻaʒūza (f)	عجوزة
volwassen (bn)	bāliɣ (m)	بالغ
van middelbare leeftijd (bn)	fi muntaṣaf al ʻumr	في منتصف العمر
bejaard (bn)	ʻaʒūz	عجوز
oud (bn)	ʻaʒūz	عجوز
pensioen (het)	maʻāʃ (m)	معاش
met pensioen gaan	uḥīl ʻalal maʻāʃ	أحيل على المعاش
gepensioneerde (de)	mutaqāʻid (m)	متقاعد

59. Kinderen

kind (het)	ṭifl (m)	طفل
kinderen (mv.)	aṭfāl (pl)	أطفال
tweeling (de)	taw'amān (du)	توأمان
wieg (de)	mahd (m)	مهد
rammelaar (de)	χaʃχīʃa (f)	خشخيشة
luier (de)	ḥifāẓ aṭfāl (m)	حفاظ أطفال
speen (de)	bazzāza (f)	بزّازة
kinderwagen (de)	ʻarabat aṭfāl (f)	عربة أطفال
kleuterschool (de)	rawḍat aṭfāl (f)	روضة أطفال
babysitter (de)	murabbiyat aṭfāl (f)	مربّية الأطفال
kindertijd (de)	ṭufūla (f)	طفولة
pop (de)	dumya (f)	دمية
speelgoed (het)	luʻba (f)	لعبة
bouwspeelgoed (het)	mukaʻʻabāt (pl)	مكعّبات
welopgevoed (bn)	mu'addab	مؤدّب
onopgevoed (bn)	qalīl al adab	قليل الأدب
verwend (bn)	mutdalliʻ	متدلّع
stout zijn (ww)	laʻib	لعب
stout (bn)	laʻūb	لعوب
stoutheid (de)	izʻāʒ (m)	إزعاج
stouterd (de)	ṭifl laʻūb (m)	طفل لعوب
gehoorzaam (bn)	muṭīʻ	مطيع
ongehoorzaam (bn)	ʻāq	عاقّ
braaf (bn)	ʻāqil	عاقل
slim (verstandig)	ðakiy	ذكيّ
wonderkind (het)	ṭifl muʻʒiza (m)	طفل معجزة

60. Gehuwde paren. Gezinsleven

kussen (een kus geven)	bās	باس
elkaar kussen (ww)	bās	باس
gezin (het)	ʿā'ila (f)	عائلة
gezins- (abn)	ʿā'iliy	عائليّ
paar (het)	zawʒān (du)	زوجان
huwelijk (het)	zawāʒ (m)	زواج
thuis (het)	bayt (m)	بيت
dynastie (de)	sulāla (f)	سلالة
date (de)	mawʿid (m)	موعد
zoen (de)	būsa (f)	بوسة
liefde (de)	ḥubb (m)	حبّ
liefhebben (ww)	aḥabb	أحبّ
geliefde (bn)	ḥabīb	حبيب
tederheid (de)	ḥanān (m)	حنان
teder (bn)	ḥanūn	حنون
trouw (de)	iχlāṣ (m)	إخلاص
trouw (bn)	muχliṣ	مخلص
zorg (bijv. bejaarden~)	ʿināya (f)	عناية
zorgzaam (bn)	muhtamm	مهتمّ
jonggehuwden (mv.)	ʿarūsān (du)	عروسان
wittebroodsweken (mv.)	ʃahr al ʿasal (m)	شهر العسل
trouwen (vrouw)	tazawwaʒ	تزوّج
trouwen (man)	tazawwaʒ	تزوّج
bruiloft (de)	zifāf (m)	زفاف
gouden bruiloft (de)	al yubīl að ðahabiy liz zawāʒ (m)	اليوبيل الذهبي للزواج
verjaardag (de)	ðikra sanawiyya (f)	ذكرى سنويّة
minnaar (de)	ḥabīb (m)	حبيب
minnares (de)	ḥabība (f)	حبيبة
overspel (het)	χiyāna zawʒiyya (f)	خيانة زوجية
overspel plegen (ww)	χān	خان
jaloers (bn)	ɣayūr	غيور
jaloers zijn (echtgenoot, enz.)	ɣār	غار
echtscheiding (de)	ṭalāq (m)	طلاق
scheiden (ww)	ṭallaq	طلّق
ruzie hebben (ww)	taʃāʒar	تشاجر
vrede sluiten (ww)	taṣālaḥ	تصالح
samen (bw)	maʿan	معًا
seks (de)	ʒins (m)	جنس
geluk (het)	saʿāda (f)	سعادة
gelukkig (bn)	saʿīd	سعيد
ongeluk (het)	muṣība (m)	مصيبة
ongelukkig (bn)	taʿis	تعس

Karakter. Gevoelens. Emoties

61. Gevoelens. Emoties

gevoel (het)	ʃuʿūr (m)	شعور
gevoelens (mv.)	maʃāʿir (pl)	مشاعر
voelen (ww)	ʃaʿar	شعر
honger (de)	ʒawʿ (m)	جوع
honger hebben (ww)	arād an yaʾkul	أراد أن يأكل
dorst (de)	ʿaṭaʃ (m)	عطش
dorst hebben	arād an yaʃrab	أراد أن يشرب
slaperigheid (de)	nuʿās (m)	نعاس
willen slapen	arād an yanām	أراد أن ينام
moeheid (de)	taʿab (m)	تعب
moe (bn)	taʿbān	تعبان
vermoeid raken (ww)	taʿib	تعب
stemming (de)	ḥāla nafsiyya, mazāʒ (m)	حالة نفسيّة, مزاج
verveling (de)	malal (m)	ملل
zich vervelen (ww)	ʃaʿar bil malal	شعر بالملل
afzondering (de)	ʿuzla (f)	عزلة
zich afzonderen (ww)	inzawa	إنزوى
bezorgd maken	aqlaq	أقلق
bezorgd zijn (ww)	qalaq	قلق
zorg (bijv. geld~en)	qalaq (m)	قلق
ongerustheid (de)	qalaq (m)	قلق
ongerust (bn)	maʃɣūl al bāl	مشغول البال
zenuwachtig zijn (ww)	qalaq	قلق
in paniek raken	uṣīb bið ðaʿr	أصيب بالذعر
hoop (de)	amal (m)	أمل
hopen (ww)	tamanna	تمنّى
zekerheid (de)	yaqīn (m)	يقين
zeker (bn)	mutaʾakkid	متأكّد
onzekerheid (de)	ʿadam at taʾakkud (m)	عدم التأكّد
onzeker (bn)	ɣayr mutaʾakkid	غير متأكّد
dronken (bn)	sakrān	سكران
nuchter (bn)	ṣāḥi	صاح
zwak (bn)	ḍaʿīf	ضعيف
gelukkig (bn)	saʿīd	سعيد
doen schrikken (ww)	arhab	أرهب
toorn (de)	ɣaḍab ʃadīd (m)	غضب شديد
woede (de)	ɣaḍab (m)	غضب
depressie (de)	iktiʾāb (m)	إكتئاب
ongemak (het)	ʿadam irtiyāḥ (m)	عدم إرتياح

gemak, comfort (het)	rāḥa (f)	راحة
spijt hebben (ww)	nadim	ندم
spijt (de)	nadam (m)	ندم
pech (de)	sū' al ḥazz (m)	سوء الحظّ
bedroefdheid (de)	ḥuzn (f)	حزن
schaamte (de)	χaʒal (m)	خجل
pret (de), plezier (het)	faraḥ (m)	فرح
enthousiasme (het)	ḥamās (m)	حماس
enthousiasteling (de)	mutaḥammis (m)	متحمّس
enthousiasme vertonen	taḥammas	تحمّس

62. Karakter. Persoonlijkheid

karakter (het)	ṭab' (m)	طبع
karakterfout (de)	'ayb (m)	عيب
rede (de), verstand (het)	'aql (m)	عقل
geweten (het)	ḍamīr (m)	ضمير
gewoonte (de)	'āda (f)	عادة
bekwaamheid (de)	qudra (f)	قدرة
kunnen (bijv., ~ zwemmen)	'araf	عرف
geduldig (bn)	ṣābir	صابر
ongeduldig (bn)	qalīl aṣ ṣabr	قليل الصبر
nieuwsgierig (bn)	fuḍūliy	فضوليّ
nieuwsgierigheid (de)	fuḍūl (m)	فضول
bescheidenheid (de)	tawāḍu' (m)	تواضع
bescheiden (bn)	mutawāḍi'	متواضع
onbescheiden (bn)	ɣayr mutawāḍi'	غير متواضع
luiheid (de)	kasal (m)	كسل
lui (bn)	kaslān	كسلان
luiwammes (de)	kaslān (m)	كسلان
sluwheid (de)	makr (m)	مكر
sluw (bn)	mākir	ماكر
wantrouwen (het)	'adam aθ θiqa (m)	عدم الثقة
wantrouwig (bn)	ʃakūk	شكوك
gulheid (de)	karam (m)	كرم
gul (bn)	karīm	كريم
talentrijk (bn)	mawhūb	موهوب
talent (het)	mawhiba (f)	موهبة
moedig (bn)	ʃuʒā'	شجاع
moed (de)	ʃaʒā'a (f)	شجاعة
eerlijk (bn)	amīn	أمين
eerlijkheid (de)	amāna (f)	أمانة
voorzichtig (bn)	ḥāðir	حاذر
manhaftig (bn)	ʃuʒā'	شجاع
ernstig (bn)	ʒādd	جادّ

streng (bn)	ṣārim	صارم
resoluut (bn)	ḥazīm	حزيم
onzeker, irresoluut (bn)	mutaraddid	متردّد
schuchter (bn)	χaʒūl	خجول
schuchterheid (de)	χaʒal (m)	خجل
vertrouwen (het)	θiqa (f)	ثقة
vertrouwen (ww)	waθiq	وثق
goedgelovig (bn)	sarīʿ at taṣdīq	سريع التصديق
oprecht (bw)	bi ṣarāḥa	بصراحة
oprecht (bn)	muχliṣ	مخلص
oprechtheid (de)	iχlāṣ (m)	إخلاص
open (bn)	ṣarīḥ	صريح
rustig (bn)	hādi'	هادئ
openhartig (bn)	ṣarīḥ	صريح
naïef (bn)	sāðiʒ	ساذج
verstrooid (bn)	ʃārid al fikr	شارد الفكر
leuk, grappig (bn)	muḍḥik	مضحك
gierigheid (de)	buχl (m)	بخل
gierig (bn)	baχīl	بخيل
inhalig (bn)	baχīl	بخيل
kwaad (bn)	ʃarīr	شرير
koppig (bn)	ʿanīd	عنيد
onaangenaam (bn)	karīh	كريه
egoïst (de)	anāniy (m)	أنانيّ
egoïstisch (bn)	anāniy	أنانيّ
lafaard (de)	ʒabān (m)	جبان
laf (bn)	ʒabān	جبان

63. Slaap. Dromen

slapen (ww)	nām	نام
slaap (in ~ vallen)	nawm (m)	نوم
droom (de)	ḥulm (m)	حلم
dromen (in de slaap)	ḥalam	حلم
slaperig (bn)	naʿsān	نعسان
bed (het)	sarīr (m)	سرير
matras (de)	martaba (f)	مرتبة
deken (de)	baṭṭāniyya (f)	بطّانيّة
kussen (het)	wisāda (f)	وسادة
laken (het)	milāya (f)	ملاية
slapeloosheid (de)	araq (m)	أرق
slapeloos (bn)	ariq	أرق
slaapmiddel (het)	munawwim (m)	منوّم
slaapmiddel innemen	tanāwal munawwim	تناول منوّمًا
willen slapen	arād an yanām	أراد أن ينام
geeuwen (ww)	taθā'ab	تثاءب

gaan slapen	ðahab ila n nawm	ذهب إلى النوم
het bed opmaken	aʿadd as sarīr	أعدّ السرير
inslapen (ww)	nām	نام
nachtmerrie (de)	kābūs (m)	كابوس
gesnurk (het)	ʃaχīr (m)	شخير
snurken (ww)	ʃaχχar	شخّر
wekker (de)	munabbih (m)	منبّه
wekken (ww)	ayqaẓ	أيقظ
wakker worden (ww)	istayqaẓ	إستيقظ
opstaan (ww)	qām	قام
zich wassen (ww)	ɣasal waʒhah	غسل وجهه

64. Humor. Gelach. Blijdschap

humor (de)	fukāha (f)	فكاهة
gevoel (het) voor humor	ḥiss (m)	حس
plezier hebben (ww)	istamtaʿ	إستمتع
vrolijk (bn)	farḥān	فرحان
pret (de), plezier (het)	faraḥ (m)	فرح
glimlach (de)	ibtisāma (f)	إبتسامة
glimlachen (ww)	ibtasam	إبتسم
beginnen te lachen (ww)	ḍaḥik	ضحك
lachen (ww)	ḍaḥik	ضحك
lach (de)	ḍaḥka (f)	ضحكة
mop (de)	ḥikāya muḍḥika (f)	حكاية مضحكة
grappig (een ~ verhaal)	muḍḥik	مضحك
grappig (~e clown)	muḍḥik	مضحك
grappen maken (ww)	mazaḥ	مزح
grap (de)	nukta (f)	نكتة
blijheid (de)	saʿāda (f)	سعادة
blij zijn (ww)	mariḥ	مرح
blij (bn)	saʿīd	سعيد

65. Discussie, conversatie. Deel 1

communicatie (de)	tawāṣul (m)	تواصل
communiceren (ww)	tawāṣal	تواصل
conversatie (de)	muḥādaθa (f)	محادثة
dialoog (de)	ḥiwār (m)	حوار
discussie (de)	munāqaʃa (f)	مناقشة
debat (het)	munāẓara (f)	مناظرة
debatteren, twisten (ww)	χālaf	خالف
gesprekspartner (de)	muḥāwir (m)	محاور
thema (het)	mawḍūʿ (m)	موضوع
standpunt (het)	wiʒhat naẓar (f)	وجهة نظر

mening (de)	ra'y (m)	رأي
toespraak (de)	χiṭāb (m)	خطاب
bespreking (de)	munāqaʃa (f)	مناقشة
bespreken (spreken over)	nāqaʃ	ناقش
gesprek (het)	ḥadīs (m)	حديث
spreken (converseren)	taḥādaθ	تحادث
ontmoeting (de)	liqā' (m)	لقاء
ontmoeten (ww)	qābal	قابل
spreekwoord (het)	maθal (m)	مثل
gezegde (het)	qawl ma'θūr (m)	قول مأثور
raadsel (het)	luɣz (m)	لغز
een raadsel opgeven	alqa luɣz	ألقى لغزًا
wachtwoord (het)	kalimat al murūr (f)	كلمة مرور
geheim (het)	sirr (m)	سرّ
eed (de)	qasam (m)	قسم
zweren (een eed doen)	aqsam	أقسم
belofte (de)	wa'd (m)	وعد
beloven (ww)	wa'ad	وعد
advies (het)	naṣīḥa (f)	نصيحة
adviseren (ww)	naṣaḥ	نصح
advies volgen (iemands ~)	intaṣaḥ	إنتصح
luisteren (gehoorzamen)	aṭā'	أطاع
nieuws (het)	χabar (m)	خبر
sensatie (de)	ḍaʒʒa (f)	ضجّة
informatie (de)	ma'lūmāt (pl)	معلومات
conclusie (de)	istintāʒ (f)	إستنتاج
stem (de)	ṣawt (m)	صوت
compliment (het)	madḥ (m)	مدح
vriendelijk (bn)	laṭīf	لطيف
woord (het)	kalima (f)	كلمة
zin (de), zinsdeel (het)	'ibāra (f)	عبارة
antwoord (het)	ʒawāb (m)	جواب
waarheid (de)	ḥaqīqa (f)	حقيقة
leugen (de)	kiðb (m)	كذب
gedachte (de)	fikra (f)	فكرة
idee (de/het)	fikra (f)	فكرة
fantasie (de)	χayāl (m)	خيال

66. Discussie, conversatie. Deel 2

gerespecteerd (bn)	muḥtaram	محترم
respecteren (ww)	iḥtaram	إحترم
respect (het)	iḥtirām (m)	إحترام
Geachte ... (brief)	'azīzi ...	عزيزي...
voorstellen (Mag ik jullie ~)	'arraf	عرّف
kennismaken (met ...)	ta'arraf	تعرّف

intentie (de)	niyya (f)	نيّة
intentie hebben (ww)	nawa	نوى
wens (de)	tamanni (m)	تمنّ
wensen (ww)	tamanna	تمنّى
verbazing (de)	ʿaʒab (m)	عجب
verbazen (verwonderen)	adhaʃ	أدهش
verbaasd zijn (ww)	indahaʃ	إندهش
geven (ww)	aʿṭa	أعطى
nemen (ww)	aχað	أخذ
teruggeven (ww)	radd	ردّ
retourneren (ww)	arʒaʿ	أرجع
zich verontschuldigen	iʿtaðar	إعتذر
verontschuldiging (de)	iʿtiðār (m)	إعتذار
vergeven (ww)	ʿafa	عفا
spreken (ww)	taḥaddaθ	تحدّث
luisteren (ww)	istamaʿ	إستمع
aanhoren (ww)	samiʿ	سمع
begrijpen (ww)	fahim	فهم
tonen (ww)	ʿaraḍ	عرض
kijken naar ...	naẓar	نظر
roepen (vragen te komen)	nāda	نادى
afleiden (storen)	ʃaɣal	شغل
storen (lastigvallen)	azʿaʒ	أزعج
doorgeven (ww)	sallam	سلّم
verzoek (het)	ṭalab (m)	طلب
verzoeken (ww)	ṭalab	طلب
eis (de)	maṭlab (m)	مطلب
eisen (met klem vragen)	ṭālib	طالب
beledigen (beledigende namen geven)	ɣāẓ	غاظ
uitlachen (ww)	saχar	سخر
spot (de)	suχriyya (f)	سخريّة
bijnaam (de)	laqab (m)	لقب
zinspeling (de)	talmīḥ (m)	تلميح
zinspelen (ww)	lamaḥ	لمح
impliceren (duiden op)	qaṣad	قصد
beschrijving (de)	waṣf (m)	وصف
beschrijven (ww)	waṣaf	وصف
lof (de)	madḥ (m)	مدح
loven (ww)	madaḥ	مدح
teleurstelling (de)	χaybat amal (f)	خيبة أمل
teleurstellen (ww)	χayyab	خيّب
teleurgesteld zijn (ww)	χābat 'āmāluh	خابت آماله
veronderstelling (de)	iftirāḍ (m)	إفتراض
veronderstellen (ww)	iftaraḍ	إفترض

waarschuwing (de)	taḥðīr (m)	تحذير
waarschuwen (ww)	ḥaððar	حذّر

67. Discussie, conversatie. Deel 3

aanpraten (ww)	aqnaʿ	أقنع
kalmeren (kalm maken)	ṭamʾan	طمأن
stilte (de)	sukūt (m)	سكوت
zwijgen (ww)	sakat	سكت
fluisteren (ww)	hamas	همس
gefluister (het)	hamsa (f)	همسة
open, eerlijk (bw)	bi ṣarāḥa	بصراحة
volgens mij ...	fi raʾyi ...	في رأيي...
detail (het)	tafṣīl (m)	تفصيل
gedetailleerd (bn)	mufaṣṣal	مفصّل
gedetailleerd (bw)	bit tafāṣīl	بالتفاصيل
hint (de)	iʃāra (f), talmīḥ (m)	إشارة, تلميح
een hint geven	aʿṭa talmīḥ	أعطى تلميحا
blik (de)	naẓra (f)	نظرة
een kijkje nemen	alqa naẓra	ألقى نظرة
strak (een ~ke blik)	θābit	ثابت
knipperen (ww)	ramaʃ	رمش
knipogen (ww)	ɣamaz	غمز
knikken (ww)	hazz raʾsah	هزّ رأسه
zucht (de)	tanahhuda (f)	تنهّدة
zuchten (ww)	tanahhad	تنهّد
huiveren (ww)	irtaʿaʃ	إرتعش
gebaar (het)	iʃārat yad (f)	إشارة يد
aanraken (ww)	lamas	لمس
grijpen (ww)	amsak	أمسك
een schouderklopje geven	ṣafaq	صفق
Kijk uit!	χuð bālak!	خذ بالك!
Echt?	wallahi?	والله؟
Bent je er zeker van?	hal anta mutaʾakkid?	هل أنت متأكّد؟
Succes!	bit tawfīq!	بالتوفيق!
Juist, ja!	wāḍiḥ!	واضح!
Wat jammer!	ya lil asaf!	يا للأسف!

68. Overeenstemming. Weigering

instemming (het)	muwāfaqa (f)	موافقة
instemmen (akkoord gaan)	wāfaʾ	وافق
goedkeuring (de)	istiḥsān (m)	إستحسان
goedkeuren (ww)	istiḥsan	إستحسن
weigering (de)	rafḍ (m)	رفض

weigeren (ww)	rafaḍ	رفض
Geweldig!	ʿaẓīm!	عظيم!
Goed!	ittafaqna!	إتّفقنا!
Akkoord!	ittafaqna!	إتّفقنا!
verboden (bn)	mamnūʿ	ممنوع
het is verboden	mamnūʿ	ممنوع
het is onmogelijk	mustaḥīl	مستحيل
onjuist (bn)	ɣalaṭ	غلط
afwijzen (ww)	rafaḍ	رفض
steunen (een goed doel, enz.)	ayyad	أيّد
aanvaarden (excuses ~)	qabil	قبل
bevestigen (ww)	aθbat	أثبت
bevestiging (de)	iθbāt (m)	إثبات
toestemming (de)	samāḥ (m)	سماح
toestaan (ww)	samaḥ	سمح
beslissing (de)	qarār (m)	قرار
z'n mond houden (ww)	ṣamat	صمت
voorwaarde (de)	ʃarṭ (m)	شرط
smoes (de)	ʿuðr (m)	عذر
lof (de)	madḥ (m)	مدح
loven (ww)	madaḥ	مدح

69. Succes. Veel geluk. Mislukking

succes (het)	naʒāḥ (m)	نجاح
succesvol (bw)	bi naʒāḥ	بنجاح
succesvol (bn)	nāʒiḥ	ناجح
geluk (het)	ḥaẓẓ (m)	حظّ
Succes!	bit tawfīq!	بالتوفيق!
geluks- (bn)	murawaffiq	متوفّق
gelukkig (fortuinlijk)	maḥẓūẓ	محظوظ
mislukking (de)	faʃl (m)	فشل
tegenslag (de)	sūʾ al ḥaẓẓ (m)	سوء الحظّ
pech (de)	sūʾ al ḥaẓẓ (m)	سوء الحظّ
zonder succes (bn)	fāʃil	فاشل
catastrofe (de)	kāriθa (f)	كارثة
fierheid (de)	faχr (m)	فخر
fier (bn)	faχūr	فخور
fier zijn (ww)	iftaχar	إفتخر
winnaar (de)	fāʾiz (m)	فائز
winnen (ww)	fāz	فاز
verliezen (ww)	χasir	خسر
poging (de)	muḥāwala (f)	محاولة
pogen, proberen (ww)	ḥāwal	حاول
kans (de)	furṣa (f)	فرصة

70. Ruzies. Negatieve emoties

schreeuw (de)	ṣarχa (f)	صرخة
schreeuwen (ww)	ṣaraχ	صرخ
beginnen te schreeuwen	ṣaraχ	صرخ
ruzie (de)	muʃāʒara (f)	مشاجرة
ruzie hebben (ww)	taʃāʒar	تشاجر
schandaal (het)	muʃāʒara (f)	مشاجرة
schandaal maken (ww)	taʃāʒar	تشاجر
conflict (het)	χilāf (m)	خلاف
misverstand (het)	sū'at tafāhum (m)	سوء التفاهم
belediging (de)	ihāna (f)	إهانة
beledigen (met scheldwoorden)	ahān	أهان
beledigd (bn)	muhān	مهان
krenking (de)	ḍaym (m)	ضيم
krenken (beledigen)	asā'	أساء
gekwetst worden (ww)	istā'	إستاء
verontwaardiging (de)	istiyā' (m)	إستياء
verontwaardigd zijn (ww)	istā'	إستاء
klacht (de)	ʃakwa (f)	شكوى
klagen (ww)	ʃaka	شكا
verontschuldiging (de)	i'tiðār (m)	إعتذار
zich verontschuldigen	i'taðar	إعتذر
excuus vragen	i'taðar	إعتذر
kritiek (de)	naqd (m)	نقد
bekritiseren (ww)	naqad	نقد
beschuldiging (de)	ittihām (m)	إتّهام
beschuldigen (ww)	ittaham	إتّهم
wraak (de)	intiqām (m)	إنتقام
wreken (ww)	intaqam	إنتقم
wraak nemen (ww)	radd	ردّ
minachting (de)	iḥtiqār (m)	إحتقار
minachten (ww)	iḥtaqar	إحتقر
haat (de)	karāha (f)	كراهة
haten (ww)	karah	كره
zenuwachtig (bn)	'aṣabiy	عصبيّ
zenuwachtig zijn (ww)	qalaq	قلق
boos (bn)	za'lān	زعلان
boos maken (ww)	az'al	أزعل
vernedering (de)	iðlāl (m)	إذلال
vernederen (ww)	ðallal	ذلّل
zich vernederen (ww)	taðallal	تذلّل
schok (de)	ṣadma (f)	صدمة
schokken (ww)	ṣadam	صدم

onaangenaamheid (de)	muʃkila (f)	مشكلة
onaangenaam (bn)	karīh	كريه
vrees (de)	χawf (m)	خوف
vreselijk (bijv. ~ onweer)	ʃadīd	شديد
eng (bn)	muχīf	مخيف
gruwel (de)	ruʿb (m)	رعب
vreselijk (~ nieuws)	murʿib	مرعب
beginnen te beven	irtaʿaʃ	إرتعش
huilen (wenen)	baka	بكى
beginnen te huilen (wenen)	baka	بكى
traan (de)	damaʿa (f)	دمعة
schuld (~ geven aan)	ɣalṭa (f)	غلطة
schuldgevoel (het)	ðamb (m)	ذنب
schande (de)	ʿār (m)	عار
protest (het)	iḥtiʒāʒ (m)	إحتجاج
stress (de)	tawattur (m)	توتّر
storen (lastigvallen)	azʿaʒ	أزعج
kwaad zijn (ww)	ɣaḍib	غضب
kwaad (bn)	ɣaḍbān	غضبان
beëindigen (een relatie ~)	anha	أنهى
vloeken (ww)	ʃātam	شاتم
schrikken (schrik krijgen)	χāf	خاف
slaan (iemand ~)	ḍarab	ضرب
vechten (ww)	taʿārak	تعارك
regelen (conflict)	sawwa	سوّى
ontevreden (bn)	ɣayr rāḍi	غير راض
woedend (bn)	ʿanīf	عنيف
Dat is niet goed!	laysa haða amr ʒayyid!	ليس هذا أمرًا جيّدًا!
Dat is slecht!	haða amr sayyiʾ!	هذا أمر سيّء!

Geneeskunde

71. Ziekten

ziekte (de)	maraḍ (m)	مرض
ziek zijn (ww)	maraḍ	مرض
gezondheid (de)	ṣiḥḥa (f)	صحّة
snotneus (de)	zukām (m)	زكام
angina (de)	iltihāb al lawzatayn (m)	التهاب اللوزتين
verkoudheid (de)	bard (m)	برد
verkouden raken (ww)	aṣābahu al bard	أصابه البرد
bronchitis (de)	iltihāb al qaṣabāt (m)	إلتهاب القصبات
longontsteking (de)	iltihāb ar ri'atayn (m)	إلتهاب الرئتين
griep (de)	inflūnza (f)	إنفلونزا
bijziend (bn)	qaṣīr an naẓar	قصير النظر
verziend (bn)	ba'īd an naẓar	بعيد النظر
scheelheid (de)	ḥawal (m)	حول
scheel (bn)	aḥwal	أحول
grauwe staar (de)	katarakt (f)	كاتاراكت
glaucoom (het)	glawkūma (f)	جلوكوما
beroerte (de)	sakta (f)	سكتة
hartinfarct (het)	iḥtiʃā' (m)	إحتشاء
myocardiaal infarct (het)	nawba qalbiya (f)	نوبة قلبية
verlamming (de)	ʃalal (m)	شلل
verlammen (ww)	ʃall	شلّ
allergie (de)	ḥassāsiyya (f)	حسّاسيّة
astma (de/het)	rabw (m)	ربو
diabetes (de)	ad dā' as sukkariy (m)	الداء السكّريّ
tandpijn (de)	alam al asnān (m)	ألم الأسنان
tandbederf (het)	naχar al asnān (m)	نخر الأسنان
diarree (de)	ishāl (m)	إسهال
constipatie (de)	imsāk (m)	إمساك
maagstoornis (de)	'usr al haḍm (m)	عسر الهضم
voedselvergiftiging (de)	tasammum (m)	تسمّم
voedselvergiftiging oplopen	tasammam	تسمّم
artritis (de)	iltihāb al mafāṣil (m)	إلتهاب المفاصل
rachitis (de)	kusāḥ al aṭfāl (m)	كساح الأطفال
reuma (het)	riumatizm (m)	روماتزم
arteriosclerose (de)	taṣṣallub aʃ ʃarayīn (m)	تصلّب الشرايين
gastritis (de)	iltihāb al ma'ida (m)	إلتهاب المعدة
blindedarmontsteking (de)	iltihāb az zā'ida ad dūdiyya (m)	إلتهاب الزائدة الدوديّة

galblaasontsteking (de)	iltihāb al marāra (m)	إلتهاب المرارة
zweer (de)	qurḥa (f)	قرحة
mazelen (mv.)	maraḍ al ḥaṣba (m)	مرض الحصبة
rodehond (de)	ḥaṣba almāniyya (f)	حصبة ألمانية
geelzucht (de)	yaraqān (m)	يرقان
leverontsteking (de)	iltihāb al kabd al vayrūsiy (m)	إلتهاب الكبد الفيروسيّ
schizofrenie (de)	ʃizufrīniya (f)	شيزوفرينيا
dolheid (de)	dā' al kalb (m)	داء الكلب
neurose (de)	'iṣāb (m)	عصاب
hersenschudding (de)	irtiʒāʒ al muχχ (m)	إرتجاج المخ
kanker (de)	saraṭān (m)	سرطان
sclerose (de)	taṣṣallub (m)	تصلّب
multiple sclerose (de)	taṣṣallub muta'addid (m)	تصلّب متعدد
alcoholisme (het)	idmān al χamr (m)	إدمان الخمر
alcoholicus (de)	mudmin al χamr (m)	مدمن الخمر
syfilis (de)	sifilis az zuhariy (m)	سفلس الزهري
AIDS (de)	al aydz (m)	الايدز
tumor (de)	waram (m)	ورم
kwaadaardig (bn)	χabīθ	خبيث
goedaardig (bn)	ḥamīd (m)	حميد
koorts (de)	ḥumma (f)	حمّى
malaria (de)	malāriya (f)	ملاريا
gangreen (het)	ɣanɣrīna (f)	غنغرينا
zeeziekte (de)	duwār al baḥr (m)	دوار البحر
epilepsie (de)	maraḍ aṣ ṣar' (m)	مرض الصرع
epidemie (de)	wabā' (m)	وباء
tyfus (de)	tīfus (m)	تيفوس
tuberculose (de)	maraḍ as sull (m)	مرض السلّ
cholera (de)	kulīra (f)	كوليرا
pest (de)	ṭā'ūn (m)	طاعون

72. Symptomen. Behandelingen. Deel 1

symptoom (het)	'araḍ (m)	عرض
temperatuur (de)	ḥarāra (f)	حرارة
verhoogde temperatuur (de)	ḥumma (f)	حمّى
polsslag (de)	nabḍ (m)	نبض
duizeling (de)	dawχa (f)	دوخة
heet (erg warm)	ḥārr	حارّ
koude rillingen (mv.)	nafaḍān (m)	نفضان
bleek (bn)	aṣfar	أصفر
hoest (de)	su'āl (m)	سعال
hoesten (ww)	sa'al	سعل
niezen (ww)	'aṭas	عطس
flauwte (de)	iɣmā' (m)	إغماء

flauwvallen (ww)	ɣumiya 'alayh	غمي عليه
blauwe plek (de)	kadma (f)	كدمة
buil (de)	tawarrum (m)	تورّم
zich stoten (ww)	iṣṭadam	إصطدم
kneuzing (de)	raḍḍ (m)	رضّ
kneuzen (gekneusd zijn)	taraḍḍaḍ	ترضّض
hinken (ww)	'araʒ	عرج
verstuiking (de)	χal' (m)	خلع
verstuiken (enkel, enz.)	χala'	خلع
breuk (de)	kasr (m)	كسر
een breuk oplopen	inkasar	إنكسر
snijwond (de)	ʒurḥ (m)	جرح
zich snijden (ww)	ʒaraḥ nafsah	جرح نفسه
bloeding (de)	nazf (m)	نزف
brandwond (de)	ḥarq (m)	حرق
zich branden (ww)	taʃayyat	تشيّط
prikken (ww)	waχaz	وخز
zich prikken (ww)	waχaz nafsah	وخز نفسه
blesseren (ww)	aṣāb	أصاب
blessure (letsel)	iṣāba (f)	إصابة
wond (de)	ʒurḥ (m)	جرح
trauma (het)	ṣadma (f)	صدمة
IJlen (ww)	haðа	هذى
stotteren (ww)	tala'sam	تلعثم
zonnesteek (de)	ḍarbat ʃams (f)	ضربة شمس

73. Symptomen. Behandelingen. Deel 2

pijn (de)	alam (m)	ألم
splinter (de)	ʃaẓiyya (f)	شظيّة
zweet (het)	'irq (m)	عرق
zweten (ww)	'ariq	عرق
braking (de)	taqayyu' (m)	تقيؤ
stuiptrekkingen (mv.)	taʃannuʒāt (pl)	تشنّجات
zwanger (bn)	ḥāmil	حامل
geboren worden (ww)	wulid	وُلد
geboorte (de)	wilāda (f)	ولادة
baren (ww)	walad	ولد
abortus (de)	iʒhāḍ (m)	إجهاض
ademhaling (de)	tanaffus (m)	تنفّس
inademing (de)	istinʃāq (m)	إستنشاق
uitademing (de)	zafīr (m)	زفير
uitademen (ww)	zafar	زفر
inademen (ww)	istanʃaq	إستنشق
invalide (de)	mu'āq (m)	معاق
gehandicapte (de)	muq'ad (m)	مقعد

drugsverslaafde (de)	mudmin muχaddirāt (m)	مدمن مخدّرات
doof (bn)	aṭraʃ	أطرش
stom (bn)	aχras	أخرس
doofstom (bn)	aṭraʃ aχras	أطرش أخرس
krankzinnig (bn)	maʒnūn (m)	مجنون
krankzinnige (man)	maʒnūn (m)	مجنون
krankzinnige (vrouw)	maʒnūna (f)	مجنونة
krankzinnig worden	ʒunn	جُنّ
gen (het)	ʒīn (m)	جين
immuniteit (de)	manāʿa (f)	مناعة
erfelijk (bn)	wirāθiy	وراثيّ
aangeboren (bn)	χilqiy munð al wilāda	خلقيّ منذ الولادة
virus (het)	virūs (m)	فيروس
microbe (de)	mikrūb (m)	ميكروب
bacterie (de)	ʒurθūma (f)	جرثومة
infectie (de)	ʿadwa (f)	عدوى

74. Symptomen. Behandelingen. Deel 3

ziekenhuis (het)	mustaʃfa (m)	مستشفى
patiënt (de)	marīḍ (m)	مريض
diagnose (de)	taʃχīṣ (m)	تشخيص
genezing (de)	ʿilāʒ (m)	علاج
medische behandeling (de)	ʿilāʒ (m)	علاج
onder behandeling zijn	taʿālaʒ	تعالج
behandelen (ww)	ʿālaʒ	عالج
zorgen (zieken ~)	marraḍ	مرّض
ziekenzorg (de)	ʿināya (f)	عناية
operatie (de)	ʿamaliyya ʒaraḥiyya (f)	عمليّة جرحيّة
verbinden (een arm ~)	ḍammad	ضمّد
verband (het)	taḍmīd (m)	تضميد
vaccin (het)	talqīḥ (m)	تلقيح
inenten (vaccineren)	laqqaḥ	لقّح
injectie (de)	ḥuqna (f)	حقنة
een injectie geven	ḥaqan ibra	حقن إبرة
aanval (de)	nawba (f)	نوبة
amputatie (de)	batr (m)	بتر
amputeren (ww)	batar	بتر
coma (het)	ɣaybūba (f)	غيبوبة
in coma liggen	kān fi ḥālat ɣaybūba	كان في حالة غيبوبة
intensieve zorg, ICU (de)	al ʿināya al murakkaza (f)	العناية المركّزة
zich herstellen (ww)	ʃufiy	شفي
toestand (de)	ḥāla (f)	حالة
bewustzijn (het)	waʿy (m)	وعي
geheugen (het)	ðākira (f)	ذاكرة
trekken (een kies ~)	χalaʿ	خلع

vulling (de)	ḥaʃw (m)	حشو
vullen (ww)	ḥaʃa	حشا
hypnose (de)	at tanwīm al maɣnaṭīsiy (m)	التنويم المغناطيسيّ
hypnotiseren (ww)	nawwam	نوّم

75. Artsen

dokter, arts (de)	ṭabīb (m)	طبيب
ziekenzuster (de)	mumarriḍa (f)	ممرّضة
lijfarts (de)	duktūr ʃaχṣiy (m)	دكتور شخصيّ
tandarts (de)	ṭabīb al asnān (m)	طبيب الأسنان
oogarts (de)	ṭabīb al ʿuyūn (m)	طبيب العيون
therapeut (de)	ṭabīb bāṭiniy (m)	طبيب باطنيّ
chirurg (de)	ʒarrāḥ (m)	جرّاح
psychiater (de)	ṭabīb nafsiy (m)	طبيب نفسيّ
pediater (de)	ṭabīb al aṭfāl (m)	طبيب الأطفال
psycholoog (de)	sikulūʒiy (m)	سيكولوجيّ
gynaecoloog (de)	ṭabīb an nisāʾ (m)	طبيب النساء
cardioloog (de)	ṭabīb al qalb (m)	طبيب القلب

76. Geneeskunde. Medicijnen. Accessoires

geneesmiddel (het)	dawāʾ (m)	دواء
middel (het)	ʿilāʒ (m)	علاج
voorschrijven (ww)	waṣaf	وصف
recept (het)	waṣfa (f)	وصفة
tablet (de/het)	qurṣ (m)	قرص
zalf (de)	marham (m)	مرهم
ampul (de)	ambūla (f)	أمبولة
drank (de)	dawāʾ ʃarāb (m)	دواء شراب
siroop (de)	ʃarāb (m)	شراب
pil (de)	ḥabba (f)	حبّة
poeder (de/het)	ðarūr (m)	ذرور
verband (het)	ḍammāda (f)	ضمادة
watten (mv.)	quṭn (m)	قطن
jodium (het)	yūd (m)	يود
pleister (de)	blāstir (m)	بلاستر
pipet (de)	māṣṣat al bastara (f)	ماصّة البسترة
thermometer (de)	tirmūmitr (m)	ترمومتر
spuit (de)	miḥqana (f)	محقنة
rolstoel (de)	kursiy mutaḥarrik (m)	كرسي متحرّك
krukken (mv.)	ʿukkāzān (du)	عكّازان
pijnstiller (de)	musakkin (m)	مسكّن
laxeermiddel (het)	mulayyin (m)	مليّن

spiritus (de)	iθanūl (m)	إيثانول
medicinale kruiden (mv.)	aʿʃāb ṭibbiyya (pl)	أعشاب طبية
kruiden- (abn)	ʿuʃbiy	عشبي

77. Roken. Tabaksproducten

tabak (de)	tabɣ (m)	تبغ
sigaret (de)	sīʒāra (f)	سيجارة
sigaar (de)	sīʒār (m)	سيجار
pijp (de)	ɣalyūn (m)	غليون
pakje (~ sigaretten)	ʿulba (f)	علبة
lucifers (mv.)	kibrīt (m)	كبريت
luciferdoosje (het)	ʿulbat kibrīt (f)	علبة كبريت
aansteker (de)	wallāʿa (f)	ولّاعة
asbak (de)	ṭaqṭūqa (f)	طقطوقة
sigarettendoosje (het)	ʿulbat saʒāʾir (f)	علبة سجائر
sigarettenpijpje (het)	ḥamilat siʒāra (f)	حاملة سيجارة
filter (de/het)	filtir (m)	فلتر
roken (ww)	daχχan	دخّن
een sigaret opsteken	aʃʿal siʒāra	أشعل سيجارة
roken (het)	tadχīn (m)	تدخين
roker (de)	mudaχχin (m)	مدخّن
peuk (de)	ʿuqb siʒāra (m)	عقب سيجارة
rook (de)	duχān (m)	دخان
as (de)	ramād (m)	رماد

HET MENSELIJKE LEEFGEBIED

Stad

78. Stad. Het leven in de stad

stad (de)	madīna (f)	مدينة
hoofdstad (de)	'āṣima (f)	عاصمة
dorp (het)	qarya (f)	قرية
plattegrond (de)	χarīṭat al madīna (f)	خريطة المدينة
centrum (ov. een stad)	markaz al madīna (m)	مركز المدينة
voorstad (de)	ḍāḥiya (f)	ضاحية
voorstads- (abn)	aḍ ḍawāḥi	الضواحي
randgemeente (de)	aṭrāf al madīna (pl)	أطراف المدينة
omgeving (de)	ḍawāḥi al madīna (pl)	ضواحي المدينة
blok (huizenblok)	ḥayy (m)	حي
woonwijk (de)	ḥayy sakaniy (m)	حي سكني
verkeer (het)	ḥarakat al murūr (f)	حركة المرور
verkeerslicht (het)	iʃārāt al murūr (pl)	إشارات المرور
openbaar vervoer (het)	wasā'il an naql (pl)	وسائل النقل
kruispunt (het)	taqāṭu' (m)	تقاطع
zebrapad (oversteekplaats)	ma'bar al muʃāt (m)	معبر المشاة
onderdoorgang (de)	nafaq muʃāt (m)	نفق مشاة
oversteken (de straat ~)	'abar	عبر
voetganger (de)	māʃi (m)	ماش
trottoir (het)	raṣīf (m)	رصيف
brug (de)	ʒisr (m)	جسر
dijk (de)	kurnīʃ (m)	كورنيش
fontein (de)	nāfūra (f)	نافورة
allee (de)	mamʃa (m)	ممشى
park (het)	ḥadīqa (f)	حديقة
boulevard (de)	bulvār (m)	بولفار
plein (het)	maydān (m)	ميدان
laan (de)	ʃāri' (m)	شارع
straat (de)	ʃāri' (m)	شارع
zijstraat (de)	zuqāq (m)	زقاق
doodlopende straat (de)	ṭarīq masdūd (m)	طريق مسدود
huis (het)	bayt (m)	بيت
gebouw (het)	mabna (m)	مبنى
wolkenkrabber (de)	nāṭiḥat sahāb (f)	ناطحة سحاب
gevel (de)	wāʒiha (f)	واجهة
dak (het)	saqf (m)	سقف

venster (het)	ʃubbāk (m)	شبّاك
boog (de)	qaws (m)	قوس
pilaar (de)	'amūd (m)	عمود
hoek (ov. een gebouw)	zāwiya (f)	زاوية
vitrine (de)	vatrīna (f)	فترينة
gevelreclame (de)	lāfita (f)	لافتة
affiche (de/het)	mulṣaq (m)	ملصق
reclameposter (de)	mulṣaq i'lāniy (m)	ملصق إعلاني
aanplakbord (het)	lawḥat i'lānāt (f)	لوحة إعلانات
vuilnis (de/het)	zubāla (f)	زبالة
vuilnisbak (de)	ṣundūq zubāla (m)	صندوق زبالة
afval weggooien (ww)	rama zubāla	رمى زبالة
stortplaats (de)	mazbala (f)	مزبلة
telefooncel (de)	kuʃk tilifūn (m)	كشك تليفون
straatlicht (het)	'amūd al miṣbāḥ (m)	عمود المصباح
bank (de)	dikka (f), kursiy (m)	دكّة, كرسي
politieagent (de)	ʃurṭiy (m)	شرطيّ
politie (de)	ʃurṭa (f)	شرطة
zwerver (de)	ʃaḥḥāð (m)	شحّاذ
dakloze (de)	mutaʃarrid (m)	متشرّد

79. Stedelijke instellingen

winkel (de)	maḥall (m)	محلّ
apotheek (de)	ṣaydaliyya (f)	صيدليّة
optiek (de)	al adawāt al baṣariyya (pl)	الأدوات البصريّة
winkelcentrum (het)	markaz tiʒāriy (m)	مركز تجاريّ
supermarkt (de)	subirmarkit (m)	سوبرماركت
bakkerij (de)	maχbaz (m)	مخبز
bakker (de)	χabbāz (m)	خبّاز
banketbakkerij (de)	dukkān ḥalawāniy (m)	دكّان حلوانيّ
kruidenier (de)	baqqāla (f)	بقّالة
slagerij (de)	malḥama (f)	ملحمة
groentewinkel (de)	dukkān χuḍār (m)	دكّان خضار
markt (de)	sūq (f)	سوق
koffiehuis (het)	kafé (m), maqha (m)	كافيه, مقهى
restaurant (het)	maṭ'am (m)	مطعم
bar (de)	ḥāna (f)	حانة
pizzeria (de)	maṭ'am pizza (m)	مطعم بيتزا
kapperssalon (de/het)	ṣālūn ḥilāqa (m)	صالون حلاقة
postkantoor (het)	maktab al barīd (m)	مكتب البريد
stomerij (de)	tanẓīf ʒāff (m)	تنظيف جافّ
fotostudio (de)	istūdiyu taṣwīr (m)	إستوديو تصوير
schoenwinkel (de)	maḥall aḥðiya (m)	محلّ أحذية
boekhandel (de)	maḥall kutub (m)	محلّ كتب

sportwinkel (de)	maḥall riyāḍiy (m)	محلّ رياضيّ
kledingreparatie (de)	maḥall χiyāṭat malābis (m)	محلّ خياطة ملابس
kledingverhuur (de)	maḥall taʾʒīr malābis rasmiyya (m)	محلّ تأجير ملابس رسمية
videotheek (de)	maḥal taʾʒīr vidiyu (m)	محلّ تأجير فيديو
circus (de/het)	sirk (m)	سيرك
dierentuin (de)	ḥadīqat al ḥayawān (f)	حديقة حيوان
bioscoop (de)	sinima (f)	سينما
museum (het)	matḥaf (m)	متحف
bibliotheek (de)	maktaba (f)	مكتبة
theater (het)	masraḥ (m)	مسرح
opera (de)	ubra (f)	أوبرا
nachtclub (de)	malha layliy (m)	ملهى ليليّ
casino (het)	kazinu (m)	كازينو
moskee (de)	masʒid (m)	مسجد
synagoge (de)	kanīs maʿbad yahūdiy (m)	كنيس معبد يهوديّ
kathedraal (de)	katidrāʾiyya (f)	كاتدرائيّة
tempel (de)	maʿbad (m)	معبد
kerk (de)	kanīsa (f)	كنيسة
instituut (het)	kulliyya (m)	كلّيّة
universiteit (de)	ʒāmiʿa (f)	جامعة
school (de)	madrasa (f)	مدرسة
gemeentehuis (het)	muqāṭaʿa (f)	مقاطعة
stadhuis (het)	baladiyya (f)	بلديّة
hotel (het)	funduq (m)	فندق
bank (de)	bank (m)	بنك
ambassade (de)	safāra (f)	سفارة
reisbureau (het)	ʃarikat siyāḥa (f)	شركة سياحة
informatieloket (het)	maktab al istiʿlāmāt (m)	مكتب الإستعلامات
wisselkantoor (het)	ṣarrāfa (f)	صرّافة
metro (de)	mitru (m)	مترو
ziekenhuis (het)	mustaʃfa (m)	مستشفى
benzinestation (het)	maḥaṭṭat banzīn (f)	محطّة بنزين
parking (de)	mawqif as sayyārāt (m)	موقف السيّارات

80. Borden

gevelreclame (de)	lāfita (f)	لافتة
opschrift (het)	bayān (m)	بيان
poster (de)	mulṣaq iʿlāniy (m)	ملصق إعلانيّ
wegwijzer (de)	ʿalāmat ittiʒāh (f)	علامة إتّجاه
pijl (de)	ʿalāmat iʃāra (f)	علامة إشارة
waarschuwing (verwittiging)	taḥðīr (m)	تحذير
waarschuwingsbord (het)	lāfitat taḥðīr (f)	لافتة تحذير
waarschuwen (ww)	ḥaððar	حذّر

vrije dag (de)	yawm 'uṭla (m)	يوم عطلة
dienstregeling (de)	ʒadwal (m)	جدول
openingsuren (mv.)	awqāt al 'amal (pl)	أوقات العمل
WELKOM!	ahlan wa sahlan!	أهلًا وسهلًا
INGANG	duχūl	دخول
UITGANG	χurūʒ	خروج
DUWEN	idfa'	إدفع
TREKKEN	isḥab	إسحب
OPEN	maftūḥ	مفتوح
GESLOTEN	muɣlaq	مغلق
DAMES	lis sayyidāt	للسيدات
HEREN	lir riʒāl	للرجال
KORTING	χaṣm	خصم
UITVERKOOP	taχfīḍāt	تخفيضات
NIEUW!	ʒadīd!	جديد!
GRATIS	maʒʒānan	مجّانًا
PAS OP!	intibāh!	إنتباه!
VOLGEBOEKT	kull al amākin maḥʒūza	كل الأماكن محجوزة
GERESERVEERD	maḥʒūz	محجوز
ADMINISTRATIE	idāra	إدارة
ALLEEN VOOR PERSONEEL	lil 'āmilīn faqaṭ	للعاملين فقط
GEVAARLIJKE HOND	iḥðar wuʒūd al kalb	إحذر وجود الكلب
VERBODEN TE ROKEN!	mamnū' at tadχīn	ممنوع التدخين
NIET AANRAKEN!	'adam al lams	عدم اللمس
GEVAARLIJK	χaṭīr	خطير
GEVAAR	χaṭar	خطر
HOOGSPANNING	tayyār 'āli	تيّار عالي
VERBODEN TE ZWEMMEN	as sibāḥa mamnū'a	السباحة ممنوعة
BUITEN GEBRUIK	mu'aṭṭal	معطّل
ONTVLAMBAAR	sarī' al iʃti'āl	سريع الإشتعال
VERBODEN	mamnū'	ممنوع
DOORGANG VERBODEN	mamnū' al murūr	ممنوع المرور
OPGELET PAS GEVERFD	iḥðar ṭilā' ɣayr ʒāff	إحذر طلاء غير جاف

81. Stedelijk vervoer

bus, autobus (de)	bāṣ (m)	باص
tram (de)	trām (m)	ترام
trolleybus (de)	truli bāṣ (m)	ترولي باص
route (de)	χaṭṭ (m)	خطّ
nummer (busnummer, enz.)	raqm (m)	رقم
rijden met ...	rakib ...	ركب...
stappen (in de bus ~)	rakib	ركب

afstappen (ww)	nazil min	نزل من
halte (de)	mawqif (m)	موقف
volgende halte (de)	al maḥaṭṭa al qādima (f)	المحطّة القادمة
eindpunt (het)	āχir maḥaṭṭa (f)	آخر محطّة
dienstregeling (de)	ʒadwal (m)	جدول
wachten (ww)	intazar	إنتظر
kaartje (het)	taðkira (f)	تذكرة
reiskosten (de)	uʒra (f)	أجرة
kassier (de)	ṣarrāf (m)	صرّاف
kaartcontrole (de)	taftīʃ taðkira (m)	تفتيش تذكرة
controleur (de)	mufattiʃ taðākir (m)	مفتّش تذاكر
te laat zijn (ww)	ta'aχχar	تأخّر
missen (de bus ~)	ta'aχχar	تأخّر
zich haasten (ww)	istaʿʒal	إستعجل
taxi (de)	taksi (m)	تاكسي
taxichauffeur (de)	sā'iq taksi (m)	سائق تاكسي
met de taxi (bw)	bit taksi	بالتاكسي
taxistandplaats (de)	mawqif taksi (m)	موقف تاكسي
een taxi bestellen	kallam tāksi	كلّم تاكسي
een taxi nemen	aχað taksi	أخذ تاكسي
verkeer (het)	ḥarakat al murūr (f)	حركة المرور
file (de)	zaḥmat al murūr (f)	زحمة المرور
spitsuur (het)	sāʿat að ðurwa (f)	ساعة الذروة
parkeren (on.ww.)	awqaf	أوقف
parkeren (ov.ww.)	awqaf	أوقف
parking (de)	mawqif as sayyārāt (m)	موقف السيارات
metro (de)	mitru (m)	مترو
halte (bijv. kleine treinhalte)	maḥaṭṭa (f)	محطّة
de metro nemen	rakib al mitru	ركب المترو
trein (de)	qiṭār (m)	قطار
station (treinstation)	maḥaṭṭat qiṭār (f)	محطّة قطار

82. Bezienswaardigheden

monument (het)	timθāl (m)	تمثال
vesting (de)	qalʿa (f), ḥiṣn (m)	قلعة, حصن
paleis (het)	qaṣr (m)	قصر
kasteel (het)	qalʿa (f)	قلعة
toren (de)	burʒ (m)	برج
mausoleum (het)	ḍarīḥ (m)	ضريح
architectuur (de)	handasa miʿmāriyya (f)	هندسة معماريّة
middeleeuws (bn)	min al qurūn al wusṭa	من القرون الوسطى
oud (bn)	qadīm	قديم
nationaal (bn)	waṭaniy	وطنيّ
bekend (bn)	maʃhūr	مشهور
toerist (de)	sā'iḥ (m)	سائح
gids (de)	murʃid (m)	مرشد

rondleiding (de)	ʒawla (f)	جولة
tonen (ww)	ʿaraḍ	عرض
vertellen (ww)	ḥaddaθ	حدّث
vinden (ww)	waʒad	وجد
verdwalen (de weg kwijt zijn)	ḍāʿ	ضاع
plattegrond (~ van de metro)	χarīṭa (f)	خريطة
plattegrond (~ van de stad)	χarīṭa (f)	خريطة
souvenir (het)	tiðkār (m)	تذكار
souvenirwinkel (de)	maḥall hadāya (m)	محلّ هدايا
foto's maken	ṣawwar	صوّر
zich laten fotograferen	taṣawwar	تصوّر

83. Winkelen

kopen (ww)	iʃtara	إشترى
aankoop (de)	ʃayʾ (m)	شيء
winkelen (ww)	iʃtara	إشترى
winkelen (het)	ʃubinɣ (m)	شوبينغ
open zijn (ov. een winkel, enz.)	maftūḥ	مفتوح
gesloten zijn (ww)	muɣlaq	مغلق
schoeisel (het)	aḥðiya (pl)	أحذية
kleren (mv.)	malābis (pl)	ملابس
cosmetica (mv.)	mawādd at taʒmīl (pl)	موادّ التجميل
voedingswaren (mv.)	maʾkūlāt (pl)	مأكولات
geschenk (het)	hadiyya (f)	هديّة
verkoper (de)	bāʾiʿ (m)	بائع
verkoopster (de)	bāʾiʿa (f)	بائعة
kassa (de)	ṣundūʾ ad dafʿ (m)	صندوق الدفع
spiegel (de)	mirʾāt (f)	مرآة
toonbank (de)	minḍada (f)	منضدة
paskamer (de)	ɣurfat al qiyās (f)	غرفة القياس
aanpassen (ww)	ʒarrab	جرّب
passen (ov. kleren)	nāsab	ناسب
bevallen (prettig vinden)	aʿʒab	أعجب
prijs (de)	siʿr (m)	سعر
prijskaartje (het)	tikit as siʿr (m)	تيكت السعر
kosten (ww)	kallaf	كلّف
Hoeveel?	bikam?	بكم؟
korting (de)	χaṣm (m)	خصم
niet duur (bn)	ɣayr ɣāli	غير غال
goedkoop (bn)	raχīṣ	رخيص
duur (bn)	ɣāli	غال
Dat is duur.	haða ɣāli	هذا غال
verhuur (de)	istiʾʒār (m)	إستئجار

huren (smoking, enz.)	ista'ʒar	إستأجر
krediet (het)	i'timān (m)	إئتمان
op krediet (bw)	bid dayn	بالدين

84. Geld

geld (het)	nuqūd (pl)	نقود
ruil (de)	taḥwīl 'umla (m)	تحويل عملة
koers (de)	si'r aṣ ṣarf (m)	سعر الصرف
geldautomaat (de)	ṣarrāf 'āliy (m)	صرّاف آليّ
muntstuk (de)	qiṭ'a naqdiyya (f)	قطعة نقديّة
dollar (de)	dulār (m)	دولار
euro (de)	yuru (m)	يورو
lire (de)	lira iṭāliyya (f)	ليرة إيطالية
Duitse mark (de)	mark almāniy (m)	مارك ألماني
frank (de)	frank (m)	فرنك
pond sterling (het)	ʒunayh istirlīniy (m)	جنيه استرلينيّ
yen (de)	yīn (m)	ين
schuld (geldbedrag)	dayn (m)	دين
schuldenaar (de)	mudīn (m)	مدين
uitlenen (ww)	sallaf	سلّف
lenen (geld ~)	istalaf	إستلف
bank (de)	bank (m)	بنك
bankrekening (de)	ḥisāb (m)	حساب
storten (ww)	awda'	أودع
op rekening storten	awda' fil ḥisāb	أودع في الحساب
opnemen (ww)	saḥab min al ḥisāb	سحب من الحساب
kredietkaart (de)	biṭāqat i'timān (f)	بطاقة إئتمان
baar geld (het)	nuqūd (pl)	نقود
cheque (de)	ʃīk (m)	شيك
een cheque uitschrijven	katab ʃīk	كتب شيكًا
chequeboekje (het)	daftar ʃīkāt (m)	دفتر شيكات
portefeuille (de)	maḥfaẓat ʒīb (f)	محفظة جيب
geldbeugel (de)	maḥfaẓat fakka (f)	محفظة فكّة
safe (de)	χizāna (f)	خزانة
erfgenaam (de)	wāris (m)	وارث
erfenis (de)	wirāθa (f)	وراثة
fortuin (het)	θarwa (f)	ثروة
huur (de)	'īʒār (m)	إيجار
huurprijs (de)	uʒrat as sakan (f)	أجرة السكن
huren (huis, kamer)	ista'ʒar	إستأجر
prijs (de)	si'r (m)	سعر
kostprijs (de)	θaman (m)	ثمن
som (de)	mablaɣ (m)	مبلغ
uitgeven (geld besteden)	ṣaraf	صرف

kosten (mv.)	maṣārīf (pl)	مصاريف
bezuinigen (ww)	waffar	وفّر
zuinig (bn)	muwaffir	موفّر
betalen (ww)	dafa'	دفع
betaling (de)	daf' (m)	دفع
wisselgeld (het)	al bāqi (m)	الباقي
belasting (de)	ḍarība (f)	ضريبة
boete (de)	ɣarāma (f)	غرامة
beboeten (bekeuren)	faraḍ ɣarāma	فرض غرامة

85. Post. Postkantoor

postkantoor (het)	maktab al barīd (m)	مكتب البريد
post (de)	al barīd (m)	البريد
postbode (de)	sā'i al barīd (m)	ساعي البريد
openingsuren (mv.)	awqāt al 'amal (pl)	أوقات العمل
brief (de)	risāla (f)	رسالة
aangetekende brief (de)	risāla musaʒʒala (f)	رسالة مسجّلة
briefkaart (de)	biṭāqa barīdiyya (f)	بطاقة بريديّة
telegram (het)	barqiyya (f)	برقيّة
postpakket (het)	ṭard (m)	طرد
overschrijving (de)	ḥawāla māliyya (f)	حوالة ماليّة
ontvangen (ww)	istalam	إستلم
sturen (zenden)	arsal	أرسل
verzending (de)	irsāl (m)	إرسال
adres (het)	'unwān (m)	عنوان
postcode (de)	raqm al barīd (m)	رقم البريد
verzender (de)	mursil (m)	مرسل
ontvanger (de)	mursal ilayh (m)	مرسل إليه
naam (de)	ism (m)	إسم
achternaam (de)	ism al 'ā'ila (m)	إسم العائلة
tarief (het)	ta'rīfa (f)	تعريفة
standaard (bn)	'ādiy	عاديّ
zuinig (bn)	muwaffir	موفّر
gewicht (het)	wazn (m)	وزن
afwegen (op de weegschaal)	wazan	وزن
envelop (de)	ẓarf (m)	ظرف
postzegel (de)	ṭābi' (m)	طابع
een postzegel plakken op	alṣaq ṭābi'	ألصق طابعا

Woning. Huis. Thuis

86. Huis. Woning

huis (het)	bayt (m)	بيت
thuis (bw)	fil bayt	في البيت
cour (de)	fināʾ (m)	فناء
omheining (de)	sūr (m)	سور
baksteen (de)	ṭūb (m)	طوب
van bakstenen	min aṭ ṭūb	من الطوب
steen (de)	ḥaʒar (m)	حجر
stenen (bn)	ḥaʒariy	حجريّ
beton (het)	χarasāna (f)	خرسانة
van beton	χarasāniy	خرسانيّ
nieuw (bn)	ʒadīd	جديد
oud (bn)	qadīm	قديم
vervallen (bn)	ʾāyil lis suqūṭ	آيل للسقوط
modern (bn)	muʿāṣir	معاصر
met veel verdiepingen	mutaʿaddid aṭ ṭawābiq	متعدّد الطوابق
hoog (bn)	ʿāli	عال
verdieping (de)	ṭābiq (m)	طابق
met een verdieping	ðu ṭābiq wāḥid	ذو طابق واحد
laagste verdieping (de)	ṭābiq sufliy (m)	طابق سفليّ
bovenverdieping (de)	ṭābiq ʿulwiy (m)	طابق علويّ
dak (het)	saqf (m)	سقف
schoorsteen (de)	madχana (f)	مدخنة
dakpan (de)	qirmīd (m)	قرميد
pannen- (abn)	min al qirmīd	من القرميد
zolder (de)	ʿullayya (f)	عليّة
venster (het)	ʃubbāk (m)	شبّاك
glas (het)	zuʒāʒ (m)	زجاج
vensterbank (de)	raff ʃubbāk (f)	رف شبّاك
luiken (mv.)	darf ʃubbāk (m)	درف شبّاك
muur (de)	ḥāʾiṭ (m)	حائط
balkon (het)	ʃurfa (f)	شرفة
regenpijp (de)	masūrat at taṣrīf (f)	ماسورة التصريف
boven (bw)	fawq	فوق
naar boven gaan (ww)	ṣaʿad	صعد
afdalen (on.ww.)	nazil	نزل
verhuizen (ww)	intaqal	إنتقل

87. Huis. Ingang. Lift

ingang (de)	madχal (m)	مدخل
trap (de)	sullam (m)	سلّم
treden (mv.)	daraʒāt (pl)	درجات
trapleuning (de)	drabizīn (m)	درابزين
hal (de)	ṣāla (f)	صالة
postbus (de)	ṣundūq al barīd (m)	صندوق البريد
vuilnisbak (de)	ṣundūq az zubāla (m)	صندوق الزبالة
vuilniskoker (de)	manfað að ðubāla (m)	منفذ الزبالة
lift (de)	miṣʿad (m)	مصعد
goederenlift (de)	miṣʿad aʃ ʃaḥn (m)	مصعد الشحن
liftcabine (de)	kabīna (f)	كابينة
de lift nemen	rakib al miṣʿad	ركب المصعد
appartement (het)	ʃaqqa (f)	شقّة
bewoners (mv.)	sukkān al ʿimāra (pl)	سكّان العمارة
buurman (de)	ʒār (m)	جار
buurvrouw (de)	ʒāra (f)	جارة
buren (mv.)	ʒirān (pl)	جيران

88. Huis. Elektriciteit

elektriciteit (de)	kahrabāʾ (m)	كهرباء
lamp (de)	lamba (f)	لمبة
schakelaar (de)	miftāḥ (m)	مفتاح
zekering (de)	fāṣima (f)	فاصمة
draad (de)	silk (m)	سلك
bedrading (de)	aslāk (pl)	أسلاك
elektriciteitsmeter (de)	ʿaddād (m)	عدّاد
gegevens (mv.)	qirāʾa (f)	قراءة

89. Huis. Deuren. Sloten

deur (de)	bāb (m)	باب
toegangspoort (de)	bawwāba (f)	بوّابة
deurkruk (de)	qabḍat al bāb (f)	قبضة الباب
ontsluiten (ontgrendelen)	fataḥ	فتح
openen (ww)	fataḥ	فتح
sluiten (ww)	aɣlaq	أغلق
sleutel (de)	miftāḥ (m)	مفتاح
sleutelbos (de)	rabṭa (f)	ربطة
knarsen (bijv. scharnier)	ṣarr	صرّ
knarsgeluid (het)	ṣarīr (m)	صرير
scharnier (het)	mufaṣṣala (f)	مفصّلة
deurmat (de)	siʒāda (f)	سجادة
slot (het)	qifl al bāb (m)	قفل الباب

sleutelgat (het)	θaqb al bāb (m)	ثقب الباب
grendel (de)	tirbās (m)	ترباس
schuif (de)	mizlāʒ (m)	مزلاج
hangslot (het)	qifl (m)	قفل
aanbellen (ww)	rann	رنّ
bel (geluid)	ranīn (m)	رنين
deurbel (de)	ʒaras (m)	جرس
belknop (de)	zirr (m)	زر
geklop (het)	ṭarq, daqq (m)	طرق, دقّ
kloppen (ww)	daqq	دقّ
code (de)	kūd (m)	كود
cijferslot (het)	kūd (m)	كود
parlofoon (de)	ʒaras al bāb (m)	جرس الباب
nummer (het)	raqm (m)	رقم
naambordje (het)	lawḥa (f)	لوحة
deurspion (de)	al ʿayn as siḥriyya (m)	العين السحريّة

90. Huis op het platteland

dorp (het)	qarya (f)	قرية
moestuin (de)	bustān χuḍār (m)	بستان خضار
hek (het)	sūr (m)	سور
houten hekwerk (het)	sūr (m)	سور
tuinpoortje (het)	bawwāba farʿiyya (f)	بوّابة فرعيّة
graanschuur (de)	ʃawna (f)	شونة
wortelkelder (de)	sirdāb (m)	سرداب
schuur (de)	saqīfa (f)	سقيفة
waterput (de)	biʾr (m)	بئر
kachel (de)	furn (m)	فرن
de kachel stoken	awqad	أوقد
brandhout (het)	ḥaṭab (m)	حطب
houtblok (het)	qiṭʿat ḥaṭab (f)	قطعة حطب
veranda (de)	virānda (f)	فيراندة
terras (het)	ʃurfa (f)	شرفة
bordes (het)	sullam (m)	سلّم
schommel (de)	urʒūḥa (f)	أرجوحة

91. Villa. Herenhuis

landhuisje (het)	bayt rīfiy (m)	بيت ريفيّ
villa (de)	villa (f)	فيلا
vleugel (de)	ʒanāḥ (m)	جناح
tuin (de)	ḥadīqa (f)	حديقة
park (het)	ḥadīqa (f)	حديقة
oranjerie (de)	dafīʾa (f)	دفيئة
onderhouden (tuin, enz.)	ihtamm	إهتمّ

zwembad (het)	masbaḥ (m)	مسبح
gym (het)	qā'at at tamrīnāt (f)	قاعة التمرينات
tennisveld (het)	mal'ab tinis (m)	ملعب تنس
bioscoopkamer (de)	sinima manziliyya (f)	سينما منزليّة
garage (de)	qarāʒ (m)	جراج
privé-eigendom (het)	milkiyya χāṣṣa (f)	ملكيّة خاصّة
eigen terrein (het)	arḍ χāṣṣa (m)	أرض خاصّة
waarschuwing (de)	taḥðīr (m)	تحذير
waarschuwingsbord (het)	lāfitat taḥðīr (f)	لافتة تحذير
bewaking (de)	ḥirāsa (f)	حراسة
bewaker (de)	ḥāris amn (m)	حارس أمن
inbraakalarm (het)	ʒihāð inðār (m)	جهاز انذار

92. Kasteel. Paleis

kasteel (het)	qal'a (f)	قلعة
paleis (het)	qaṣr (m)	قصر
vesting (de)	qal'a (f), ḥiṣn (m)	قلعة, حصن
ringmuur (de)	sūr (m)	سور
toren (de)	burʒ (m)	برج
donjon (de)	burʒ ra'īsiy (m)	برج رئيسيّ
valhek (het)	bāb mutaḥarrik (m)	باب متحرّك
onderaardse gang (de)	sirdāb (m)	سرداب
slotgracht (de)	χandaq mā'iy (m)	خندق مائيّ
ketting (de)	silsila (f)	سلسلة
schietgat (het)	mazɣal (m)	مزغل
prachtig (bn)	rā'i'	رائع
majestueus (bn)	muhīb	مهيب
onneembaar (bn)	manī'	منيع
middeleeuws (bn)	min al qurūn al wusṭa	من القرون الوسطى

93. Appartement

appartement (het)	ʃaqqa (f)	شقّة
kamer (de)	ɣurfa (f)	غرفة
slaapkamer (de)	ɣurfat an nawm (f)	غرفة النوم
eetkamer (de)	ɣurfat il akl (f)	غرفة الأكل
salon (de)	ṣālat al istiqbāl (f)	صالة الإستقبال
studeerkamer (de)	maktab (m)	مكتب
gang (de)	madχal (m)	مدخل
badkamer (de)	ḥammām (m)	حمّام
toilet (het)	ḥammām (m)	حمّام
plafond (het)	saqf (m)	سقف
vloer (de)	arḍ (f)	أرض
hoek (de)	zāwiya (f)	زاوية

94. Appartement. Schoonmaken

schoonmaken (ww)	nazzaf	نظّف
opbergen (in de kast, enz.)	ʃāl	شال
stof (het)	ɣubār (m)	غبار
stoffig (bn)	muɣabbar	مغبّر
stoffen (ww)	masaḥ al ɣubār	مسح الغبار
stofzuiger (de)	miknasa kahrabā'iyya (f)	مكنسة كهربائيّة
stofzuigen (ww)	nazzaf bi miknasa kahrabā'iyya	نظّف بمكنسة كهربائيّة
vegen (de vloer ~)	kanas	كنس
veegsel (het)	qumāma (f)	قمامة
orde (de)	niẓām (m)	نظام
wanorde (de)	'adam an niẓām (m)	عدم النظام
zwabber (de)	mimsaḥa ṭawīla (f)	ممسحة طويلة
poetsdoek (de)	mimsaḥa (f)	ممسحة
veger (de)	miqaʃʃa (f)	مقشّة
stofblik (het)	ʒārūf (m)	جاروف

95. Meubels. Interieur

meubels (mv.)	aθāθ (m)	أثاث
tafel (de)	maktab (m)	مكتب
stoel (de)	kursiy (m)	كرسيّ
bed (het)	sarīr (m)	سرير
bankstel (het)	kanaba (f)	كنبة
fauteuil (de)	kursiy (m)	كرسيّ
boekenkast (de)	xizānat kutub (f)	خزانة كتب
boekenrek (het)	raff (m)	رفّ
kledingkast (de)	dūlāb (m)	دولاب
kapstok (de)	ʃammā'a (f)	شمّاعة
staande kapstok (de)	ʃammā'a (f)	شمّاعة
commode (de)	dulāb adrāʒ (m)	دولاب أدراج
salontafeltje (het)	ṭāwilat al qahwa (f)	طاولة القهوة
spiegel (de)	mir'āt (f)	مرآة
tapijt (het)	siʒāda (f)	سجادة
tapijtje (het)	siʒāda (f)	سجادة
haard (de)	midfa'a ḥā'iṭiyya (f)	مدفأة حائطيّة
kaars (de)	ʃam'a (f)	شمعة
kandelaar (de)	ʃam'adān (m)	شمعدان
gordijnen (mv.)	satā'ir (pl)	ستائر
behang (het)	waraq ḥī'ṭān (m)	ورق حيطان
jaloezie (de)	haṣīrat ʃubbāk (f)	حصيرة شبّاك
bureaulamp (de)	miṣbāḥ aṭ ṭāwila (m)	مصباح الطاولة
wandlamp (de)	miṣbāḥ al ḥā'iṭ (f)	مصباح الحائط

staande lamp (de)	miṣbāḥ arḍiy (m)	مصباح أرضيّ
luchter (de)	naʒafa (f)	نجفة
poot (ov. een tafel, enz.)	riʒl (f)	رجل
armleuning (de)	masnad (m)	مسند
rugleuning (de)	masnad (m)	مسند
la (de)	durʒ (m)	درج

96. Beddengoed

beddengoed (het)	bayāḍāt as sarīr (pl)	بياضات السرير
kussen (het)	wisāda (f)	وسادة
kussenovertrek (de)	kīs al wisāda (m)	كيس الوسادة
deken (de)	baṭṭāniyya (f)	بطّانيّة
laken (het)	milāya (f)	ملاية
sprei (de)	ɣiṭā' as sarīr (m)	غطاء السرير

97. Keuken

keuken (de)	maṭbaχ (m)	مطبخ
gas (het)	ɣāz (m)	غاز
gasfornuis (het)	butuɣāz (m)	بوتوغاز
elektrisch fornuis (het)	furn kaharabā'iy (m)	فرن كهربائيّ
oven (de)	furn (m)	فرن
magnetronoven (de)	furn al mikruwayv (m)	فرن الميكروويف
koelkast (de)	θallāʒa (f)	ثلاجة
diepvriezer (de)	frīzir (m)	فريزير
vaatwasmachine (de)	ɣassāla (f)	غسّالة
vleesmolen (de)	farrāmat laḥm (f)	فرّامة لحم
vruchtenpers (de)	'aṣṣāra (f)	عصّارة
toaster (de)	maḥmaṣat χubz (f)	محمصة خبز
mixer (de)	χallāṭ (m)	خلّاط
koffiemachine (de)	mākinat ṣan' al qahwa (f)	ماكينة صنع القهوة
koffiepot (de)	kanaka (f)	كنكة
koffiemolen (de)	maṭḥanat qahwa (f)	مطحنة قهوة
fluitketel (de)	barrād (m)	برّاد
theepot (de)	barrād aʃ ʃāy (m)	برّاد الشاي
deksel (de/het)	ɣiṭā' (m)	غطاء
theezeefje (het)	miṣfāt (f)	مصفاة
lepel (de)	mil'aqa (f)	ملعقة
theelepeltje (het)	mil'aqat ʃāy (f)	ملعقة شاي
eetlepel (de)	mil'aqa kabīra (f)	ملعقة كبيرة
vork (de)	ʃawka (f)	شوكة
mes (het)	sikkīn (m)	سكّين
vaatwerk (het)	ṣuḥūn (pl)	صحون
bord (het)	ṭabaq (m)	طبق

schoteltje (het)	ṭabaq finʒān (m)	طبق فنجان
likeurglas (het)	ka's (f)	كأس
glas (het)	kubbāya (f)	كبّاية
kopje (het)	finʒān (m)	فنجان
suikerpot (de)	sukkariyya (f)	سكّريّة
zoutvat (het)	mamlaḥa (f)	مملحة
pepervat (het)	mabhara (f)	مبهرة
boterschaaltje (het)	ṣuḥn zubda (m)	صحن زبدة
pan (de)	kassirūlla (f)	كاسرولة
bakpan (de)	ṭāsa (f)	طاسة
pollepel (de)	miɣrafa (f)	مغرفة
vergiet (de/het)	miṣfāt (f)	مصفاة
dienblad (het)	ṣīniyya (f)	صينيّة
fles (de)	zuʒāʒa (f)	زجاجة
glazen pot (de)	barṭamān (m)	برطمان
blik (conserven~)	tanaka (f)	تنكة
flesopener (de)	fattāḥa (f)	فتّاحة
blikopener (de)	fattāḥa (f)	فتّاحة
kurkentrekker (de)	barrīma (f)	برّيمة
filter (de/het)	filtir (m)	فلتر
filteren (ww)	ṣaffa	صفّى
huisvuil (het)	zubāla (f)	زبالة
vuilnisemmer (de)	ṣundūq az zubāla (m)	صندوق الزبالة

98. Badkamer

badkamer (de)	ḥammām (m)	حمّام
water (het)	mā' (m)	ماء
kraan (de)	ḥanafiyya (f)	حنفيّة
warm water (het)	mā' sāχin (m)	ماء ساخن
koud water (het)	mā' bārid (m)	ماء بارد
tandpasta (de)	ma'ʒūn asnān (m)	معجون أسنان
tanden poetsen (ww)	naẓẓaf al asnān	نظّف الأسنان
tandenborstel (de)	furʃat asnān (f)	فرشة أسنان
zich scheren (ww)	ḥalaq	حلق
scheercrème (de)	raɣwa lil ḥilāqa (f)	رغوة للحلاقة
scheermes (het)	mūs ḥilāqa (m)	موس حلاقة
wassen (ww)	ɣasal	غسل
een bad nemen	istaḥamm	إستحمّ
douche (de)	dūʃ (m)	دوش
een douche nemen	aχað ad duʃ	أخذ الدش
bad (het)	ḥawḍ istiḥmām (m)	حوض استحمام
toiletpot (de)	mirḥāḍ (m)	مرحاض
wastafel (de)	ḥawḍ (m)	حوض
zeep (de)	ṣābūn (m)	صابون

zeepbakje (het)	ṣabbāna (f)	صبّانة
spons (de)	līfa (f)	ليفة
shampoo (de)	ʃāmbū (m)	شامبو
handdoek (de)	fūṭa (f)	فوطة
badjas (de)	θawb ḥammām (m)	ثوب حمّام
was (bijv. handwas)	ɣasīl (m)	غسيل
wasmachine (de)	ɣassāla (f)	غسّالة
de was doen	ɣasal al malābis	غسل الملابس
waspoeder (de)	masḥūq ɣasīl (m)	مسحوق غسيل

99. Huishoudelijke apparaten

televisie (de)	tilivizyūn (m)	تليفزيون
cassettespeler (de)	ʒihāz tasʒīl (m)	جهاز تسجيل
videorecorder (de)	ʒihāz tasʒīl vidiyu (m)	جهاز تسجيل فيديو
radio (de)	ʒihāz radiyu (m)	جهاز راديو
speler (de)	blayir (m)	بليير
videoprojector (de)	ʿāriḍ vidiyu (m)	عارض فيديو
home theater systeem (het)	sinima manziliyya (f)	سينما منزليّة
DVD-speler (de)	di vi di (m)	دي في دي
versterker (de)	mukabbir aṣ ṣawt (m)	مكبّر الصوت
spelconsole (de)	ʾatāri (m)	أتاري
videocamera (de)	kamira vidiyu (f)	كاميرا فيديو
fotocamera (de)	kamira (f)	كاميرا
digitale camera (de)	kamira diʒital (f)	كاميرا ديجيتال
stofzuiger (de)	miknasa kahrabāʾiyya (f)	مكنسة كهربائيّة
strijkijzer (het)	makwāt (f)	مكواة
strijkplank (de)	lawḥat kayy (f)	لوحة كيّ
telefoon (de)	hātif (m)	هاتف
mobieltje (het)	hātif maḥmūl (m)	هاتف محمول
schrijfmachine (de)	ʾāla katiba (f)	آلة كاتبة
naaimachine (de)	ʾālat al χiyāṭa (f)	آلة الخياطة
microfoon (de)	mikrufūn (m)	ميكروفون
koptelefoon (de)	sammāʿāt raʾsiya (pl)	سمّاعات رأسيّة
afstandsbediening (de)	rimuwt kuntrūl (m)	ريموت كنترول
CD (de)	si di (m)	سي دي
cassette (de)	ʃarīṭ (m)	شريط
vinylplaat (de)	usṭuwāna (f)	أسطوانة

100. Reparaties. Renovatie

renovatie (de)	taʒdīdāt (m)	تجديدات
renoveren (ww)	ʒaddad	جدّد
repareren (ww)	aṣlaḥ	أصلح
op orde brengen	naẓẓam	نظّم

overdoen (ww)	aʿād	أعاد
verf (de)	dihān (m)	دهان
verven (muur ~)	dahan	دهن
schilder (de)	dahhān (m)	دهّان
kwast (de)	furʃat lit talwīn (f)	فرشة للتلوين
kalk (de)	maḥlūl mubayyiḍ (m)	محلول مبيّض
kalken (ww)	bayyaḍ	بيّض
behang (het)	waraq ḥīʾṭān (m)	ورق حيطان
behangen (ww)	laṣaq waraq al ḥīṭān	لصق ورق الحيطان
lak (de/het)	warnīʃ (m)	ورنيش
lakken (ww)	ṭala bil warnīʃ	طلى بالورنيش

101. Loodgieterswerk

water (het)	māʾ (m)	ماء
warm water (het)	māʾ sāχin (m)	ماء ساخن
koud water (het)	māʾ bārid (m)	ماء بارد
kraan (de)	ḥanafiyya (f)	حنفيّة
druppel (de)	qaṭara (f)	قطرة
druppelen (ww)	qaṭar	قطر
lekken (een lek hebben)	sarab	سرب
lekkage (de)	tasarrub (m)	تسرّب
plasje (het)	birka (f)	بركة
buis, leiding (de)	māsūra (f)	ماسورة
stopkraan (de)	ṣimām (m)	صمام
verstopt raken (ww)	kān masdūdan	كان مسدودًا
gereedschap (het)	adawāt (pl)	أدوات
Engelse sleutel (de)	miftāḥ inʒlīziy (m)	مفتاح إنجليزيّ
losschroeven (ww)	fataḥ	فتح
aanschroeven (ww)	aḥkam aʃ ʃadd	أحكم الشدّ
ontstoppen (riool, enz.)	sallak	سلّك
loodgieter (de)	sabbāk (m)	سبّاك
kelder (de)	sirdāb (m)	سرداب
riolering (de)	ʃabakit il maʒāry (f)	شبكة مياه المجاري

102. Brand. Vuurzee

brand (de)	ḥarīq (m)	حريق
vlam (de)	ʃuʿla (f)	شعلة
vonk (de)	ʃarāra (f)	شرارة
rook (de)	duχān (m)	دخان
fakkel (de)	ʃuʿla (f)	شعلة
kampvuur (het)	nār muχayyam (m)	نار مخيّم
benzine (de)	banzīn (m)	بنزين
kerosine (de)	kirusīn (m)	كيروسين

brandbaar (bn)	qābil lil iḥtirāq	قابل للإحتراق
ontplofbaar (bn)	mutafaʒʒir	متفجّر
VERBODEN TE ROKEN!	mamnūʿ at tadχīn	ممنوع التدخين
veiligheid (de)	amn (m)	أمن
gevaar (het)	χaṭar (m)	خطر
gevaarlijk (bn)	χaṭīr	خطير
in brand vliegen (ww)	iʃtaʿal	إشتعل
explosie (de)	infiʒār (m)	إنفجار
in brand steken (ww)	aʃʿal an nār	أشعل النار
brandstichter (de)	muʃʿil ḥarīq (m)	مشعل حريق
brandstichting (de)	iḥrāq (m)	إحراق
vlammen (ww)	talahhab	تلهّب
branden (ww)	iḥtaraq	إحترق
afbranden (ww)	iḥtaraq	إحترق
de brandweer bellen	istadʿa qism al ḥarīq	إستدعى قسم الحريق
brandweerman (de)	raʒul iṭfāʾ (m)	رجل إطفاء
brandweerwagen (de)	sayyārat iṭfāʾ (f)	سيّارة إطفاء
brandweer (de)	qism iṭfāʾ (m)	قسم إطفاء
uitschuifbare ladder (de)	sullam iṭfāʾ (m)	سلّم إطفاء
brandslang (de)	χarṭūm al māʾ (m)	خرطوم الماء
brandblusser (de)	miṭfaʾat ḥarīq (f)	مطفأة حريق
helm (de)	χūða (f)	خوذة
sirene (de)	ṣaffārat inðār (f)	صفّارة إنذار
roepen (ww)	ṣaraχ	صرخ
hulp roepen	istaɣāθ	إستغاث
redder (de)	munqið (m)	منقذ
redden (ww)	anqað	أنقذ
aankomen (per auto, enz.)	waṣal	وصل
blussen (ww)	aṭfaʾ	أطفأ
water (het)	māʾ (m)	ماء
zand (het)	raml (m)	رمل
ruïnes (mv.)	ḥiṭām (pl)	حطام
instorten (gebouw, enz.)	inhār	إنهار
ineenstorten (ww)	inhār	إنهار
inzakken (ww)	inhār	إنهار
brokstuk (het)	ḥiṭma (f)	حطمة
as (de)	ramād (m)	رماد
verstikken (ww)	iχtanaq	إختنق
omkomen (ww)	halak	هلك

MENSELIJKE ACTIVITEITEN

Baan. Business. Deel 1

103. Kantoor. Op kantoor werken

kantoor (het)	maktab (m)	مكتب
kamer (de)	maktab (m)	مكتب
receptie (de)	istiqbāl (m)	إستقبال
secretaris (de)	sikirtīr (m)	سكرتير
directeur (de)	mudīr (m)	مدير
manager (de)	mudīr (m)	مدير
boekhouder (de)	muḥāsib (m)	محاسب
werknemer (de)	muwaẓẓaf (m)	موظّف
meubilair (het)	aθāθ (m)	أثاث
tafel (de)	maktab (m)	مكتب
bureaustoel (de)	kursiy (m)	كرسيّ
ladeblok (het)	waḥdat adrāʒ (f)	وحدة أدراج
kapstok (de)	ʃammā'a (f)	شمّاعة
computer (de)	kumbyūtir (m)	كمبيوتر
printer (de)	ṭābi'a (f)	طابعة
fax (de)	faks (m)	فاكس
kopieerapparaat (het)	'ālat nasχ (f)	آلة نسخ
papier (het)	waraq (m)	ورق
kantoorartikelen (mv.)	adawāt al kitāba (pl)	أدوات الكتابة
muismat (de)	wisādat fa'ra (f)	وسادة فأرة
blad (het)	waraqa (f)	ورقة
ordner (de)	malaff (m)	ملفّ
catalogus (de)	fihris (m)	فهرس
telefoongids (de)	dalīl at tilifūn (m)	دليل التليفون
documentatie (de)	waθā'iq (pl)	وثائق
brochure (de)	naʃra (f)	نشرة
flyer (de)	manʃūr (m)	منشور
monster (het), staal (de)	namūðaʒ (m)	نموذج
training (de)	iʒtimā' tadrīb (m)	إجتماع تدريب
vergadering (de)	iʒtimā' (m)	إجتماع
lunchpauze (de)	fatrat al ɣadā' (f)	فترة الغذاء
een kopie maken	ṣawwar	صوّر
de kopieën maken	ṣawwar	صوّر
een fax ontvangen	istalam faks	إستلم فاكس
een fax versturen	arsal faks	أرسل فاكس
opbellen (ww)	ittaṣal	إتّصل

antwoorden (ww)	radd	ردّ
doorverbinden (ww)	waṣṣal	وصّل
afspreken (ww)	ḥaddad	حدّد
demonstreren (ww)	ʿaraḍ	عرض
absent zijn (ww)	ɣāb	غاب
afwezigheid (de)	ɣiyāb (m)	غياب

104. Bedrijfsprocessen. Deel 1

zaak (de), beroep (het)	ʃuɣl (m)	شغل
firma (de)	ʃarika (f)	شركة
bedrijf (maatschap)	ʃarika (f)	شركة
corporatie (de)	muʾassasa tiʒāriyya (f)	مؤسسة تجارية
onderneming (de)	ʃarika (f)	شركة
agentschap (het)	wikāla (f)	وكالة
overeenkomst (de)	ittifāqiyya (f)	إتّفاقيّة
contract (het)	ʿaqd (m)	عقد
transactie (de)	ṣafqa (f)	صفقة
bestelling (de)	ṭalab (m)	طلب
voorwaarde (de)	ʃarṭ (m)	شرط
in het groot (bw)	bil ʒumla	بالجملة
groothandels- (abn)	al ʒumla	الجملة
groothandel (de)	bayʿ bil ʒumla (m)	بيع بالجملة
kleinhandels- (abn)	at taʒziʾa	التجزئة
kleinhandel (de)	bayʿ bit taʒziʾa (m)	بيع بالتجزئة
concurrent (de)	munāfis (m)	منافس
concurrentie (de)	munāfasa (f)	منافسة
concurreren (ww)	nāfas	نافس
partner (de)	ʃarīk (m)	شريك
partnerschap (het)	ʃirāka (f)	شراكة
crisis (de)	azma (f)	أزمة
bankroet (het)	iflās (m)	إفلاس
bankroet gaan (ww)	aflas	أفلس
moeilijkheid (de)	ṣuʿūba (f)	صعوبة
probleem (het)	muʃkila (f)	مشكلة
catastrofe (de)	kāriθa (f)	كارثة
economie (de)	iqtiṣād (m)	إقتصاد
economisch (bn)	iqtiṣādiy	إقتصاديّ
economische recessie (de)	rukūd iqtiṣādiy (m)	ركود إقتصاديّ
doel (het)	hadaf (m)	هدف
taak (de)	muhimma (f)	مهمّة
handelen (handel drijven)	tāʒir	تاجر
netwerk (het)	ʃabaka (f)	شبكة
voorraad (de)	al maχzūn (m)	المخزون
assortiment (het)	taʃkīla (f)	تشكيلة

leider (de)	qā'id (m)	قائد
groot (bn)	kabīr	كبير
monopolie (het)	iḥtikār (m)	إحتكار
theorie (de)	naẓariyya (f)	نظريّة
praktijk (de)	mumārasa (f)	ممارسة
ervaring (de)	χibra (f)	خبرة
tendentie (de)	ittiʒāh (m)	إتّجاه
ontwikkeling (de)	tanmiya (f)	تنمية

105. Bedrijfsprocessen. Deel 2

voordeel (het)	ribḥ (m)	ربح
voordelig (bn)	murbiḥ	مربح
delegatie (de)	wafd (m)	وفد
salaris (het)	murattab (m)	مرتّب
corrigeren (fouten ~)	ṣaḥḥaḥ	صحّح
zakenreis (de)	riḥlat 'amal (f)	رحلة عمل
commissie (de)	laʒna (f)	لجنة
controleren (ww)	taḥakkam	تحكّم
conferentie (de)	mu'tamar (m)	مؤتمر
licentie (de)	ruχṣa (f)	رخصة
betrouwbaar (partner, enz.)	mawθūq	موثوق
aanzet (de)	mubādara (f)	مبادرة
norm (bijv. ~ stellen)	mi'yār (m)	معيار
omstandigheid (de)	ẓarf (m)	ظرف
taak, plicht (de)	wāʒib (m)	واجب
organisatie (bedrijf, zaak)	munaẓẓama (f)	منظّمة
organisatie (proces)	tanẓīm (m)	تنظيم
georganiseerd (bn)	munaẓẓam	منظّم
afzegging (de)	ilɣā' (m)	إلغاء
afzeggen (ww)	alɣa	ألغى
verslag (het)	taqrīr (m)	تقرير
patent (het)	bara'at al iχtirā' (f)	براءة الإختراع
patenteren (ww)	saʒʒal barā'at al iχtirā'	سجّل براءة الإختراع
plannen (ww)	χaṭṭaṭ	خطّط
premie (de)	'ilāwa (f)	علاوة
professioneel (bn)	mihaniy	مهنيّ
procedure (de)	iʒrā' (m)	إجراء
onderzoeken (contract, enz.)	baḥaθ	بحث
berekening (de)	ḥisāb (m)	حساب
reputatie (de)	sum'a (f)	سمعة
risico (het)	muχāṭara (f)	مخاطرة
beheren (managen)	adār	أدار
informatie (de)	ma'lūmāt (pl)	معلومات
eigendom (bezit)	milkiyya (f)	ملكيّة

unie (de)	ittiḥād (m)	إتّحاد
levensverzekering (de)	ta'mīn 'alal ḥayāt (m)	تأمين على الحياة
verzekeren (ww)	amman	أمّن
verzekering (de)	ta'mīn (m)	تأمين
veiling (de)	mazād (m)	مزاد
verwittigen (ww)	ablaɣ	أبلغ
beheer (het)	idāra (f)	إدارة
dienst (de)	χidma (f)	خدمة
forum (het)	nadwa (f)	ندوة
functioneren (ww)	adda waẓīfa	أدّى وظيفته
stap, etappe (de)	marḥala (f)	مرحلة
juridisch (bn)	qānūniy	قانونيّ
jurist (de)	muḥāmi (m)	محام

106. Productie. Werken

industriële installatie (fabriek)	maṣna' (m)	مصنع
fabriek (de)	maṣna' (m)	مصنع
werkplaatsruimte (de)	warʃa (f)	ورشة
productielocatie (de)	maṣna' (m)	مصنع
industrie (de)	ṣinā'a (f)	صناعة
industrieel (bn)	ṣinā'iy	صناعيّ
zware industrie (de)	ṣinā'a θaqīla (f)	صناعة ثقيلة
lichte industrie (de)	ṣinā'a χafīfa (f)	صناعة خفيفة
productie (de)	muntaʒāt (pl)	منتجات
produceren (ww)	antaʒ	أنتج
grondstof (de)	mawādd χām (pl)	موادّ خام
voorman, ploegbaas (de)	ra'īs al 'ummāl (m)	رئيس العمّال
ploeg (de)	farīq al 'ummāl (m)	فريق العمّال
arbeider (de)	'āmil (m)	عامل
werkdag (de)	yawm 'amal (m)	يوم عمل
pauze (de)	rāḥa (f)	راحة
samenkomst (de)	iʒtimā' (m)	إجتماع
bespreken (spreken over)	nāqaʃ	ناقش
plan (het)	χiṭṭa (f)	خطّة
het plan uitvoeren	naffað al χuṭṭa	نفّذ الخطّة
productienorm (de)	mu'addal al intāʒ (m)	معدّل الإنتاج
kwaliteit (de)	ʒawda (f)	جودة
controle (de)	taftīʃ (m)	تفتيش
kwaliteitscontrole (de)	ḍabṭ al ʒawda (m)	ضبط الجودة
arbeidsveiligheid (de)	salāmat makān al 'amal (f)	سلامة مكان العمل
discipline (de)	inḍibāṭ (m)	إنضباط
overtreding (de)	muχālafa (f)	مخالفة
overtreden (ww)	χālaf	خالف
staking (de)	iḍrāb (m)	إضراب
staker (de)	muḍrib (m)	مضرب

staken (ww)	aḍrab	أضرب
vakbond (de)	ittiḥād al ʿummāl (m)	إتّحاد العمّال
uitvinden (machine, enz.)	iχtaraʿ	إخترع
uitvinding (de)	iχtirāʿ (m)	إختراع
onderzoek (het)	baḥθ (m)	بحث
verbeteren (beter maken)	ḥassan	حسّن
technologie (de)	tiknulūʒiya (f)	تكنولوجيا
technische tekening (de)	rasm taqniy (m)	رسم تقنيّ
vracht (de)	ʃaḥn (m)	شحن
lader (de)	ḥammāl (m)	حمّال
laden (vrachtwagen)	ʃaḥan	شحن
laden (het)	taḥmīl (m)	تحميل
lossen (ww)	afraɣ	أفرغ
lossen (het)	ifrāɣ (m)	إفراغ
transport (het)	wasāʾil an naql (pl)	وسائل النقل
transportbedrijf (de)	ʃarikat naql (f)	شركة نقل
transporteren (ww)	naqal	نقل
goederenwagon (de)	ʿarabat ʃaḥn (f)	عربة شحن
tank (bijv. ketelwagen)	χazzān (m)	خزّان
vrachtwagen (de)	ʃāḥina (f)	شاحنة
machine (de)	mākina (f)	ماكنة
mechanisme (het)	ʾāliyya (f)	آليّة
industrieel afval (het)	muχallafāt ṣināʿiyya (pl)	مخلّفات صناعية
verpakking (de)	taʿbiʾa (f)	تعبئة
verpakken (ww)	ʿabbaʾ	عبّأ

107. Contract. Overeenstemming

contract (het)	ʿaqd (m)	عقد
overeenkomst (de)	ittifāq (m)	إتّفاق
bijlage (de)	mulḥaq (m)	ملحق
een contract sluiten	waqqaʿ ʿala ʿaqd	وقّع على عقد
handtekening (de)	tawqīʿ (m)	توقيع
ondertekenen (ww)	waqqaʿ	وقّع
stempel (de)	χatm (m)	ختم
voorwerp (het) van de overeenkomst	mawḍūʿ al ʿaqd (m)	موضوع العقد
clausule (de)	band (m)	بند
partijen (mv.)	aṭrāf (pl)	أطراف
vestigingsadres (het)	ʿunwān qānūniy (m)	عنوان قانوني
het contract verbreken (overtreden)	χālaf al ʿaqd	خالف العقد
verplichting (de)	iltizām (m)	إلتزام
verantwoordelijkheid (de)	masʾūliyya (f)	مسؤوليّة
overmacht (de)	quwwa qāhira (m)	قوّة قاهرة

geschil (het)	χilāf (m)	خلاف
sancties (mv.)	ʿuqūbāt (pl)	عقوبات

108. Import & Export

import (de)	istīrād (m)	إستيراد
importeur (de)	mustawrid (m)	مستورد
importeren (ww)	istawrad	إستورد
import- (abn)	wārid	وارد
uitvoer (export)	taṣdīr (m)	تصدير
exporteur (de)	muṣaddir (m)	مصدّر
exporteren (ww)	ṣaddar	صدّر
uitvoer- (bijv., ~goederen)	sādir	صادر
goederen (mv.)	baḍāʾiʿ (pl)	بضائع
partij (de)	ʃaḥna (f)	شحنة
gewicht (het)	wazn (m)	وزن
volume (het)	ḥaʒm (m)	حجم
kubieke meter (de)	mitr mukaʿʿab (m)	متر مكعّب
producent (de)	aʃ ʃarika al muṣniʿa (f)	الشركة المصنعة
transportbedrijf (de)	ʃarikat naql (f)	شركة نقل
container (de)	ḥāwiya (f)	حاوية
grens (de)	ḥadd (m)	حدّ
douane (de)	ʒamārik (pl)	جمارك
douanerecht (het)	rasm ʒumrukiy (m)	رسم جمركيّ
douanier (de)	muwaẓẓaf al ʒamārik (m)	موظّف الجمارك
smokkelen (het)	tahrīb (m)	تهريب
smokkelwaar (de)	biḍāʿa muharraba (pl)	بضاعة مهرّبة

109. Financiën

aandeel (het)	sahm (m)	سهم
obligatie (de)	sanad (m)	سند
wissel (de)	kimbyāla (f)	كمبيالة
beurs (de)	būrṣa (f)	بورصة
aandelenkoers (de)	siʿr as sahm (m)	سعر السهم
dalen (ww)	raχuṣ	رخص
stijgen (ww)	ɣala	غلى
deel (het)	naṣīb (m)	نصيب
meerderheidsbelang (het)	al maʒmūʿa al musayṭara (f)	المجموعة المسيطرة
investeringen (mv.)	istiθmār (pl)	إستثمار
investeren (ww)	istaθmar	إستثمر
procent (het)	bil miʾa (m)	بالمئة
rente (de)	faʾida (f)	فائدة
winst (de)	ribḥ (m)	ربح

winstgevend (bn)	murbiḥ	مربح
belasting (de)	ḍarība (f)	ضريبة
valuta (vreemde ~)	ʿumla (f)	عملة
nationaal (bn)	waṭaniy	وطنيّ
ruil (de)	taḥwīl (m)	تحويل
boekhouder (de)	muḥāsib (m)	محاسب
boekhouding (de)	maḥasaba (f)	محاسبة
bankroet (het)	iflās (m)	إفلاس
ondergang (de)	inhiyār (m)	إنهيار
faillissement (het)	iflās (m)	إفلاس
geruïneerd zijn (ww)	aflas	أفلس
inflatie (de)	taḍaχχum māliy (m)	تضخّم ماليّ
devaluatie (de)	taχfīḍ qīmat ʿumla (m)	تخفيض قيمة عملة
kapitaal (het)	ra's māl (m)	رأس مال
inkomen (het)	daχl (m)	دخل
omzet (de)	dawrat ra's al māl (f)	دورة رأس المال
middelen (mv.)	mawārid (pl)	موارد
financiële middelen (mv.)	al mawārid an naqdiyya (pl)	الموارد النقديّة
operationele kosten (mv.)	nafaqāt ʿāmma (pl)	نفقات عامّة
reduceren (kosten ~)	χaffaḍ	خفّض

110. Marketing

marketing (de)	taswīq (m)	تسويق
markt (de)	sūq (f)	سوق
marktsegment (het)	qaṭāʿ as sūq (m)	قطاع السوق
product (het)	muntaʒ (m)	منتج
goederen (mv.)	baḍā'iʿ (pl)	بضائع
merk (het)	mārka (f)	ماركة
handelsmerk (het)	mārka tiʒāriyya (f)	ماركة تجاريّة
beeldmerk (het)	ʃiʿār (m)	شعار
logo (het)	ʃiʿār (m)	شعار
vraag (de)	ṭalab (m)	طلب
aanbod (het)	maχzūn (m)	مخزون
behoefte (de)	ḥāʒa (f)	حاجة
consument (de)	mustahlik (m)	مستهلك
analyse (de)	taḥlīl (m)	تحليل
analyseren (ww)	ḥallal	حلّل
positionering (de)	waḍʿ (m)	وضع
positioneren (ww)	waḍaʿ	وضع
prijs (de)	siʿr (m)	سعر
prijspolitiek (de)	siyāsat al asʿār (f)	سياسة الأسعار
prijsvorming (de)	taʃkīl al asʿār (m)	تشكيل الأسعار

111. Reclame

reclame (de)	iʿlān (m)	إعلان
adverteren (ww)	aʿlan	أعلن
budget (het)	mīzāniyya (f)	ميزانيّة
advertentie, reclame (de)	iʿlān (m)	إعلان
TV-reclame (de)	iʿlān fit tiliviziyūn (m)	إعلان في التليفزيون
radioreclame (de)	iʿlān fir rādiyu (m)	إعلان في الراديو
buitenreclame (de)	iʿlān ẓāhiriy (m)	إعلان ظاهريّ
massamedia (de)	wasā'il al iʿlām (pl)	وسائل الإعلام
periodiek (de)	ṣaḥifa dawriyya (f)	صحيفة دوريّة
imago (het)	imiʒ (m)	إيميج
slagzin (de)	ʃiʿār (m)	شعار
motto (het)	ʃiʿār (m)	شعار
campagne (de)	ḥamla (f)	حملة
reclamecampagne (de)	ḥamla iʿlāniyya (f)	حملة إعلانيّة
doelpubliek (het)	maʒmūʿa mustahdafa (f)	مجموعة مستهدفة
visitekaartje (het)	biṭāqat al ʿamal (f)	بطاقة العمل
flyer (de)	manʃūr (m)	منشور
brochure (de)	naʃra (f)	نشرة
folder (de)	kutayyib (m)	كتيّب
nieuwsbrief (de)	naʃra iχbāriyya (f)	نشرة إخبارية
gevelreclame (de)	lāfita (f)	لافتة
poster (de)	mulṣaq iʿlāniy (m)	ملصق إعلانيّ
aanplakbord (het)	lawḥat iʿlānāt (f)	لوحة إعلانات

112. Bankieren

bank (de)	bank (m)	بنك
bankfiliaal (het)	farʿ (m)	فرع
bankbediende (de)	muwaẓẓaf bank (m)	موظّف بنك
manager (de)	mudīr (m)	مدير
bankrekening (de)	ḥisāb (m)	حساب
rekeningnummer (het)	raqm al ḥisāb (m)	رقم الحساب
lopende rekening (de)	ḥisāb ʒāri (m)	حساب جار
spaarrekening (de)	ḥisāb tawfīr (m)	حساب توفير
een rekening openen	fataḥ ḥisāb	فتح حسابا
de rekening sluiten	aɣlaq ḥisāb	أغلق حسابا
op rekening storten	awdaʿ fil ḥisāb	أودع في الحساب
opnemen (ww)	saḥab min al ḥisāb	سحب من الحساب
storting (de)	wadīʿa (f)	وديعة
een storting maken	awdaʿ	أودع
overschrijving (de)	ḥawāla (f)	حوالة

een overschrijving maken	ḥawwal	حوّل
som (de)	mablaɣ (m)	مبلغ
Hoeveel?	kam?	كم؟
handtekening (de)	tawqīʿ (m)	توقيع
ondertekenen (ww)	waqqaʿ	وقّع
kredietkaart (de)	biṭāqat i'timān (f)	بطاقة ائتمان
code (de)	kūd (m)	كود
kredietkaartnummer (het)	raqm biṭāqat i'timān (m)	رقم بطاقة إئتمان
geldautomaat (de)	ṣarrāf 'āliy (m)	صراف آليّ
cheque (de)	ʃīk (m)	شيك
een cheque uitschrijven	katab ʃīk	كتب شيكًا
chequeboekje (het)	daftar ʃīkāt (m)	دفتر شيكات
lening, krediet (de)	qarḍ (m)	قرض
een lening aanvragen	qaddam ṭalab lil ḥuṣūl ʿala qarḍ	قدّم طلبا للحصول على قرض
een lening nemen	ḥaṣal ʿala qarḍ	حصل على قرض
een lening verlenen	qaddam qarḍ	قدّم قرضا
garantie (de)	ḍamān (m)	ضمان

113. Telefoon. Telefoongesprek

telefoon (de)	hātif (m)	هاتف
mobieltje (het)	hātif maḥmūl (m)	هاتف محمول
antwoordapparaat (het)	muʒīb al hātif (m)	مجيب الهاتف
bellen (ww)	ittaṣal	إتّصل
belletje (telefoontje)	mukālama tilifuniyya (f)	مكالمة تليفونية
een nummer draaien	ittaṣal bi raqm	إتّصل برقم
Hallo!	alu!	ألو!
vragen (ww)	sa'al	سأل
antwoorden (ww)	radd	ردّ
horen (ww)	samiʿ	سمع
goed (bw)	ʒayyidan	جيّدًا
slecht (bw)	sayyi'an	سيّئًا
storingen (mv.)	taʃwīʃ (m)	تشويش
hoorn (de)	sammāʿa (f)	سمّاعة
opnemen (ww)	rafaʿ as sammāʿa	رفع السمّاعة
ophangen (ww)	qafal as sammāʿa	قفل السمّاعة
bezet (bn)	maʃɣūl	مشغول
overgaan (ww)	rann	رنّ
telefoonboek (het)	dalīl at tilifūn (m)	دليل التليفون
lokaal (bn)	maḥalliyya	ة محلّيّة
lokaal gesprek (het)	mukālama hātifiyya maḥalliyya (f)	مكالمة هاتفيّة محلّيّة
interlokaal (bn)	baʿīd al mada	بعيد المدى

interlokaal gesprek (het)	mukālama baʿīdat al mada (f)	مكالمة بعيدة المدى
buitenlands (bn)	duwaliy	دوليّ
buitenlands gesprek (het)	mukālama duwaliyya (f)	مكالمة دوليّة

114. Mobiele telefoon

mobieltje (het)	hātif maḥmūl (m)	هاتف محمول
scherm (het)	ʒihāz ʿarḍ (m)	جهاز عرض
toets, knop (de)	zirr (m)	زرّ
simkaart (de)	sim kart (m)	سيم كارت
batterij (de)	baṭṭāriyya (f)	بطّاريّة
leeg zijn (ww)	χalaṣat	خلصت
acculader (de)	ʃāḥin (m)	شاحن
menu (het)	qā'ima (f)	قائمة
instellingen (mv.)	awḍāʿ (pl)	أوضاع
melodie (beltoon)	naɣma (f)	نغمة
selecteren (ww)	iχtār	إختار
rekenmachine (de)	'āla ḥāsiba (f)	آلة حاسبة
voicemail (de)	barīd ṣawtiy (m)	بريد صوتيّ
wekker (de)	munabbih (m)	منبّه
contacten (mv.)	ʒihāt al ittiṣāl (pl)	جهات الإتّصال
SMS-bericht (het)	risāla qaṣīra ɛsɛmɛs (f)	رسالة قصيرة sms
abonnee (de)	muʃtarik (m)	مشترك

115. Schrijfbehoeften

balpen (de)	qalam ʒāf (m)	قلم جاف
vulpen (de)	qalam rīʃa (m)	قلم ريشة
potlood (het)	qalam ruṣāṣ (m)	قلم رصاص
marker (de)	markir (m)	ماركر
viltstift (de)	qalam χaṭṭāṭ (m)	قلم خطّاط
notitieboekje (het)	muðakkira (f)	مذكّرة
agenda (boekje)	ʒadwal al aʿmāl (m)	جدول الأعمال
liniaal (de/het)	masṭara (f)	مسطرة
rekenmachine (de)	'āla ḥāsiba (f)	آلة حاسبة
gom (de)	astīka (f)	استيكة
punaise (de)	dabbūs (m)	دبّوس
paperclip (de)	dabbūs waraq (m)	دبّوس ورق
lijm (de)	ṣamɣ (m)	صمغ
nietmachine (de)	dabbāsa (f)	دبّاسة
perforator (de)	χarrāma (m)	خرّامة
potloodslijper (de)	mibrāt (f)	مبراة

116. Verschillende soorten documenten

verslag (het)	taqrīr (m)	تقرير
overeenkomst (de)	ittifāq (m)	إتّفاق
aanvraagformulier (het)	istimārat ṭalab (m)	إستمارة طلب
origineel, authentiek (bn)	aṣliy	أصليّ
badge, kaart (de)	ʃāra (f)	شارة
visitekaartje (het)	biṭāqat al ʿamal (f)	بطاقة العمل
certificaat (het)	ʃahāda (f)	شهادة
cheque (de)	ʃīk (m)	شيك
rekening (in restaurant)	ḥisāb (m)	حساب
grondwet (de)	dustūr (m)	دستور
contract (het)	ʿaqd (m)	عقد
kopie (de)	ṣūra (f)	صورة
exemplaar (het)	nusχa (f)	نسخة
douaneaangifte (de)	taṣrīḥ ʒumrukiy (m)	تصريح جمركيّ
document (het)	waθīqa (f)	وثيقة
rijbewijs (het)	ruχṣat al qiyāda (f)	رخصة قيادة
bijlage (de)	mulḥaq (m)	ملحق
formulier (het)	istimāra (f)	إستمارة
identiteitskaart (de)	biṭāqat al huwiyya (f)	بطاقة الهويّة
aanvraag (de)	istifsār (m)	إستفسار
uitnodigingskaart (de)	biṭāqat daʿwa (f)	بطاقة دعوة
factuur (de)	fātūra (f)	فاتورة
wet (de)	qānūn (m)	قانون
brief (de)	risāla (f)	رسالة
briefhoofd (het)	tarwīsa (f)	ترويسة
lijst (de)	qāʾima (f)	قائمة
manuscript (het)	maχṭūṭa (f)	مخطوطة
nieuwsbrief (de)	naʃra iχbāriyya (f)	نشرة إخبارية
briefje (het)	nūta (f)	نوتة
pasje (voor personeel, enz.)	biṭāqat murūr (f)	بطاقة مرور
paspoort (het)	ʒawāz as safar (m)	جواز السفر
vergunning (de)	ruχṣa (f)	رخصة
CV, curriculum vitae (het)	sīra ðātiyya (f)	سيرة ذاتيّة
schuldbekentenis (de)	muðakkirat dayn (f)	مذكّرة دين
kwitantie (de)	ʾīṣāl (m)	إيصال
bon (kassabon)	ʾīṣāl (m)	إيصال
rapport (het)	taqrīr (m)	تقرير
tonen (paspoort, enz.)	qaddam	قدّم
ondertekenen (ww)	waqqaʿ	وقّع
handtekening (de)	tawqīʿ (m)	توقيع
stempel (de)	χatm (m)	ختم
tekst (de)	naṣṣ (m)	نصّ
biljet (het)	taðkira (f)	تذكرة
doorhalen (doorstrepen)	ʃaṭab	شطب
invullen (een formulier ~)	malaʾ	ملأ

vrachtbrief (de)	bulīṣat ʃaḥn (f)	بوليصة شحن
testament (het)	waṣiyya (f)	وصيّة

117. Soorten bedrijven

uitzendbureau (het)	wikālat tawẓīf (f)	وكالة توظيف
bewakingsfirma (de)	ʃarikat amn (f)	شركة أمن
persbureau (het)	wikālat anbā' (f)	وكالة أنباء
reclamebureau (het)	wikālat iʿlān (f)	وكالة إعلان
antiek (het)	tuḥaf (pl)	تحف
verzekering (de)	ta'mīn (m)	تأمين
naaiatelier (het)	ṣālūn (m)	صالون
banken (mv.)	al qiṭāʿ al maṣrafiy (m)	القطاع المصرفي
bar (de)	bār (m)	بار
bouwbedrijven (mv.)	binā' (m)	بناء
juwelen (mv.)	muʒawharāt (pl)	مجوهرات
juwelier (de)	ṣā'iɣ (m)	صائغ
wasserette (de)	maɣsala (f)	مغسلة
alcoholische dranken (mv.)	maʃrūbāt kuḥūliyya (pl)	مشروبات كحوليّة
nachtclub (de)	malha layliy (m)	ملهى ليليّ
handelsbeurs (de)	būrṣa (f)	بورصة
bierbrouwerij (de)	maṣnaʿ bīra (m)	مصنع بيرة
uitvaartcentrum (het)	bayt al ʒanāzāt (m)	بيت الجنازات
casino (het)	kazinu (m)	كازينو
zakencentrum (het)	markaz tiʒāriy (m)	مركز تجاريّ
bioscoop (de)	sinima (f)	سينما
airconditioning (de)	takyīf (m)	تكييف
handel (de)	tiʒāra (f)	تجارة
luchtvaartmaatschappij (de)	ʃarikat ṭayarān (f)	شركة طيران
adviesbureau (het)	istiʃāra (f)	إستشارة
koerierdienst (de)	χidamāt aʃ ʃaḥn (pl)	خدمات الشحن
tandheelkunde (de)	ʿiyādat asnān (f)	عيادة أسنان
design (het)	taṣmīm (m)	تصميم
business school (de)	kulliyyat idārat al aʿmāl (f)	كلّيّة إدارة الأعمال
magazijn (het)	mustawdaʿ (m)	مستودع
kunstgalerie (de)	maʿraḍ fanniy (m)	معرض فنّيّ
ijsje (het)	muθallaʒāt (pl)	مثلّجات
hotel (het)	funduq (m)	فندق
vastgoed (het)	ʿiqārāt (pl)	عقارات
drukkerij (de)	ṭibāʿa (f)	طباعة
industrie (de)	ṣināʿa (f)	صناعة
Internet (het)	intirnit (m)	إنترنت
investeringen (mv.)	istiθmārāt (pl)	إستثمارات
krant (de)	ʒarīda (f)	جريدة
boekhandel (de)	maḥall kutub (m)	محلّ كتب
lichte industrie (de)	ṣināʿa χafīfa (f)	صناعة خفيفة

winkel (de)	maḥall (m)	محلّ
uitgeverij (de)	dār aṭ ṭibā'a wan naʃr (f)	دار الطباعة والنشر
medicijnen (mv.)	ṭibb (m)	طبّ
meubilair (het)	aθāθ (m)	أثاث
museum (het)	matḥaf (m)	متحف
olie (aardolie)	nafṭ (m)	نفط
apotheek (de)	ṣaydaliyya (f)	صيدليّة
farmacie (de)	ṣaydala (f)	صيدلة
zwembad (het)	masbaḥ (m)	مسبح
stomerij (de)	tanẓīf ʒāff (m)	تنظيف جافّ
voedingswaren (mv.)	mawādd ɣiðā'iyya (pl)	موادّ غذائيّة
reclame (de)	i'lān (m)	إعلان
radio (de)	iðā'a (f)	إذاعة
afvalinzameling (de)	ʒam' an nufāyāt (m)	جمع النفايات
restaurant (het)	maṭ'am (m)	مطعم
tijdschrift (het)	maʒalla (f)	مجلّة
schoonheidssalon (de/het)	ṣālūn taʒmīl (m)	صالون تجميل
financiële diensten (mv.)	χidamāt māliyya (pl)	خدمات ماليّة
juridische diensten (mv.)	χidamāt qānūniyya (pl)	خدمات قانونيّة
boekhouddiensten (mv.)	χidamāt muḥasaba (pl)	خدمات محاسبة
audit diensten (mv.)	tadqīq al ḥisābāt (pl)	تدقيق الحسابات
sport (de)	riyāḍa (f)	رياضة
supermarkt (de)	subirmarkit (m)	سوبرماركت
televisie (de)	tilivizyūn (m)	تليفزيون
theater (het)	masraḥ (m)	مسرح
toerisme (het)	siyāḥa (f)	سياحة
transport (het)	wasā'il an naql (pl)	وسائل النقل
postorderbedrijven (mv.)	bay' bil barīd (m)	بيع بالبريد
kleding (de)	malābis (pl)	ملابس
dierenarts (de)	ṭabīb bayṭariy (m)	طبيب بيطريّ

Baan. Business. Deel 2

118. Show. Tentoonstelling

beurs (de)	maʿraḍ (m)	معرض
vakbeurs, handelsbeurs (de)	maʿraḍ tiʒāriy (m)	معرض تجاريّ
deelneming (de)	iʃtirāk (m)	إشتراك
deelnemen (ww)	iʃtarak	إشترك
deelnemer (de)	muʃtarik (m)	مشترك
directeur (de)	mudīr (m)	مدير
organisatiecomité (het)	maktab al munaẓẓimīn (m)	مكتب المنظّمين
organisator (de)	munaẓẓim (m)	منظّم
organiseren (ww)	naẓẓam	نظّم
deelnemingsaanvraag (de)	istimārat al iʃtirāk (f)	إستمارة الإشتراك
invullen (een formulier ~)	mala'	ملأ
details (mv.)	tafāṣīl (pl)	تفاصيل
informatie (de)	istiʿlāmāt (pl)	إستعلامات
prijs (de)	siʿr (m)	سعر
inclusief (bijv. ~ BTW)	bima fīh	بما فيه
inbegrepen (al es ~)	taḍamman	تضمّن
betalen (ww)	dafaʿ	دفع
registratietarief (het)	rusūm at tasʒīl (pl)	رسوم التسجيل
ingang (de)	madχal (m)	مدخل
paviljoen (het), hal (de)	ʒanāḥ (m)	جناح
registreren (ww)	saʒʒal	سجّل
badge, kaart (de)	ʃāra (f)	شارة
beursstand (de)	kuʃk (m)	كشك
reserveren (een stand ~)	ḥaʒaz	حجز
vitrine (de)	vatrīna (f)	فترينة
licht (het)	miṣbāḥ (m)	مصباح
design (het)	taṣmīm (m)	تصميم
plaatsen (ww)	waḍaʿ	وضع
distributeur (de)	muwazziʿ (m)	موزّع
leverancier (de)	muwarrid (m)	مورد
land (het)	balad (m)	بلد
buitenlands (bn)	aʒnabiy	أجنبيّ
product (het)	muntaʒ (m)	منتج
associatie (de)	ʒamʿiyya (f)	جمعيّة
conferentiezaal (de)	qāʿat al muʾtamarāt (f)	قاعة المؤتمرات
congres (het)	muʾtamar (m)	مؤتمر

wedstrijd (de)	musābaqa (f)	مسابقة
bezoeker (de)	zā'ir (m)	زائر
bezoeken (ww)	ḥaḍar	حضر
afnemer (de)	zubūn (m)	زبون

119. Massamedia

krant (de)	ʒarīda (f)	جريدة
tijdschrift (het)	maʒalla (f)	مجلّة
pers (gedrukte media)	ṣiḥāfa (f)	صحافة
radio (de)	iðā'a (f)	إذاعة
radiostation (het)	maḥaṭṭat iðā'a (f)	محطّة إذاعة
televisie (de)	tilivizyūn (m)	تليفزيون
presentator (de)	mu'addim (m)	مقدّم
nieuwslezer (de)	muðī' (m)	مذيع
commentator (de)	mu'alliq (m)	معلّق
journalist (de)	ṣuḥufiy (m)	صحفيّ
correspondent (de)	murāsil (m)	مراسل
fotocorrespondent (de)	muṣawwir ṣuḥufiy (m)	مصوّر صحفيّ
reporter (de)	ṣuḥufiy (m)	صحفيّ
redacteur (de)	muḥarrir (m)	محرّر
chef-redacteur (de)	ra'īs taḥrīr (m)	رئيس تحرير
zich abonneren op	iʃtarak	إشترك
abonnement (het)	iʃtirāk (m)	إشتراك
abonnee (de)	muʃtarik (m)	مشترك
lezen (ww)	qara'	قرأ
lezer (de)	qāri' (m)	قارئ
oplage (de)	tadāwul (m)	تداول
maand-, maandelijks (bn)	ʃahriy	شهريّ
wekelijks (bn)	usbū'iy	أسبوعيّ
nummer (het)	'adad (m)	عدد
vers (~ van de pers)	ʒadīd	جديد
kop (de)	'unwān (m)	عنوان
korte artikel (het)	maqāla qaṣīra (f)	مقالة قصيرة
rubriek (de)	'amūd (m)	عمود
artikel (het)	maqāla (f)	مقالة
pagina (de)	ṣafḥa (f)	صفحة
reportage (de)	taqrīr (m)	تقرير
gebeurtenis (de)	ḥadaθ (m)	حدث
sensatie (de)	ḍaʒʒa (f)	ضجّة
schandaal (het)	faḍīḥa (f)	فضيحة
schandalig (bn)	fāḍiḥ	فاضح
groot (~ schandaal, enz.)	ʃahīr	شهير
programma (het)	barnāmaʒ (m)	برنامج
interview (het)	muqābala (f)	مقابلة
live uitzending (de)	iðā'a mubāʃira (f)	إذاعة مباشرة
kanaal (het)	qanāt (f)	قناة

120. Landbouw

landbouw (de)	zirāʿa (f)	زراعة
boer (de)	fallāḥ (m)	فلّاح
boerin (de)	fallāḥa (f)	فلّاحة
landbouwer (de)	muzāriʿ (m)	مزارع
tractor (de)	ʒarrār (m)	جرّار
maaidorser (de)	ḥaṣṣāda (f)	حصّادة
ploeg (de)	miḥrāθ (m)	محراث
ploegen (ww)	ḥaraθ	حرث
akkerland (het)	ḥaql maḥrūθ (m)	حقل محروث
voor (de)	talam (m)	تلم
zaaien (ww)	baðar	بذر
zaaimachine (de)	baððāra (f)	بذّارة
zaaien (het)	zarʿ (m)	زرع
zeis (de)	miḥaʃʃ (m)	محشّ
maaien (ww)	ḥaʃʃ	حشّ
schop (de)	karīk (m)	مجرفة
spitten (ww)	ḥafar	حفر
schoffel (de)	miʿzaqa (f)	معزقة
wieden (ww)	istaʾṣal nabātāt	إستأصل نباتات
onkruid (het)	ḥaʃīʃa (m)	حشيشة
gieter (de)	miraʃʃa al miyāh (f)	مرشّة المياه
begieten (water geven)	saqa	سقى
bewatering (de)	saqy (m)	سقي
riek, hooivork (de)	maðrāt (f)	مذراة
hark (de)	midamma (f)	مدمّة
kunstmest (de)	samād (m)	سماد
bemesten (ww)	sammad	سمّد
mest (de)	zibd (m)	زبل
veld (het)	ḥaql (m)	حقل
wei (de)	marʒ (m)	مرج
moestuin (de)	bustān χuḍār (m)	بستان خضار
boomgaard (de)	bustān (m)	بستان
weiden (ww)	raʿa	رعى
herder (de)	rāʿi (m)	راع
weiland (de)	marʿa (m)	مرعى
veehouderij (de)	tarbiyat al mawāʃi (f)	تربية المواشي
schapenteelt (de)	tarbiyat aɣnām (f)	تربية أغنام
plantage (de)	mazraʿa (f)	مزرعة
rijtje (het)	ḥawḍ (m)	حوض
broeikas (de)	dafīʾa (f)	دفيئة

droogte (de)	ʒafāf (m)	جفاف
droog (bn)	ʒāff	جافّ
graan (het)	ḥubūb (pl)	حبوب
graangewassen (mv.)	maḥāṣīl al ḥubūb (pl)	محاصيل الحبوب
oogsten (ww)	ḥaṣad	حصد
molenaar (de)	ṭaḥḥān (m)	طحّان
molen (de)	ṭāḥūna (f)	طاحونة
malen (graan ~)	ṭaḥan al ḥubūb	طحن الحبوب
bloem (bijv. tarwebloem)	daqīq (m)	دقيق
stro (het)	qaʃʃ (m)	قشّ

121. Gebouw. Bouwproces

bouwplaats (de)	arḍ bināʾ (f)	أرض بناء
bouwen (ww)	bana	بنى
bouwvakker (de)	ʿāmil bināʾ (m)	عامل بناء
project (het)	maʃrūʿ (m)	مشروع
architect (de)	muhandis miʿmāriy (m)	مهندس معماريّ
arbeider (de)	ʿāmil (m)	عامل
fundering (de)	asās (m)	أساس
dak (het)	saqf (m)	سقف
heipaal (de)	watad al asās (f)	وتد الأساس
muur (de)	ḥāʾiṭ (m)	حائط
betonstaal (het)	ḥadīd taslīḥ (m)	حديد تسليح
steigers (mv.)	saqāla (f)	سقالة
beton (het)	χarasāna (f)	خرسانة
graniet (het)	granīt (m)	جرانيت
steen (de)	ḥaʒar (m)	حجر
baksteen (de)	ṭūb (m)	طوب
zand (het)	raml (m)	رمل
cement (de/het)	ismant (m)	إسمنت
pleister (het)	qiṣāra (m)	قصارة
pleisteren (ww)	ṭala bil ʒiṣṣ	طلى بالجصّ
verf (de)	dihān (m)	دهان
verven (muur ~)	dahhan	دهّن
ton (de)	barmīl (m)	برميل
kraan (de)	rāfiʿa (f)	رافعة
heffen, hijsen (ww)	rafaʿ	رفع
neerlaten (ww)	anzal	أنزل
bulldozer (de)	ʒarrāfa (f)	جرّافة
graafmachine (de)	ḥaffāra (f)	حفّارة
graafbak (de)	dalw (m)	دلو
graven (tunnel, enz.)	ḥafar	حفر
helm (de)	χūða (f)	خوذة

122. Wetenschap. Onderzoek. Wetenschappers

wetenschap (de)	ʿilm (m)	علم
wetenschappelijk (bn)	ʿilmiy	علمي
wetenschapper (de)	ʿālim (m)	عالم
theorie (de)	naẓariyya (f)	نظرية
axioma (het)	badīhiyya (f)	بديهيّة
analyse (de)	taḥlīl (m)	تحليل
analyseren (ww)	ḥallal	حلّل
argument (het)	burhān (m)	برهان
substantie (de)	mādda (f)	مادّة
hypothese (de)	farḍiyya (f)	فرضيّة
dilemma (het)	muʿḍila (f)	معضلة
dissertatie (de)	risāla ʿilmiyya (f)	رسالة علميّة
dogma (het)	ʿaqīda (f)	عقيدة
doctrine (de)	maðhab (m)	مذهب
onderzoek (het)	baḥθ (m)	بحث
onderzoeken (ww)	baḥaθ	بحث
toetsing (de)	iχtibārāt (pl)	إختبارات
laboratorium (het)	muχtabar (m)	مختبر
methode (de)	manhaʒ (m)	منهج
molecule (de/het)	ʒuzayiʾ (m)	جزيء
monitoring (de)	riqāba (f)	رقابة
ontdekking (de)	iktiʃāf (m)	إكتشاف
postulaat (het)	musallama (f)	مسلّمة
principe (het)	mabdaʾ (m)	مبدأ
voorspelling (de)	tanabbuʾ (m)	تنبّؤ
een prognose maken	tanabbaʾ	تنبأ
synthese (de)	tarkīb (m)	تركيب
tendentie (de)	ittiʒāh (m)	إتّجاه
theorema (het)	naẓariyya (f)	نظريّة
leerstellingen (mv.)	taʿālīm (pl)	تعاليم
feit (het)	ḥaqīqa (f)	حقيقة
expeditie (de)	baʿθa (f)	بعثة
experiment (het)	taʒriba (f)	تجربة
academicus (de)	akadīmiy (m)	أكاديميّ
bachelor (bijv. BA, LLB)	bakalūriyūs (m)	بكالوريوس
doctor (de)	duktūr (m)	دكتور
universitair docent (de)	ustāð muʃārik (m)	أستاذ مشارك
master, magister (de)	maʒistīr (m)	ماجستير
professor (de)	brufissūr (m)	بروفيسور

Beroepen en ambachten

123. Zoeken naar werk. Ontslag

baan (de)	ʻamal (m)	عمل
werknemers (mv.)	kawādir (pl)	كوادر
personeel (het)	ṭāqim al ʻāmilīn (m)	طاقم العاملين
carrière (de)	masār mihniy (m)	مسار مهنيّ
vooruitzichten (mv.)	ʼāfāq (pl)	آفاق
meesterschap (het)	mahārāt (pl)	مهارات
keuze (de)	iχtiyār (m)	إختيار
uitzendbureau (het)	wikālat tawẓīf (f)	وكالة توظيف
CV, curriculum vitae (het)	sīra ðātiyya (f)	سيرة ذاتيّة
sollicitatiegesprek (het)	mu'ābalat ʻamal (f)	مقابلة عمل
vacature (de)	waẓīfa χāliya (f)	وظيفة خالية
salaris (het)	murattab (m)	مرتّب
vaste salaris (het)	rātib θābit (m)	راتب ثابت
loon (het)	uʒra (f)	أجرة
betrekking (de)	manṣib (m)	منصب
taak, plicht (de)	wāʒib (m)	واجب
takenpakket (het)	maʒmūʻa min al wāʒibāt (f)	مجموعة من الواجبات
bezig (~ zijn)	maʃɣūl	مشغول
ontslagen (ww)	aqāl	أقال
ontslag (het)	iqāla (m)	إقالة
werkloosheid (de)	biṭāla (f)	بطالة
werkloze (de)	ʻāṭil (m)	عاطل
pensioen (het)	maʻāʃ (m)	معاش
met pensioen gaan	uḥīl ʻalal maʻāʃ	أحيل على المعاش

124. Zakenmensen

directeur (de)	mudīr (m)	مدير
beheerder (de)	mudīr (m)	مدير
hoofd (het)	mudīr (m), ra'īs (m)	مدير, رئيس
baas (de)	ra'īs (m)	رئيس
superieuren (mv.)	ru'asā' (pl)	رؤساء
president (de)	ra'īs (m)	رئيس
voorzitter (de)	ra'īs (m)	رئيس
adjunct (de)	nā'ib (m)	نائب
assistent (de)	musāʻid (m)	مساعد

secretaris (de)	sikirtīr (m)	سكرتير
persoonlijke assistent (de)	sikritīr χāṣṣ (m)	سكرتير خاصّ
zakenman (de)	raʒul a'māl (m)	رجل أعمال
ondernemer (de)	rā'id a'māl (m)	رائد أعمال
oprichter (de)	mu'assis (m)	مؤسّس
oprichten (een nieuw bedrijf ~)	assas	أسّس
stichter (de)	mu'assis (m)	مؤسّس
partner (de)	ʃarīk (m)	شريك
aandeelhouder (de)	musāhim (m)	مساهم
miljonair (de)	milyunīr (m)	مليونير
miljardair (de)	milyardīr (m)	ملياردير
eigenaar (de)	ṣāḥib (m)	صاحب
landeigenaar (de)	ṣāḥib al arḍ (m)	صاحب الأرض
klant (de)	'amīl (m)	عميل
vaste klant (de)	'amīl dā'im (m)	عميل دائم
koper (de)	muʃtari (m)	مشتر
bezoeker (de)	zā'ir (m)	زائر
professioneel (de)	muḥtarif (m)	محترف
expert (de)	χabīr (m)	خبير
specialist (de)	mutaχaṣṣiṣ (m)	متخصّص
bankier (de)	ṣāḥib maṣraf (m)	صاحب مصرف
makelaar (de)	simsār (m)	سمسار
kassier (de)	ṣarrāf (m)	صرّاف
boekhouder (de)	muḥāsib (m)	محاسب
bewaker (de)	ḥāris amn (m)	حارس أمن
investeerder (de)	mustaθmir (m)	مستثمر
schuldenaar (de)	mudīn (m)	مدين
crediteur (de)	dā'in (m)	دائن
lener (de)	muqtariḍ (m)	مقترض
importeur (de)	mustawrid (m)	مستورد
exporteur (de)	muṣaddir (m)	مصدّر
producent (de)	aʃ ʃarika al muṣni'a (f)	الشركة المصنعة
distributeur (de)	muwazzi' (m)	موزّع
bemiddelaar (de)	wasīṭ (m)	وسيط
adviseur, consulent (de)	mustaʃār (m)	مستشار
vertegenwoordiger (de)	mandūb mabi'āt (m)	مندوب مبيعات
agent (de)	wakīl (m)	وكيل
verzekeringsagent (de)	wakīl at ta'mīn (m)	وكيل التأمين

125. Dienstverlenende beroepen

kok (de)	ṭabbāχ (m)	طبّاخ
chef-kok (de)	ʃāf (m)	شاف

bakker (de)	χabbāz (m)	خبّاز
barman (de)	bārman (m)	بارمان
kelner, ober (de)	nādil (m)	نادل
serveerster (de)	nādila (f)	نادلة
advocaat (de)	muḥāmi (m)	محام
jurist (de)	muḥāmi (m)	محام
notaris (de)	muwaθθaq (m)	موثّق
elektricien (de)	kahrabā'iy (m)	كهربائيّ
loodgieter (de)	sabbāk (m)	سبّاك
timmerman (de)	naʒʒār (m)	نجّار
masseur (de)	mudallik (m)	مدلّك
masseuse (de)	mudallika (f)	مدلّكة
dokter, arts (de)	ṭabīb (m)	طبيب
taxichauffeur (de)	sā'iq taksi (m)	سائق تاكسي
chauffeur (de)	sā'iq (m)	سائق
koerier (de)	sā'i (m)	ساع
kamermeisje (het)	'āmilat tanẓīf ɣuraf (f)	عاملة تنظيف غرف
bewaker (de)	ḥāris amn (m)	حارس أمن
stewardess (de)	muḍīfat ṭayarān (f)	مضيفة طيران
meester (de)	mudarris madrasa (m)	مدرّس مدرسة
bibliothecaris (de)	amīn maktaba (m)	أمين مكتبة
vertaler (de)	mutarʒim (m)	مترجم
tolk (de)	mutarʒim fawriy (m)	مترجم فوريّ
gids (de)	murʃid (m)	مرشد
kapper (de)	ḥallāq (m)	حلّاق
postbode (de)	sā'i al barīd (m)	ساعي البريد
verkoper (de)	bā'i' (m)	بائع
tuinman (de)	bustāniy (m)	بستانيّ
huisbediende (de)	χādim (m)	خادم
dienstmeisje (het)	χādima (f)	خادمة
schoonmaakster (de)	'āmilat tanẓīf (f)	عاملة تنظيف

126. Militaire beroepen en rangen

soldaat (rang)	ʒundiy (m)	جنديّ
sergeant (de)	raqīb (m)	رقيب
luitenant (de)	mulāzim (m)	ملازم
kapitein (de)	naqīb (m)	نقيب
majoor (de)	rā'id (m)	رائد
kolonel (de)	'aqīd (m)	عقيد
generaal (de)	ʒinirāl (m)	جنرال
maarschalk (de)	mārʃāl (m)	مارشال
admiraal (de)	amirāl (m)	أميرال
militair (de)	'askariy (m)	عسكريّ
soldaat (de)	ʒundiy (m)	جنديّ

officier (de)	ḍābiṭ (m)	ضابط
commandant (de)	qā'id (m)	قائد
grenswachter (de)	ḥāris ḥudūd (m)	حارس حدود
marconist (de)	'āmil lāsilkiy (m)	عامل لاسلكيّ
verkenner (de)	mustakʃif (m)	مستكشف
sappeur (de)	muhandis 'askariy (m)	مهندس عسكريّ
schutter (de)	rāmi (m)	رام
stuurman (de)	mallāḥ (m)	ملّاح

127. Ambtenaren. Priesters

koning (de)	malik (m)	ملك
koningin (de)	malika (f)	ملكة
prins (de)	amīr (m)	أمير
prinses (de)	amīra (f)	أميرة
tsaar (de)	qayṣar (m)	قيصر
tsarina (de)	qayṣara (f)	قيصرة
president (de)	ra'īs (m)	رئيس
minister (de)	wazīr (m)	وزير
eerste minister (de)	ra'īs wuzarā' (m)	رئيس وزراء
senator (de)	'uḍw maʒlis aʃ ʃuyūχ (m)	عضو مجلس الشيوخ
diplomaat (de)	diblumāsiy (m)	دبلوماسيّ
consul (de)	qunṣul (m)	قنصل
ambassadeur (de)	safīr (m)	سفير
adviseur (de)	mustaʃār (m)	مستشار
ambtenaar (de)	muwaẓẓaf (m)	موظّف
prefect (de)	ra'īs idārat al ḥayy (m)	رئيس إدارة الحيّ
burgemeester (de)	ra'īs al baladiyya (m)	رئيس البلديّة
rechter (de)	qāḍi (m)	قاض
aanklager (de)	mudda'i (m)	مدّع
missionaris (de)	mubaʃʃir (m)	مبشّر
monnik (de)	rāhib (m)	راهب
abt (de)	ra'īs ad dayr (m)	رئيس الدير
rabbi, rabbijn (de)	ḥāχām (m)	حاخام
vizier (de)	wazīr (m)	وزير
sjah (de)	ʃāh (m)	شاه
sjeik (de)	ʃεyχ (m)	شيخ

128. Agrarische beroepen

imker (de)	naḥḥāl (m)	نحّال
herder (de)	rā'i (m)	راع
landbouwkundige (de)	muhandis zirā'iy (m)	مهندس زراعيّ

veehouder (de)	murabbi al mawāʃi (m)	مربّي المواشي
dierenarts (de)	ṭabīb bayṭariy (m)	طبيب بيطريّ
landbouwer (de)	muzāriʿ (m)	مزارع
wijnmaker (de)	ṣāniʿ an nabīð (m)	صانع النبيذ
zoöloog (de)	χabīr fi ʿilm al ḥayawān (m)	خبير في علم الحيوان
cowboy (de)	rāʿi al baqar (m)	راعي البقر

129. Kunst beroepen

acteur (de)	mumaθθil (m)	ممثّل
actrice (de)	mumaθθila (f)	ممثّلة
zanger (de)	muɣanni (m)	مغنّ
zangeres (de)	muɣanniya (f)	مغنّية
danser (de)	rāqiṣ (m)	راقص
danseres (de)	rāqiṣa (f)	راقصة
artiest (mann.)	fannān (m)	فنّان
artiest (vrouw.)	fannāna (f)	فنّانة
muzikant (de)	ʿāzif (m)	عازف
pianist (de)	ʿāzif biyānu (m)	عازف بيانو
gitarist (de)	ʿāzif gitār (m)	عازف جيتار
orkestdirigent (de)	qāʾid urkistra (m)	قائد أركسترا
componist (de)	mulaḥḥin (m)	ملحّن
impresario (de)	mudīr firqa (m)	مدير فرقة
filmregisseur (de)	muχriʒ (m)	مخرج
filmproducent (de)	muntiʒ (m)	منتج
scenarioschrijver (de)	kātib sināriyu (m)	كاتب سيناريو
criticus (de)	nāqid (m)	ناقد
schrijver (de)	kātib (m)	كاتب
dichter (de)	ʃāʿir (m)	شاعر
beeldhouwer (de)	naḥḥāt (m)	نحّات
kunstenaar (de)	rassām (m)	رسّام
jongleur (de)	bahlawān (m)	بهلوان
clown (de)	muharriʒ (m)	مهرّج
acrobaat (de)	bahlawān (m)	بهلوان
goochelaar (de)	sāḥir (m)	ساحر

130. Verschillende beroepen

dokter, arts (de)	ṭabīb (m)	طبيب
ziekenzuster (de)	mumarriḍa (f)	ممرّضة
psychiater (de)	ṭabīb nafsiy (m)	طبيب نفسيّ
tandarts (de)	ṭabīb al asnān (m)	طبيب الأسنان
chirurg (de)	ʒarrāḥ (m)	جرّاح

astronaut (de)	rā'id faḍā' (m)	رائد فضاء
astronoom (de)	'ālim falak (m)	عالم فلك
piloot (de)	ṭayyār (m)	طيّار
chauffeur (de)	sā'iq (m)	سائق
machinist (de)	sā'iq (m)	سائق
mecanicien (de)	mikanīkiy (m)	ميكانيكيّ
mijnwerker (de)	'āmil manʒam (m)	عامل منجم
arbeider (de)	'āmil (m)	عامل
bankwerker (de)	qaffāl (m)	قفّال
houtbewerker (de)	naʒʒār (m)	نجّار
draaier (de)	χarrāṭ (m)	خرّاط
bouwvakker (de)	'āmil binā' (m)	عامل بناء
lasser (de)	laḥḥām (m)	لحّام
professor (de)	brufissūr (m)	بروفيسور
architect (de)	muhandis mi'māriy (m)	مهندس معماريّ
historicus (de)	mu'arriχ (m)	مؤرّخ
wetenschapper (de)	'ālim (m)	عالم
fysicus (de)	fizyā'iy (m)	فيزيائيّ
scheikundige (de)	kimyā'iy (m)	كيميائيّ
archeoloog (de)	'ālim'āθār (m)	عالم آثار
geoloog (de)	ʒiulūʒiy (m)	جيولوجيّ
onderzoeker (de)	bāḥiθ (m)	باحث
babysitter (de)	murabbiyat aṭfāl (f)	مربّية الأطفال
leraar, pedagoog (de)	mu'allim (m)	معلّم
redacteur (de)	muḥarrir (m)	محرّر
chef-redacteur (de)	ra'īs taḥrīr (m)	رئيس تحرير
correspondent (de)	murāsil (m)	مراسل
typiste (de)	kātiba 'alal 'āla al kātiba (f)	كاتبة على الآلة الكاتبة
designer (de)	muṣammim (m)	مصمّم
computerexpert (de)	mutaχaṣṣiṣ bil kumbyūtir (m)	متخصّص بالكمبيوتر
programmeur (de)	mubarmiʒ (m)	مبرمج
ingenieur (de)	muhandis (m)	مهندس
matroos (de)	baḥḥār (m)	بحّار
zeeman (de)	baḥḥār (m)	بحّار
redder (de)	munqið (m)	منقذ
brandweerman (de)	raʒul iṭfā' (m)	رجل إطفاء
politieagent (de)	ʃurṭiy (m)	شرطيّ
nachtwaker (de)	ḥāris (m)	حارس
detective (de)	muḥaqqiq (m)	محقّق
douanier (de)	muwaẓẓaf al ʒamārik (m)	موظّف الجمارك
lijfwacht (de)	ḥāris ʃaχṣiy (m)	حارس شخصيّ
gevangenisbewaker (de)	ḥāris siʒn (m)	حارس سجن
inspecteur (de)	mufattiʃ (m)	مفتّش
sportman (de)	riyāḍiy (m)	رياضيّ
trainer (de)	mudarrib (m)	مدرّب

slager, beenhouwer (de)	ʒazzār (m)	جزّار
schoenlapper (de)	iskāfiy (m)	إسكافيّ
handelaar (de)	tāʒir (m)	تاجر
lader (de)	ḥammāl (m)	حمّال
kledingstilist (de)	muṣammim azyā' (m)	مصمّم أزياء
model (het)	mudīl (f)	موديل

131. Beroepen. Sociale status

scholier (de)	tilmīð (m)	تلميذ
student (de)	ṭālib (m)	طالب
filosoof (de)	faylasūf (m)	فيلسوف
econoom (de)	iqtiṣādiy (m)	إقتصاديّ
uitvinder (de)	muχtari' (m)	مخترع
werkloze (de)	'āṭil (m)	عاطل
gepensioneerde (de)	mutaqā'id (m)	متقاعد
spion (de)	ʒāsūs (m)	جاسوس
gedetineerde (de)	saʒīn (m)	سجين
staker (de)	muḍrib (m)	مضرب
bureaucraat (de)	buruqrāṭiy (m)	بيروقراطيّ
reiziger (de)	raḥḥāla (m)	رحّالة
homoseksueel (de)	miθliy ʒinsiyyan (m)	مثليّ جنسيًا
hacker (computerkraker)	hākir (m)	هاكر
hippie (de)	hippi (m)	هيبيّ
bandiet (de)	qāṭi' ṭarīq (m)	قاطع طريق
huurmoordenaar (de)	qātil ma'ʒūr (m)	قاتل مأجور
drugsverslaafde (de)	mudmin muχaddirāt (m)	مدمن مخدّرات
drugshandelaar (de)	tāʒir muχaddirāt (m)	تاجر مخدّرات
prostituee (de)	'āhira (f)	عاهرة
pooier (de)	qawwād (m)	قوّاد
tovenaar (de)	sāḥir (m)	ساحر
tovenares (de)	sāḥira (f)	ساحرة
piraat (de)	qurṣān (m)	قرصان
slaaf (de)	'abd (m)	عبد
samoerai (de)	samurāy (m)	ساموراي
wilde (de)	mutawaḥḥiʃ (m)	متوحّش

Sport

132. Soorten sporten. Sporters

sportman (de)	riyāḍiy (m)	رياضيّ
soort sport (de/het)	naw' min ar riyāḍa (m)	نوع من الرياضة
basketbal (het)	kurat as salla (f)	كرة السلّة
basketbalspeler (de)	lā'ib kūrat as salla (m)	لاعب كرة السلّة
baseball (het)	kurat al qā'ida (f)	كرة القاعدة
baseballspeler (de)	lā'ib kurat al qā'ida (m)	لاعب كرة القاعدة
voetbal (het)	kurat al qadam (f)	كرة القدم
voetballer (de)	lā'ib kurat al qadam (m)	لاعب كرة القدم
doelman (de)	ḥāris al marma (m)	حارس المرمى
hockey (het)	huki (m)	هوكي
hockeyspeler (de)	lā'ib huki (m)	لاعب هوكي
volleybal (het)	al kura aṭ ṭā'ira (m)	الكرة الطائرة
volleybalspeler (de)	lā'ib al kura aṭ ṭā'ira (m)	لاعب الكرة الطائرة
boksen (het)	mulākama (f)	ملاكمة
bokser (de)	mulākim (m)	ملاكم
worstelen (het)	muṣāra'a (f)	مصارعة
worstelaar (de)	muṣāri' (m)	مصارع
karate (de)	karatī (m)	كاراتيه
karateka (de)	lā'ib karatī (m)	لاعب كاراتيه
judo (de)	ʒudu (m)	جودو
judoka (de)	lā'ib ʒudu (m)	لاعب جودو
tennis (het)	tinis (m)	تنس
tennisspeler (de)	lā'ib tinnis (m)	لاعب تنس
zwemmen (het)	sibāḥa (f)	سباحة
zwemmer (de)	sabbāḥ (m)	سبّاح
schermen (het)	musāyafa (f)	مسايفة
schermer (de)	mubāriz (m)	مبارز
schaak (het)	ʃaṭranʒ (m)	شطرنج
schaker (de)	lā'ib ʃaṭranʒ (m)	لاعب شطرنج
alpinisme (het)	tasalluq al ʒibāl (m)	تسلّق الجبال
alpinist (de)	mutasalliq al ʒibāl (m)	متسلّق الجبال
hardlopen (het)	ʒary (m)	جري

renner (de)	ʻaddāʼ (m)	عدّاء
atletiek (de)	alʻāb al qiwa (pl)	ألعاب القوى
atleet (de)	lāʻib riyāḍiy (m)	لاعب رياضيّ
paardensport (de)	riyāḍat al furūsiyya (f)	رياضة الفروسيّة
ruiter (de)	fāris (m)	فارس
kunstschaatsen (het)	tazalluʒ fanniy ʻalal ʒalīd (m)	تزلّج فنّيّ على الجليد
kunstschaatser (de)	mutazalliʒ fanniy (m)	متزلّج فنّي
kunstschaatsster (de)	mutazalliʒa fanniyya (f)	متزلّجة فنّيّة
gewichtheffen (het)	rafʻ al aθqāl (m)	رفع الأثقال
gewichtheffer (de)	rāfiʻ al aθqāl (m)	رافع الأثقال
autoraces (mv.)	sibāq as sayyārāt (m)	سباق السيّارات
coureur (de)	sāʼiq sibāq (m)	سائق سباق
wielersport (de)	sibāq ad darrāʒāt (m)	سباق الدرّاجات
wielrenner (de)	lāʻib ad darrāʒāt (m)	لاعب الدرّاجات
verspringen (het)	al qafz aṭ ṭawīl (m)	القفز الطويل
polsstokspringen (het)	al qafz biz zāna (m)	القفز بالزانة
verspringer (de)	qāfiz (m)	قافز

133. Soorten sporten. Diversen

Amerikaans voetbal (het)	kurat al qadam (f)	كرة القدم
badminton (het)	kurat ar rīʃa (f)	كرة الريشة
biatlon (de)	al biatlūn (m)	البياثلون
biljart (het)	bilyārdu (m)	بلياردو
bobsleeën (het)	zallāʒa ʒamaʻiyya (f)	زلّاجة جماعيّة
bodybuilding (de)	kamāl aʒsām (m)	كمال أجسام
waterpolo (het)	kurat al māʼ (f)	كرة الماء
handbal (de)	kurat al yad (f)	كرة اليد
golf (het)	gūlf (m)	جولف
roeisport (de)	taʒðīf (m)	تجذيف
duiken (het)	al ɣawṣ taḥt al māʼ (m)	الغوص تحت الماء
langlaufen (het)	riyāḍat al iski (f)	رياضة الإسكي
tafeltennis (het)	kurat aṭ ṭāwila (f)	كرة الطاولة
zeilen (het)	riyāḍa ibḥār al marākib (f)	رياضة إبحار المراكب
rally (de)	sibāq as sayyārāt (m)	سباق السيّارات
rugby (het)	raɣbi (m)	رغبي
snowboarden (het)	tazalluʒ ʻlaθ θulūʒ (m)	تزلّج على الثلوج
boogschieten (het)	rimāya (f)	رماية

134. Fitnessruimte

lange halter (de)	ḥadīda (f)	حديدة
halters (mv.)	dambilz (m)	دمبلز

training machine (de)	ʒihāz tadrīb (m)	جهاز تدريب
hometrainer (de)	darrāʒat tadrīb (f)	درّاجة تدريب
loopband (de)	ʒihāz al maʃy (m)	جهاز المشي
rekstok (de)	ʿuqla (f)	عقلة
brug (de) gelijke leggers	al mutawāzi (m)	المتوازي
paardsprong (de)	hisān al maqābiḍ (m)	حصان المقابض
mat (de)	ḥaṣīra (f)	حصيرة
springtouw (het)	ḥabl an naṭṭ (m)	حبل النطّ
aerobics (de)	at tamrīnāt al hiwā'iyya (pl)	التمرينات الهوائية
yoga (de)	yūga (f)	يوجا

135. Hockey

hockey (het)	huki (m)	هوكي
hockeyspeler (de)	lāʿib huki (m)	لاعب هوكي
hockey spelen	laʿib al hūki	لعب الهوكي
ijs (het)	ʒalīd (m)	جليد
puck (de)	qurṣ al huky (m)	قرص الهوكي
hockeystick (de)	miḍrab al huki (m)	مضرب الهوكي
schaatsen (mv.)	zallāʒāt (pl)	زلّاجات
boarding (de)	ʒānib (m)	جانب
schot (het)	ramya (f)	رمية
doelman (de)	ḥāris al marma (m)	حارس المرمى
goal (de)	hadaf (m)	هدف
een goal scoren	aṣāb al hadaf	أصاب الهدف
periode (de)	ʃawṭ (m)	شوط
tweede periode (de)	aʃ ʃawṭ aθ θāni (m)	الشوط الثاني
reservebank (de)	dikkat al iḥṭiāṭy (f)	دكّة الإحتياطي

136. Voetbal

voetbal (het)	kurat al qadam (f)	كرة القدم
voetballer (de)	lāʿib kurat al qadam (m)	لاعب كرة القدم
voetbal spelen	laʿib kurat al qadam	لعب كرة القدم
eredivisie (de)	ad dawriy al kibīr (m)	الدوريّ الكبير
voetbalclub (de)	nādy kurat al qadam (m)	نادي كرة القدم
trainer (de)	mudarrib (m)	مدرّب
eigenaar (de)	ṣāḥib (m)	صاحب
team (het)	farīq (m)	فريق
aanvoerder (de)	kabtan al farīq (m)	كابتن الفريق
speler (de)	lāʿib (m)	لاعب
reservespeler (de)	lāʿib iḥtiyāṭiy (m)	لاعب إحتياطيّ
aanvaller (de)	lāʿib huʒūm (m)	لاعب هجوم
centrale aanvaller (de)	wasaṭ al huʒūm (m)	وسط الهجوم

doelpuntmaker (de)	haddāf (m)	هدّاف
verdediger (de)	mudāfi' (m)	مدافع
middenvelder (de)	lā'ib wasaṭ (m)	لاعب وسط
match, wedstrijd (de)	mubārāt (f)	مباراة
elkaar ontmoeten (ww)	qābal	قابل
finale (de)	mubarāt nihā'iyya (f)	مباراة نهائيّة
halve finale (de)	dawr an niṣf an nihā'iy (m)	دور النصف النهائيّ
kampioenschap (het)	buṭūla (f)	بطولة
helft (de)	ʃawṭ (m)	شوط
eerste helft (de)	aʃ ʃawṭ al awwal (m)	الشوط الأوّل
pauze (de)	istirāḥa ma bayn aʃ ʃawṭayn (f)	إستراحة ما بين الشوطين
doel (het)	marma (m)	مرمى
doelman (de)	ḥāris al marma (m)	حارس المرمى
doelpaal (de)	'āriḍa (f)	عارضة
lat (de)	'āriḍa (f)	عارضة
doelnet (het)	ʃabaka (f)	شبكة
een goal incasseren	samaḥ bi iṣābat al hadaf	سمح بإصابة الهدف
bal (de)	kura (f)	كرة
pass (de)	tamrīra (f)	تمريرة
schot (het), schop (de)	ḍarba (f)	ضربة
schieten (de bal ~)	ḍarab	ضرب
vrije schop (directe ~)	ḍarba ḥurra (f)	ضربة حرّة
hoekschop, corner (de)	ḍarba zāwiya (f)	ضربة زاوية
aanval (de)	huʒūm (m)	هجوم
tegenaanval (de)	haʒma muḍādda (f)	هجمة مضادّة
combinatie (de)	tarkīb (m)	تركيب
scheidsrechter (de)	ḥakam (m)	حكم
fluiten (ww)	ṣaffar	صفّر
fluitsignaal (het)	ṣaffāra (f)	صفّارة
overtreding (de)	muχālafa (f)	مخالفة
een overtreding maken	χālaf	خالف
uit het veld te sturen	ṭarad min al mal'ab	طرد من الملعب
gele kaart (de)	al kārt al aṣfar (m)	الكارت الأصفر
rode kaart (de)	al kart al aḥmar (m)	الكارت الأحمر
diskwalificatie (de)	ḥirmān (m)	حرمان
diskwalificeren (ww)	ḥaram	حرم
strafschop, penalty (de)	ḍarbat ʒazā' (f)	ضربة جزاء
muur (de)	ḥā'iṭ (m)	حائط
scoren (ww)	aṣāb al hadaf	أصاب الهدف
goal (de), doelpunt (het)	hadaf (m)	هدف
een goal scoren	aṣāb al hadaf	أصاب الهدف
vervanging (de)	tabdīl (m)	تبديل
vervangen (ov.ww.)	baddal	بدّل
regels (mv.)	qawā'id (pl)	قواعد
tactiek (de)	taktīk (m)	تكتيك
stadion (het)	mal'ab (m)	ملعب
tribune (de)	mudarraʒ (m)	مدرّج

fan, supporter (de)	muʃaʒʒiʿ (m)	مشجّع
schreeuwen (ww)	ṣarax	صرخ
scorebord (het)	lawḥat an natīʒa (f)	لوحة النتيجة
stand (~ is 3-1)	natīʒa (f)	نتيجة
nederlaag (de)	hazīma (f)	هزيمة
verliezen (ww)	xasir	خسر
gelijkspel (het)	taʿādul (m)	تعادل
in gelijk spel eindigen	taʿādal	تعادل
overwinning (de)	fawz (m)	فوز
overwinnen (ww)	fāz	فاز
kampioen (de)	baṭal (m)	بطل
best (bn)	aḥsan	أحسن
feliciteren (ww)	hanna'	هنّأ
commentator (de)	muʿalliq (m)	معلّق
becommentariëren (ww)	ʿallaq	علّق
uitzending (de)	iðāʿa (f)	إذاعة

137. Alpine skiën

ski's (mv.)	zallāʒāt (pl)	زلّاجات
skiën (ww)	tazallaʒ	تزلّج
skigebied (het)	muntaʒaʿ ʒabaliy lit tazalluʒ (m)	منتجع جبليّ للتزلّج
skilift (de)	miṣʿad (m)	مصعد
skistokken (mv.)	ʿaṣayān at tazalluʒ (pl)	عصيان التزلّج
helling (de)	munḥadar (m)	منحدر
slalom (de)	slālum (m)	سلالوم

138. Tennis. Golf

golf (het)	gūlf (m)	جولف
golfclub (de)	nādi gūlf (m)	نادي جولف
golfer (de)	lāʿib gūlf (m)	لاعب جولف
hole (de)	taʒwīf (m)	تجويف
golfclub (de)	miḍrab (m)	مضرب
trolley (de)	ʿaraba lil gūlf (f)	عربة للجولف
tennis (het)	tinis (m)	تنس
tennisveld (het)	malʿab tinis (m)	ملعب تنس
opslag (de)	munāwala (f)	مناولة
serveren, opslaan (ww)	nāwil	ناول
racket (het)	miḍrab (m)	مضرب
net (het)	ʃabaka (f)	شبكة
bal (de)	kura (f)	كرة

139. Schaken

schaak (het)	ʃaṭranʒ (m)	شطرنج
schaakstukken (mv.)	qiṭaʻ aʃ ʃaṭranʒ (pl)	قطع الشطرنج
schaker (de)	lāʻib ʃaṭranʒ (m)	لاعب شطرنج
schaakbord (het)	lawḥat aʃ ʃaṭranʒ (f)	لوحة الشطرنج
schaakstuk (het)	qiṭʻa (f)	قطعة
witte stukken (mv.)	qiṭaʻ bayḍāʼ (pl)	قطع بيضاء
zwarte stukken (mv.)	qiṭaʻ sawdāʼ (pl)	قطع سوداء
pion (de)	baydaq (m)	بيدق
loper (de)	fīl (m)	فيل
paard (het)	ḥiṣān (m)	حصان
toren (de)	qalʻa (f)	قلعة
dame, koningin (de)	malika (f)	ملكة
koning (de)	malik (m)	ملك
zet (de)	χaṭwa (f)	خطوة
zetten (ww)	ḥarrak	حرّك
opofferen (ww)	ḍaḥḥa	ضحّى
rokade (de)	at tabyīt (m)	التبييت
schaak (het)	kaʃʃ (m)	كشّ
schaakmat (het)	kaʃʃ māt (m)	كشّ مات
schaakwedstrijd (de)	buṭūlat ʃaṭranʒ (f)	بطولة شطرنج
grootmeester (de)	ustāð kabīr (m)	أستاذ كبير
combinatie (de)	tarkīb (m)	تركيب
partij (de)	dawr (m)	دور
dammen (de)	dāma (f)	ضامة

140. Boksen

boksen (het)	mulākama (f)	ملاكمة
boksgevecht (het)	mulākama (f)	ملاكمة
bokswedstrijd (de)	mubārāt mulākama (f)	مباراة ملاكمة
ronde (de)	ʒawla (f)	جولة
ring (de)	ḥalba (f)	حلبة
gong (de)	nāqūs (m)	ناقوس
stoot (de)	ḍarba (f)	ضربة
knock-down (de)	ḍarba ḥāsima (f)	ضربة حاسمة
knock-out (de)	ḍarba qāḍiya (f)	ضربة قاضية
knock-out slaan (ww)	ḍarab ḍarba qāḍiya	ضرب ضربة قاضية
bokshandschoen (de)	quffāz al mulākama (m)	قفّاز الملاكمة
referee (de)	ḥakam (m)	حكم
lichtgewicht (het)	al wazn al χafīf (m)	الوزن الخفيف
middengewicht (het)	al wazn al mutawassiṭ (m)	الوزن المتوسّط
zwaargewicht (het)	al wazn aθ θaqīl (m)	الوزن الثقيل

141. Sporten. Diversen

Olympische Spelen (mv.)	al'āb ulumbiyya (pl)	ألعاب أولمبيّة
winnaar (de)	fā'iz (m)	فائز
overwinnen (ww)	fāz	فاز
winnen (ww)	fāz	فاز
leider (de)	za'īm (m)	زعيم
leiden (ww)	taqaddam	تقدّم
eerste plaats (de)	al martaba al ūla (f)	المرتبة الأولى
tweede plaats (de)	al martaba aθ θāniya (f)	المرتبة الثانية
derde plaats (de)	al martaba aθ θāliθa (f)	المرتبة الثالثة
medaille (de)	midāliyya (f)	ميداليّة
trofee (de)	ʒā'iza (f)	جائزة
beker (de)	ka's (m)	كأس
prijs (de)	ʒā'iza (f)	جائزة
hoofdprijs (de)	akbar ʒā'iza (f)	أكبر جائزة
record (het)	raqm qiyāsiy (m)	رقم قياسيّ
een record breken	fāz bi raqm qiyāsiy	فاز برقم قياسيّ
finale (de)	mubarāt nihā'iyya (f)	مباراة نهائيّة
finale (bn)	nihā'iy	نهائيّ
kampioen (de)	baṭal (m)	بطل
kampioenschap (het)	buṭūla (f)	بطولة
stadion (het)	mal'ab (m)	ملعب
tribune (de)	mudarraʒ (m)	مدرّج
fan, supporter (de)	muʃaʒʒi' (m)	مشجّع
tegenstander (de)	'aduww (m)	عدوّ
start (de)	χaṭṭ al bidāya (m)	خطّ البداية
finish (de)	χaṭṭ an nihāya (m)	خطّ النهاية
nederlaag (de)	hazīma (f)	هزيمة
verliezen (ww)	χasir	خسر
rechter (de)	ḥakam (m)	حكم
jury (de)	hay'at al ḥukm (f)	هيئة الحكم
stand (~ is 3-1)	natīʒa (f)	نتيجة
gelijkspel (het)	ta'ādul (m)	تعادل
in gelijk spel eindigen	ta'ādal	تعادل
punt (het)	nuqṭa (f)	نقطة
uitslag (de)	natīʒa nihā'iyya (f)	نتيجة نهائية
periode (de)	ʃawṭ (m)	شوط
pauze (de)	istirāḥa ma bayn aʃ ʃawṭayn (f)	إستراحة ما بين الشوطين
doping (de)	munaʃʃiṭāt (pl)	منشّطات
straffen (ww)	'āqab	عاقب
diskwalificeren (ww)	ḥaram	حرم
toestel (het)	ma'add riyāḍiy (f)	معدّ رياضيّ
speer (de)	rumḥ (m)	رمح

kogel (de)	ʒulla (f)	جلّة
bal (de)	kura (f)	كرة
doel (het)	hadaf (m)	هدف
schietkaart (de)	hadaf (m)	هدف
schieten (ww)	aṭlaq an nār	أطلق النار
precies (bijv. precieze schot)	maḍbūṭ	مضبوط
trainer, coach (de)	mudarrib (m)	مدرّب
trainen (ww)	darrab	درّب
zich trainen (ww)	tadarrab	تدرّب
training (de)	tadrīb (m)	تدريب
gymnastiekzaal (de)	markaz li liyāqa badaniyya (m)	مركز للياقة بدنيّة
oefening (de)	tamrīn (m)	تمرين
opwarming (de)	tasχīn (m)	تسخين

Onderwijs

142. School

school (de)	madrasa (f)	مدرسة
schooldirecteur (de)	mudīr madrasa (m)	مدير مدرسة
leerling (de)	tilmīð (m)	تلميذ
leerlinge (de)	tilmīða (f)	تلميذة
scholier (de)	tilmīð (m)	تلميذ
scholiere (de)	tilmīða (f)	تلميذة
leren (lesgeven)	ʻallam	علّم
studeren (bijv. een taal ~)	taʻallam	تعلّم
van buiten leren	ḥafaẓ	حفظ
leren (bijv. ~ tellen)	taʻallam	تعلّم
in school zijn (schooljongen zijn)	daras	درس
naar school gaan	ðahab ilal madrasa	ذهب إلى المدرسة
alfabet (het)	alifbāʼ (m)	ألفباء
vak (schoolvak)	mādda (f)	مادّة
klaslokaal (het)	faṣl (m)	فصل
les (de)	dars (m)	درس
pauze (de)	istirāḥa (f)	إستراحة
bel (de)	ʒaras al madrasa (m)	جرس المدرسة
schooltafel (de)	taχta lil madrasa (m)	تختة للمدرسة
schoolbord (het)	sabbūra (f)	سبّورة
cijfer (het)	daraʒa (f)	درجة
goed cijfer (het)	daraʒa ʒayyida (f)	درجة جيّدة
slecht cijfer (het)	daraʒa ɣayr ʒayyida (f)	درجة غير جيّدة
een cijfer geven	aʻṭa daraʒa	أعطى درجة
fout (de)	χaṭaʼ (m)	خطأ
fouten maken	aχṭaʼ	أخطأ
corrigeren (fouten ~)	ṣaḥḥaḥ	صحّح
spiekbriefje (het)	waraqat ɣaʃʃ (f)	ورقة غشّ
huiswerk (het)	wāʒib manziliy (m)	واجب منزليّ
oefening (de)	tamrīn (m)	تمرين
aanwezig zijn (ww)	ḥaḍar	حضر
absent zijn (ww)	ɣāb	غاب
school verzuimen	taɣayyab ʻan al madrasa	تغيّب عن المدرسة
bestraffen (een stout kind ~)	ʻāqab	عاقب
bestraffing (de)	ʻuqūba (f),ʻiqāb (m)	عقوبة, عقاب

gedrag (het)	sulūk (m)	سلوك
cijferlijst (de)	at taqrīr al madrasiy (m)	التقرير المدرسيّ
potlood (het)	qalam ruṣāṣ (m)	قلم رصاص
gom (de)	astīka (f)	استيكة
krijt (het)	ṭabāʃīr (m)	طباشير
pennendoos (de)	maqlama (f)	مقلمة
boekentas (de)	ʃanṭat al madrasa (f)	شنطة المدرسة
pen (de)	qalam (m)	قلم
schrift (de)	daftar (m)	دفتر
leerboek (het)	kitāb taʿlīm (m)	كتاب تعليم
passer (de)	barʒal (m)	برجل
technisch tekenen (ww)	rasam rasm taqniy	رسم رسمًا تقنيًا
technische tekening (de)	rasm taqniy (m)	رسم تقنيّ
gedicht (het)	qaṣīda (f)	قصيدة
van buiten (bw)	ʿan ẓahr qalb	عن ظهر قلب
van buiten leren	ḥafaẓ	حفظ
vakantie (de)	ʿuṭla madrasiyya (f)	عطلة مدرسيّة
met vakantie zijn	ʿindahu ʿuṭla	عنده عطلة
vakantie doorbrengen	qaḍa al ʿuṭla	قضى العطلة
toets (schriftelijke ~)	imtiḥān (m)	إمتحان
opstel (het)	inʃāʼ (m)	إنشاء
dictee (het)	imlāʼ (m)	إملاء
examen (het)	imtiḥān (m)	إمتحان
examen afleggen	marr al imtiḥān	مرّ الإمتحان
experiment (het)	taʒriba (f)	تجربة

143. Hogeschool. Universiteit

academie (de)	akadīmiyya (f)	أكاديميّة
universiteit (de)	ʒāmiʿa (f)	جامعة
faculteit (de)	kulliyya (f)	كلّيّة
student (de)	ṭālib (m)	طالب
studente (de)	ṭāliba (f)	طالبة
leraar (de)	muḥāḍir (m)	محاضر
collegezaal (de)	mudarraʒ (m)	مدرّج
afgestudeerde (de)	mutaχarriʒ (m)	متخرّج
diploma (het)	diblūma (f)	دبلومة
dissertatie (de)	risāla ʿilmiyya (f)	رسالة علميّة
onderzoek (het)	dirāsa (f)	دراسة
laboratorium (het)	muχtabar (m)	مختبر
college (het)	muḥāḍara (f)	محاضرة
medestudent (de)	zamīl fiṣ ṣaff (m)	زميل في الصفّ
studiebeurs (de)	minḥa dirāsiyya (f)	منحة دراسيّة
academische graad (de)	daraʒa ʿilmiyya (f)	درجة علميّة

144. Wetenschappen. Disciplines

wiskunde (de)	riyāḍīyyāt (pl)	رياضيّات
algebra (de)	al ʒabr (m)	الجبر
meetkunde (de)	handasa (f)	هندسة
astronomie (de)	ʿilm al falak (m)	علم الفلك
biologie (de)	ʿilm al aḥyāʾ (m)	علم الأحياء
geografie (de)	ʒuɣrāfiya (f)	جغرافيا
geologie (de)	ʒiulūʒiya (f)	جيولوجيا
geschiedenis (de)	tarīχ (m)	تاريخ
geneeskunde (de)	ṭibb (m)	طبّ
pedagogiek (de)	ʿilm at tarbiya (f)	علم التربية
rechten (mv.)	qānūn (m)	قانون
fysica, natuurkunde (de)	fizyāʾ (f)	فيزياء
scheikunde (de)	kimyāʾ (f)	كيمياء
filosofie (de)	falsafa (f)	فلسفة
psychologie (de)	ʿilm an nafs (m)	علم النفس

145. Schrift. Spelling

grammatica (de)	an naḥw waṣ ṣarf (m)	النحو والصرف
vocabulaire (het)	mufradāt al luɣa (pl)	مفردات اللغة
fonetiek (de)	ṣawtīyyāt (pl)	صوتيّات
zelfstandig naamwoord (het)	ism (m)	إسم
bijvoeglijk naamwoord (het)	ṣifa (f)	صفة
werkwoord (het)	fiʿl (m)	فعل
bijwoord (het)	ẓarf (m)	ظرف
voornaamwoord (het)	ḍamīr (m)	ضمير
tussenwerpsel (het)	ḥarf nidāʾ (m)	حرف نداء
voorzetsel (het)	ḥarf al ʒarr (m)	حرف الجرّ
stam (de)	ʒiðr al kalima (m)	جذر الكلمة
achtervoegsel (het)	nihāya (f)	نهاية
voorvoegsel (het)	sābiqa (f)	سابقة
lettergreep (de)	maqṭaʿ lafẓiy (m)	مقطع لفظيّ
achtervoegsel (het)	lāḥiqa (f)	لاحقة
nadruk (de)	nabra (f)	نبرة
afkappingsteken (het)	ʿalāmat ḥaðf (f)	علامة حذف
punt (de)	nuqṭa (f)	نقطة
komma (de/het)	fāṣila (f)	فاصلة
puntkomma (de)	nuqṭa wa fāṣila (f)	نقطة وفاصلة
dubbelpunt (de)	nuqṭatān raʾsiyyatān (du)	نقطتان رأسيتان
beletselteken (het)	θalāθ nuqaṭ (pl)	ثلاث نقط
vraagteken (het)	ʿalāmat istifhām (f)	علامة إستفهام
uitroepteken (het)	ʾalāmat taʿaʒʒub (f)	علامة تعجّب

aanhalingstekens (mv.)	ʻalāmāt al iqtibās (pl)	علامات الإقتباس
tussen aanhalingstekens (bw)	bayn ʻalāmatay al iqtibās	بين علامتي الإقتباس
haakjes (mv.)	qawsān (du)	قوسان
tussen haakjes (bw)	bayn al qawsayn	بين القوسين
streepje (het)	ʻalāmat waṣl (f)	علامة وصل
gedachtestreepje (het)	ʃurṭa (f)	شرطة
spatie (~ tussen twee woorden)	farāɣ (m)	فراغ
letter (de)	ḥarf (m)	حرف
hoofdletter (de)	ḥarf kabīr (m)	حرف كبير
klinker (de)	ḥarf ṣawtiy (m)	حرف صوتيّ
medeklinker (de)	ḥarf sākin (m)	حرف ساكن
zin (de)	ʒumla (f)	جملة
onderwerp (het)	fāʻil (m)	فاعل
gezegde (het)	musnad (m)	مسند
regel (in een tekst)	saṭr (m)	سطر
op een nieuwe regel (bw)	min bidāyat as saṭr	من بداية السطر
alinea (de)	fiqra (f)	فقرة
woord (het)	kalima (f)	كلمة
woordgroep (de)	maʒmūʻa min al kalimāt (pl)	مجموعة من الكلمات
uitdrukking (de)	ʻibāra (f)	عبارة
synoniem (het)	murādif (m)	مرادف
antoniem (het)	mutaḍādd luɣawiy (m)	متضادّ
regel (de)	qāʻida (f)	قاعدة
uitzondering (de)	istiθnāʼ (m)	إستثناء
correct (bijv. ~e spelling)	ṣaḥīḥ	صحيح
vervoeging, conjugatie (de)	ṣarf (m)	صرف
verbuiging, declinatie (de)	taṣrīf al asmāʼ (m)	تصريف الأسماء
naamval (de)	ḥāla ismiyya (f)	حالة إسميّة
vraag (de)	suʼāl (m)	سؤال
onderstrepen (ww)	waḍaʻ χaṭṭ taḥt	وضع خطًا تحت
stippellijn (de)	χaṭṭ munaqqaṭ (m)	خط منقّط

146. Vreemde talen

taal (de)	luɣa (f)	لغة
vreemd (bn)	aʒnabiy	أجنبيّ
vreemde taal (de)	luɣa aʒnabiyya (f)	لغة أجنبيّة
leren (bijv. van buiten ~)	daras	درس
studeren (Nederlands ~)	taʻallam	تعلّم
lezen (ww)	qaraʼ	قرأ
spreken (ww)	takallam	تكلّم
begrijpen (ww)	fahim	فهم
schrijven (ww)	katab	كتب
snel (bw)	bi surʻa	بسرعة

langzaam (bw)	bi buṭ'	ببطء
vloeiend (bw)	bi ṭalāqa	بطلاقة
regels (mv.)	qawā'id (pl)	قواعد
grammatica (de)	an naḥw waṣ ṣarf (m)	النحو والصرف
vocabulaire (het)	mufradāt al luɣa (pl)	مفردات اللغة
fonetiek (de)	ṣawtīyyāt (pl)	صوتيّات
leerboek (het)	kitāb ta'līm (m)	كتاب تعليم
woordenboek (het)	qāmūs (m)	قاموس
leerboek (het) voor zelfstudie	kitāb ta'līm ðātiy (m)	كتاب تعليم ذاتيّ
taalgids (de)	kitāb lil 'ibārāt aʃ ʃā'i'a (m)	كتاب للعبارت الشائعة
cassette (de)	ʃarīṭ (m)	شريط
videocassette (de)	ʃarī'ṭ vidiyu (m)	شريط فيديو
CD (de)	si di (m)	سي دي
DVD (de)	di vi di (m)	دي في دي
alfabet (het)	alifbā' (m)	الفباء
spellen (ww)	tahaʒʒa	تهجّى
uitspraak (de)	nuṭq (m)	نطق
accent (het)	lukna (f)	لكنة
met een accent (bw)	bi lukna	بلكنة
zonder accent (bw)	bi dūn lukna	بدون لكنة
woord (het)	kalima (f)	كلمة
betekenis (de)	ma'na (m)	معنى
cursus (de)	dawra (f)	دورة
zich inschrijven (ww)	saʒʒal ismahu	سجّل إسمه
leraar (de)	mudarris (m)	مدرس
vertaling (een ~ maken)	tarʒama (f)	ترجمة
vertaling (tekst)	tarʒama (f)	ترجمة
vertaler (de)	mutarʒim (m)	مترجم
tolk (de)	mutarʒim fawriy (m)	مترجم فوريّ
polyglot (de)	'alīm bi 'iddat luɣāt (m)	عليم بعدّة لغات
geheugen (het)	ðākira (f)	ذاكرة

147. Sprookjesfiguren

Sinterklaas (de)	baba nuwīl (m)	بابا نويل
Assepoester (de)	sindrīla	سيندريلا
zeemeermin (de)	ḥūriyyat al baḥr (f)	حوريّة البحر
Neptunus (de)	nibtūn (m)	نبتون
magiër, tovenaar (de)	sāḥir (m)	ساحر
goede heks (de)	sāḥira (f)	ساحرة
magisch (bn)	siḥriy	سحريّ
toverstokje (het)	'aṣa siḥriyya (f)	عصا سحريّة
sprookje (het)	ḥikāya χayāliyya (f)	حكاية خياليّة
wonder (het)	mu'ʒiza (f)	معجزة

dwerg (de)	qazam (m)	قزم
veranderen in ... (anders worden)	taḥawwal ila ...	تحوّل إلى...
geest (de)	ʃabaḥ (m)	شبح
spook (het)	ʃabaḥ (m)	شبح
monster (het)	waḥʃ (m)	وحش
draak (de)	tinnīn (m)	تنّين
reus (de)	ʿimlāq (m)	عملاق

148. Dierenriem

Ram (de)	burʒ al ḥamal (m)	برج الحمل
Stier (de)	burʒ aθ θawr (m)	برج الثور
Tweelingen (mv.)	burʒ al ʒawzāʾ (m)	برج الجوزاء
Kreeft (de)	burʒ as saraṭān (m)	برج السرطان
Leeuw (de)	burʒ al asad (m)	برج الأسد
Maagd (de)	burʒ al ʿaðrāʾ (m)	برج العذراء
Weegschaal (de)	burʒ al mīzān (m)	برج الميزان
Schorpioen (de)	burʒ al ʿaqrab (m)	برج العقرب
Boogschutter (de)	burʒ al qaws (m)	برج القوس
Steenbok (de)	burʒ al ʒaday (m)	برج الجدي
Waterman (de)	burʒ ad dalw (m)	برج الدلو
Vissen (mv.)	burʒ al ḥūt (m)	برج الحوت
karakter (het)	ṭabʿ (m)	طبع
karaktertrekken (mv.)	aṣ ṣifāt aʃ ʃaχṣiyya (pl)	الصفات الشخصيّة
gedrag (het)	sulūk (m)	سلوك
waarzeggen (ww)	tanabbaʾ	تنبّأ
waarzegster (de)	ʿarrāfa (f)	عرّافة
horoscoop (de)	tawaqquʿāt al abrāʒ (pl)	توقّعات الأبراج

Kunst

149. Theater

theater (het)	masraḥ (m)	مسرح
opera (de)	ubra (f)	أوبرا
operette (de)	ubirīt (f)	أوبريت
ballet (het)	balīh (m)	باليه
affiche (de/het)	mulṣaq (m)	ملصق
theatergezelschap (het)	firqa (f)	فرقة
tournee (de)	ʒawlat fannānīn (f)	جولة فنّانين
op tournee zijn	taʒawwal	تجوّل
repeteren (ww)	aʒra bruvāt	أجرى بروفات
repetitie (de)	brūva (f)	بروفة
repertoire (het)	barnāmaʒ al masraḥ (m)	برنامج المسرح
voorstelling (de)	adā' fanniy (m)	أداء فنّي
spektakel (het)	'arḍ masraḥiy (m)	عرض مسرحي
toneelstuk (het)	masraḥiyya (f)	مسرحيّة
biljet (het)	taðkira (f)	تذكرة
kassa (de)	ʃubbāk at taðākir (m)	شبّاك التذاكر
foyer (de)	ṣāla (f)	صالة
garderobe (de)	ɣurfat al ma'āṭif (f)	غرفة المعاطف
garderobe nummer (het)	biṭāqat īdā' al ma'āṭif (f)	بطاقة إيداع المعاطف
verrekijker (de)	minẓār (m)	منظار
plaatsaanwijzer (de)	ḥāʒib (m)	حاجب
parterre (de)	karāsi al urkistra (pl)	كراسي الأوركسترا
balkon (het)	balakūna (f)	بلكونة
gouden rang (de)	ʃurfa (f)	شرفة
loge (de)	lūʒ (m)	لوج
rij (de)	ṣaff (m)	صفّ
plaats (de)	maq'ad (m)	مقعد
publiek (het)	ʒumhūr (m)	جمهور
kijker (de)	muʃāhid (m)	مشاهد
klappen (ww)	ṣaffaq	صفّق
applaus (het)	taṣfīq (m)	تصفيق
ovatie (de)	taṣfīq ḥārr (m)	تصفيق حارّ
toneel (op het ~ staan)	xaʃabat al masraḥ (f)	خشبة المسرح
gordijn, doek (het)	sitāra (f)	ستارة
toneeldecor (het)	dikūr (m)	ديكور
backstage (de)	kawalīs (pl)	كواليس
scène (de)	maʃhad (m)	مشهد
bedrijf (het)	faṣl (m)	فصل
pauze (de)	istirāḥa (f)	إستراحة

150. Bioscoop

acteur (de)	mumaθθil (m)	ممثّل
actrice (de)	mumaθθila (f)	ممثّلة
bioscoop (de)	sinima (f)	سينما
speelfilm (de)	film sinimā'iy (m)	فيلم سينمائيّ
aflevering (de)	ʒuz' min al film (m)	جزء من الفيلم
detectivefilm (de)	film bulīsiy (m)	فيلم بوليسيّ
actiefilm (de)	film ḥaraka (m)	فيلم حركة
avonturenfilm (de)	film muɣāmarāt (m)	فيلم مغامرات
sciencefictionfilm (de)	film χayāl 'ilmiy (m)	فيلم خيال علميّ
griezelfilm (de)	film ru'b (m)	فيلم رعب
komedie (de)	film kumīdiya (f)	فيلم كوميديا
melodrama (het)	miludrāma (m)	ميلودراما
drama (het)	drāma (f)	دراما
speelfilm (de)	film fanniy (m)	فيلم فنّيّ
documentaire (de)	film waθā'iqiy (m)	فيلم وثائقيّ
tekenfilm (de)	film kartūn (m)	فيلم كرتون
stomme film (de)	sinima ṣāmita (f)	سينما صامتة
rol (de)	dawr (m)	دور
hoofdrol (de)	dawr ra'īsi (m)	دور رئيسي
spelen (ww)	maθθal	مثّل
filmster (de)	naʒm sinimā'iy (m)	نجم سينمائيّ
bekend (bn)	ma'rūf	معروف
beroemd (bn)	maʃhūr	مشهور
populair (bn)	maḥbūb	محبوب
scenario (het)	sināriyu (m)	سيناريو
scenarioschrijver (de)	kātib sināriyu (m)	كاتب سيناريو
regisseur (de)	muχriʒ (m)	مخرج
filmproducent (de)	muntiʒ (m)	منتج
assistent (de)	musā'id (m)	مساعد
cameraman (de)	muṣawwir (m)	مصوّر
stuntman (de)	mu'addi maʃahid χaṭīra (m)	مؤدّي مشاهد خطيرة
stuntdubbel (de)	mumaθθil badīl (m)	ممثّل بديل
een film maken	ṣawwar film	صوّر فيلمًا
auditie (de)	taʒribat adā' (f)	تجربة أداء
opnamen (mv.)	taṣwīr (m)	تصوير
filmploeg (de)	ṭāqim al film (m)	طاقم الفيلم
filmset (de)	mintaqat at taṣwīr (f)	منطقة التصوير
filmcamera (de)	kamira sinimā'iyya (f)	كاميرا سينمائيّة
bioscoop (de)	sinima (f)	سينما
scherm (het)	ʃāʃa (f)	شاشة
een film vertonen	'araḍ film	عرض فيلمًا
geluidsspoor (de)	musīqa taṣwīriyya (f)	موسيقى تصويريّة
speciale effecten (mv.)	mu'aθθirāt χāṣṣa (pl)	مؤثّرات خاصّة

ondertiteling (de)	tarʒamat al ḥiwār (f)	ترجمة الحوار
voortiteling, aftiteling (de)	ʃārat an nihāya (f)	شارة النهاية
vertaling (de)	tarʒama (f)	ترجمة

151. Schilderij

kunst (de)	fann (m)	فنّ
schone kunsten (mv.)	funūn ʒamīla (pl)	فنون جميلة
kunstgalerie (de)	maʿraḍ fanniy (m)	معرض فنّي
kunsttentoonstelling (de)	maʿraḍ fanniy (m)	معرض فنّي
schilderkunst (de)	taṣwīr (m)	تصوير
grafiek (de)	rusūmiyyāt (pl)	رسوميّات
abstracte kunst (de)	fann taʒrīdiy (m)	فنّ تجريديّ
impressionisme (het)	al inṭibāʿiyya (f)	الإنطباعيّة
schilderij (het)	lawḥa (f)	لوحة
tekening (de)	rasm (m)	رسم
poster (de)	mulṣaq iʿlāniy (m)	ملصق إعلانيّ
illustratie (de)	rasm tawḍīḥiy (m)	رسم توضيحي
miniatuur (de)	ṣūra muṣaɣɣara (f)	صورة مصغّرة
kopie (de)	nusχa (f)	نسخة
reproductie (de)	nusχa ṭibq al aṣl (f)	نسخة طبق الأصل
mozaïek (het)	fusayfisāʾ (f)	فسيفساء
gebrandschilderd glas (het)	zuʒāʒ muʿaʃʃaq (m)	زجاج معشّق
fresco (het)	taṣwīr ʒiṣṣiy (m)	تصوير جصّي
gravure (de)	naqʃ (m)	نقش
buste (de)	timθāl niṣfiy (m)	تمثال نصفيّ
beeldhouwwerk (het)	naḥt (m)	نحت
beeld (bronzen ~)	timθāl (m)	تمثال
gips (het)	ʒībs (m)	جيبس
gipsen (bn)	min al ʒībs	من الجيبس
portret (het)	burtrī (m)	بورتريه
zelfportret (het)	burtrīh ðātiy (m)	بورتريه ذاتيّ
landschap (het)	lawḥat manẓar ṭabīʿiy (f)	لوحة منظر طبيعيّ
stilleven (het)	ṭabīʿa ṣāmita (f)	طبيعة صامتة
karikatuur (de)	ṣūra karikaturiyya (f)	صورة كاريكاتوريّة
schets (de)	rasm tamhīdiy (m)	رسم تمهيديّ
verf (de)	lawn (m)	لون
aquarel (de)	alwān māʾiyya (m)	ألوان مائية
olieverf (de)	zayt (m)	زيت
potlood (het)	qalam ruṣāṣ (m)	قلم رصاص
Oostindische inkt (de)	ḥibr hindiy (m)	حبر هنديّ
houtskool (de)	faḥm (m)	فحم
tekenen (met krijt)	rasam	رسم
schilderen (ww.)	rasam	رسم
poseren (ww)	qaʿad	قعد
naaktmodel (man)	mudil ḥay (m)	موديل حيّ

naaktmodel (vrouw)	mudil ḥay (m)	موديل حيّ
kunstenaar (de)	rassām (m)	رسّام
kunstwerk (het)	'amal fanniy (m)	عمل فنّيّ
meesterwerk (het)	tuḥfa fanniyya (f)	تحفة فنية
studio, werkruimte (de)	warʃa (f)	ورشة
schildersdoek (het)	kanava (f)	كانفا
schildersezel (de)	musnad ar rasm (m)	مسند الرسم
palet (het)	lawḥat al alwān (f)	لوحة الألوان
lijst (een vergulde ~)	iṭār (m)	إطار
restauratie (de)	tarmīm (m)	ترميم
restaureren (ww)	rammam	رمّم

152. Literatuur & Poëzie

literatuur (de)	adab (m)	أدب
auteur (de)	mu'allif (m)	مؤلّف
pseudoniem (het)	ism musta'ār (m)	إسم مستعار
boek (het)	kitāb (m)	كتاب
boekdeel (het)	muʒallad (m)	مجلّد
inhoudsopgave (de)	fihris (m)	فهرس
pagina (de)	ṣafḥa (f)	صفحة
hoofdpersoon (de)	aʃ ʃaχṣiyya ar ra'īsiyya (f)	الشخصيّة الرئيسيّة
handtekening (de)	tawqī' al mu'allif (m)	توقيع المؤلّف
verhaal (het)	qiṣṣa qaṣīra (f)	قصّة قصيرة
novelle (de)	qiṣṣa (f)	قصّة
roman (de)	riwāya (f)	رواية
werk (literatuur)	mu'allif (m)	مؤلّف
fabel (de)	ḥikāya (f)	حكاية
detectiveroman (de)	riwāya bulīsiyya (f)	رواية بوليسيّة
gedicht (het)	qaṣīda (f)	قصيدة
poëzie (de)	ʃi'r (m)	شعر
epos (het)	qaṣīda (f)	قصيدة
dichter (de)	ʃā'ir (m)	شاعر
fictie (de)	adab ʒamīl (m)	أدب جميل
sciencefiction (de)	χayāl 'ilmiy (m)	خيال علميّ
avonturenroman (de)	adab al muɣāmarāt (m)	أدب المغامرات
opvoedkundige literatuur (de)	adab tarbawiy (m)	أدب تربويّ
kinderliteratuur (de)	adab al aṭfāl (m)	أدب الأطفال

153. Circus

circus (de/het)	sirk (m)	سيرك
chapiteau circus (de/het)	sirk mutanaqqil (m)	سيرك متنقّل
programma (het)	barnāmaʒ (m)	برنامج
voorstelling (de)	adā' fanniy (m)	أداء فنّيّ
nummer (circus ~)	dawr (m)	دور

arena (de)	ḥalbat as sirk (f)	حلبة السيرك
pantomime (de)	'arḍ 'īmā'y (m)	عرض إيمائي
clown (de)	muharriʒ (m)	مهرّج
acrobaat (de)	bahlawān (m)	بهلوان
acrobatiek (de)	al'āb bahlawāniyya (f)	ألعاب بهلوانيّة
gymnast (de)	lā'ib ʒumbāz (m)	لاعب جنباز
gymnastiek (de)	ʒumbāz (m)	جنباز
salto (de)	ʃaqlaba (f)	شقلبة
sterke man (de)	lā'ib riyāḍiy (m)	لاعب رياضيّ
temmer (de)	murawwiḍ (m)	مروّض
ruiter (de)	fāris (m)	فارس
assistent (de)	musā'id (m)	مساعد
stunt (de)	al'āb bahlawāniyya (f)	ألعاب بهلوانيّة
goocheltruc (de)	χid'a siḥriyya (f)	خدعة سحريّة
goochelaar (de)	sāḥir (m)	ساحر
jongleur (de)	bahlawān (m)	بهلوان
jongleren (ww)	la'ib bi kurāt 'adīda	لعب بكرات عديدة
dierentrainer (de)	mudarrib ḥayawānāt (m)	مدرّب حيوانات
dressuur (de)	tadrīb al ḥayawānāt (m)	تدريب الحيوانات
dresseren (ww)	darrab	درّب

154. Muziek. Popmuziek

muziek (de)	musīqa (f)	موسيقى
muzikant (de)	'āzif (m)	عازف
muziekinstrument (het)	'āla musiqiyya (f)	آلة موسيقيّة
spelen (bijv. gitaar ~)	'azaf ...	عزف...
gitaar (de)	gitār (m)	جيتار
viool (de)	kamān (m)	كمان
cello (de)	tʃīlu (m)	تشيلو
contrabas (de)	kamān aʒhar (m)	كمان أجهر
harp (de)	qiθār (m)	قيثار
piano (de)	biānu (m)	بيانو
vleugel (de)	biānu kibīr (m)	بيانو كبير
orgel (het)	arɣan (m)	أرغن
blaasinstrumenten (mv.)	'ālāt nafχiyya (pl)	آلات نفخيّة
hobo (de)	ubwa (m)	أوبوا
saxofoon (de)	saksufūn (m)	ساكسوفون
klarinet (de)	klarnīt (m)	كلارنيت
fluit (de)	flut (m)	فلوت
trompet (de)	būq (m)	بوق
accordeon (de/het)	ukurdiūn (m)	أكورديون
trommel (de)	ṭabla (f)	طبلة
duet (het)	θunā'iy (m)	ثنائيّ
trio (het)	θulāθy (m)	ثلاثيّ

kwartet (het)	rubāʿiy (m)	رباعيّ
koor (het)	χūrus (m)	خورس
orkest (het)	urkistra (f)	أوركسترا
popmuziek (de)	musīqa al bub (f)	موسيقى البوب
rockmuziek (de)	musīqa ar rūk (f)	موسيقى الروك
rockgroep (de)	firqat ar rūk (f)	فرقة الروك
jazz (de)	ʒāz (m)	جاز
idool (het)	maʿbūd (m)	معبود
bewonderaar (de)	muʿʒab (m)	معجب
concert (het)	ḥafla mūsiqiyya (f)	حفلة موسيقيّة
symfonie (de)	simfūniyya (f)	سمفونيّة
compositie (de)	qiṭʿa mūsiqiyya (f)	قطعة موسيقيّة
componeren (muziek ~)	allaf	ألّف
zang (de)	ɣināʾ (m)	غناء
lied (het)	uɣniyya (f)	أغنيّة
melodie (de)	laḥn (m)	لحن
ritme (het)	ʾīqāʿ (m)	إيقاع
blues (de)	musīqa al blūz (f)	موسيقى البلوز
bladmuziek (de)	nutāt (pl)	نوتات
dirigeerstok (baton)	ʿaṣa al mayistru (m)	عصا المايسترو
strijkstok (de)	qaws (m)	قوس
snaar (de)	watar (m)	وتر
koffer (de)	ʃanṭa (f)	شنطة

Rusten. Entertainment. Reizen

155. Trip. Reizen

toerisme (het)	siyāḥa (f)	سياحة
toerist (de)	sā'iḥ (m)	سائح
reis (de)	riḥla (f)	رحلة
avontuur (het)	muɣāmara (f)	مغامرة
tocht (de)	riḥla (f)	رحلة
vakantie (de)	'uṭla (f)	عطلة
met vakantie zijn	'indahu 'uṭla	عنده عطلة
rust (de)	istirāḥa (f)	إستراحة
trein (de)	qiṭār (m)	قطار
met de trein	bil qiṭār	بالقطار
vliegtuig (het)	ṭā'ira (f)	طائرة
met het vliegtuig	biṭ ṭā'ira	بالطائرة
met de auto	bis sayyāra	بالسيّارة
per schip (bw)	bis safīna	بالسفينة
bagage (de)	aʃ ʃunaṭ (pl)	الشنط
valies (de)	ḥaqībat safar (f)	حقيبة سفر
bagagekarretje (het)	'arabat ʃunaṭ (f)	عربة شنط
paspoort (het)	ʒawāz as safar (m)	جواز السفر
visum (het)	ta'ʃīra (f)	تأشيرة
kaartje (het)	taðkira (f)	تذكرة
vliegticket (het)	taðkirat ṭā'ira (f)	تذكرة طائرة
reisgids (de)	dalīl (m)	دليل
kaart (de)	χarīṭa (f)	خريطة
gebied (landelijk ~)	mintaqa (f)	منطقة
plaats (de)	makān (m)	مكان
exotische bestemming (de)	ɣarāba (f)	غرابة
exotisch (bn)	ɣarīb	غريب
verwonderlijk (bn)	mudhiʃ	مدهش
groep (de)	maʒmū'a (f)	مجموعة
rondleiding (de)	ʒawla (f)	جولة
gids (de)	murʃid (m)	مرشد

156. Hotel

hotel (het)	funduq (m)	فندق
motel (het)	mutīl (m)	موتيل
3-sterren	θalāθat nuʒūm	ثلاثة نجوم

5-sterren	χamsat nuʒūm	خمسة نجوم
overnachten (ww)	nazal	نزل
kamer (de)	ɣurfa (f)	غرفة
eenpersoonskamer (de)	ɣurfa li ʃaχṣ wāḥid (f)	غرفة لشخص واحد
tweepersoonskamer (de)	ɣurfa li ʃaχṣayn (f)	غرفة لشخصين
een kamer reserveren	ḥaʒaz ɣurfa	حجز غرفة
halfpension (het)	waʒbitān fil yawm (du)	وجبتان في اليوم
volpension (het)	θalāθ waʒabāt fil yawm	ثلاث وجبات في اليوم
met badkamer	bi ḥawḍ al istiḥmām	بحوض الإستحمام
met douche	bid duʃ	بالدوش
satelliet-tv (de)	tilivizyūn faḍā'iy (m)	تلفزيون فضائيّ
airconditioner (de)	takyīf (m)	تكييف
handdoek (de)	fūṭa (f)	فوطة
sleutel (de)	miftāḥ (m)	مفتاح
administrateur (de)	mudīr (m)	مدير
kamermeisje (het)	'āmilat tanẓīf ɣuraf (f)	عاملة تنظيف غرف
piccolo (de)	ḥammāl (m)	حمّال
portier (de)	bawwāb (m)	بوّاب
restaurant (het)	maṭ'am (m)	مطعم
bar (de)	bār (m)	بار
ontbijt (het)	fuṭūr (m)	فطور
avondeten (het)	'aʃā' (m)	عشاء
buffet (het)	bufīh (m)	بوفيه
hal (de)	radha (f)	ردهة
lift (de)	miṣ'ad (m)	مصعد
NIET STOREN	ar raʒā' 'adam al iz'āʒ	الرجاء عدم الإزعاج
VERBODEN TE ROKEN!	mamnū' at tadχīn	ممنوع التدخين

157. Boeken. Lezen

boek (het)	kitāb (m)	كتاب
auteur (de)	mu'allif (m)	مؤلّف
schrijver (de)	kātib (m)	كاتب
schrijven (een boek)	allaf	ألّف
lezer (de)	qāri' (m)	قارئ
lezen (ww)	qara'	قرأ
lezen (het)	qirā'a (f)	قراءة
stil (~ lezen)	sirran	سرًا
hardop (~ lezen)	bi ṣawt 'āli	بصوت عال
uitgeven (boek ~)	naʃar	نشر
uitgeven (het)	naʃr (m)	نشر
uitgever (de)	nāʃir (m)	ناشر
uitgeverij (de)	dār aṭ ṭibā'a wan naʃr (f)	دار الطباعة والنشر
verschijnen (bijv. boek)	ṣadar	صدر

verschijnen (het)	ṣudūr (m)	صدور
oplage (de)	ʿadad an nusaχ (m)	عدد النسخ
boekhandel (de)	maḥall kutub (m)	محلّ كتب
bibliotheek (de)	maktaba (f)	مكتبة
novelle (de)	qiṣṣa (f)	قصّة
verhaal (het)	qiṣṣa qaṣīra (f)	قصّة قصيرة
roman (de)	riwāya (f)	رواية
detectiveroman (de)	riwāya bulīsiyya (f)	رواية بوليسيّة
memoires (mv.)	muðakkirāt (pl)	مذكّرات
legende (de)	usṭūra (f)	أسطورة
mythe (de)	χurāfa (f)	خرافة
gedichten (mv.)	ʃiʿr (m)	شعر
autobiografie (de)	sīrat ḥayāt (f)	سيرة حياة
bloemlezing (de)	muχtārāt (pl)	مختارات
sciencefiction (de)	χayāl ʿilmiy (m)	خيال علميّ
naam (de)	ʿunwān (m)	عنوان
inleiding (de)	muqaddima (f)	مقدّمة
voorblad (het)	ṣafḥat al ʿunwān (f)	صفحة العنوان
hoofdstuk (het)	faṣl (m)	فصل
fragment (het)	qiṭʿa (f)	قطعة
episode (de)	maʃhad (m)	مشهد
intrige (de)	mawḍūʿ (m)	موضوع
inhoud (de)	muḥtawayāt (pl)	محتويات
inhoudsopgave (de)	fihris (m)	فهرس
hoofdpersonage (het)	aʃ ʃaχṣiyya ar raʾīsiyya (f)	الشخصيّة الرئيسيّة
boekdeel (het)	muʒallad (m)	مجلّد
omslag (de/het)	ɣilāf (m)	غلاف
boekband (de)	taʒlīd (m)	تجليد
bladwijzer (de)	ʃarīṭ (m)	شريط
pagina (de)	ṣafḥa (f)	صفحة
bladeren (ww)	qallab aṣ ṣafaḥāt	قلّب الصفحات
marges (mv.)	hāmiʃ (m)	هامش
annotatie (de)	mulāḥaza (f)	ملاحظة
opmerking (de)	mulāḥaza (f)	ملاحظة
tekst (de)	naṣṣ (m)	نصّ
lettertype (het)	nawʿ al χaṭṭ (m)	نوع الخطّ
drukfout (de)	χaṭaʾ maṭbaʿiy (m)	خطأ مطبعيّ
vertaling (de)	tarʒama (f)	ترجمة
vertalen (ww)	tarʒam	ترجم
origineel (het)	aṣliy (m)	أصليّ
beroemd (bn)	maʃhūr	مشهور
onbekend (bn)	ɣayr maʿrūf	غير معروف
interessant (bn)	mumtiʿ	ممتع
bestseller (de)	akθar mabīʿan (m)	أكثر مبيعًا

woordenboek (het)	qāmūs (m)	قاموس
leerboek (het)	kitāb ta'līm (m)	كتاب تعليم
encyclopedie (de)	mawsū'a (f)	موسوعة

158. Jacht. Vissen

jacht (de)	ṣayd (m)	صيد
jagen (ww)	iṣṭād	إصطاد
jager (de)	ṣayyād (m)	صيّاد
schieten (ww)	aṭlaq an nār	أطلق النار
geweer (het)	bunduqiyya (f)	بندقيّة
patroon (de)	ruṣāṣa (f)	رصاصة
hagel (de)	raʃʃ (m)	رشّ
val (de)	maṣyada (f)	مصيدة
valstrik (de)	faχχ (m)	فخّ
in de val trappen	waqa' fi faχχ	وقع في فخّ
een val zetten	naṣab faχχ	نصب فخّا
stroper (de)	sāriq aṣ ṣayd (m)	سارق الصيد
wild (het)	ṣayd (m)	صيد
jachthond (de)	kalb ṣayd (m)	كلب صيد
safari (de)	safāri (m)	سفاري
opgezet dier (het)	ḥayawān muḥannaṭ (m)	حيوان محنّط
visser (de)	ṣayyād as samak (m)	صيّاد السمك
visvangst (de)	ṣayd as samak (m)	صيد السمك
vissen (ww)	iṣṭād as samak	إصطاد السمك
hengel (de)	ṣannāra (f)	صنّارة
vislijn (de)	χayṭ (m)	خيط
haak (de)	ʃaṣṣ aṣ ṣayd (m)	شصّ الصيد
dobber (de)	'awwāma (f)	عوّامة
aas (het)	ṭu'm (m)	طعم
de hengel uitwerpen	ṭaraḥ aṣ ṣinnāra	طرح الصنّارة
bijten (ov. de vissen)	'aḍḍ	عضّ
vangst (de)	as samak al muṣṭād (m)	السمك المصطاد
wak (het)	fatḥa fil ʒalīd (f)	فتحة في الجليد
net (het)	ʃabakat aṣ ṣayd (f)	شبكة الصيد
boot (de)	markab (m)	مركب
vissen met netten	iṣṭād biʃ ʃabaka	إصطاد بالشبكة
het net uitwerpen	rama ʃabaka	رمى شبكة
het net binnenhalen	aχraʒ ʃabaka	أخرج شبكة
in het net vallen	waqa' fi ʃabaka	وقع في شبكة
walvisvangst (de)	ṣayyād al ḥūt (m)	صيّاد الحوت
walvisvaarder (de)	safīnat ṣayd al ḥītān (f)	سفينة صيد الحيتان
harpoen (de)	ḥarba (f)	حربة

159. Spellen. Biljart

biljart (het)	bilyārdu (m)	بلياردو
biljartzaal (de)	qā'at bilyārdu (m)	قاعة بلياردو
biljartbal (de)	kura (f)	كرة
een bal in het gat jagen	aṣqaṭ kura	أصقط كرة
keu (de)	'aṣa bilyardu (f)	عصا بلياردو
gat (het)	ʒayb bilyārdu (m)	جيب بلياردو

160. Spellen. Speelkaarten

ruiten (mv.)	ad dināriy (m)	الديناريّ
schoppen (mv.)	al bastūniy (m)	البستونيّ
klaveren (mv.)	al kūba (f)	الكوبة
harten (mv.)	as sibātiy (m)	السباتيّ
aas (de)	'ās (m)	آس
koning (de)	malik (m)	ملك
dame (de)	malika (f)	ملكة
boer (de)	walad (m)	ولد
speelkaart (de)	waraqa (f)	ورقة
kaarten (mv.)	waraq (m)	ورق
troef (de)	waraqa rābiḥa (f)	ورقة رابحة
pak (het) kaarten	dasta waraq al la'b (f)	دستة ورق اللعب
punt (bijv. vijftig ~en)	nuqṭa (f)	نقطة
uitdelen (kaarten ~)	farraq	فرّق
schudden (de kaarten ~)	χallaṭ	خلّط
beurt (de)	dawr (m)	دور
valsspeler (de)	muḥtāl fil qimār (m)	محتال في القمار

161. Casino. Roulette

casino (het)	kazinu (m)	كازينو
roulette (de)	rulīt (m)	روليت
inzet (de)	rihān (m)	رهان
een bod doen	waḍa' ar rihān	وضع الرهان
rood (de)	aḥmar (m)	أحمر
zwart (de)	aswad (m)	أسود
inzetten op rood	wada' ar rihān 'alal aḥmar	وضع الرهان على الأحمر
inzetten op zwart	wada' ar rihān 'alal aswad	وضع الرهان على الأسود
croupier (de)	muwaẓẓaf nādi al qimār (m)	موظف نادى القمار
de cilinder draaien	dawwar al 'aʒala	دوّر العجلة
spelregels (mv.)	qawā'id (pl)	قواعد
fiche (pokerfiche, etc.)	fīʃa (f)	فيشة
winnen (ww)	kasab	كسب
winst (de)	ribḥ (m)	ربح

verliezen (ww)	χasir	خسر
verlies (het)	χisāra (f)	خسارة
speler (de)	lā'ib (m)	لاعب
blackjack (kaartspel)	blɛkdʒɛk (m)	بلاك جاك
dobbelspel (het)	lu'bat an nard (f)	لعبة النرد
dobbelstenen (mv.)	zahr an nard (m)	زهر النرد
speelautomaat (de)	'ālat qumār (f)	آلة قمار

162. Rusten. Spellen. Diversen

wandelen (on.ww.)	tanazzah	تنزّه
wandeling (de)	tanazzuh (m)	تنزّه
trip (per auto)	ʒawla bis sayyāra (f)	جولة بالسيّارة
avontuur (het)	muγāmara (f)	مغامرة
picknick (de)	nuzha (f)	نزهة
spel (het)	lu'ba (f)	لعبة
speler (de)	lā'ib (m)	لاعب
partij (de)	dawr (m)	دور
collectioneur (de)	ʒāmi' (m)	جامع
collectioneren (ww)	ʒama'	جمع
collectie (de)	maʒmū'a (f)	مجموعة
kruiswoordraadsel (het)	kalimāt mutaqāṭi'a (pl)	كلمات متقاطعة
hippodroom (de)	ḥalbat sibāq al χuyūl (f)	حلبة سباق الخيول
discotheek (de)	disku (m)	ديسكو
sauna (de)	sāuna (f)	ساونا
loterij (de)	yanaṣīb (m)	يانصيب
trektocht (kampeertocht)	riḥlat taχyīm (f)	رحلة تخييم
kamp (het)	muχayyam (m)	مخيّم
tent (de)	χayma (f)	خيمة
kompas (het)	būṣila (f)	بوصلة
rugzaktoerist (de)	muχayyim (m)	مخيّم
bekijken (een film ~)	ʃāhid	شاهد
kijker (televisie~)	muʃāhid (m)	مشاهد
televisie-uitzending (de)	barnāmaʒ tiliviziyūniy (m)	برنامج تليفزيونيّ

163. Fotografie

fotocamera (de)	kamira (f)	كاميرا
foto (de)	ṣūra (f)	صورة
fotograaf (de)	muṣawwir (m)	مصوّر
fotostudio (de)	istūdiyu taṣwīr (m)	إستوديو تصوير
fotoalbum (het)	albūm aṣ ṣuwar (m)	ألبوم الصور
lens (de), objectief (het)	'adasa (f)	عدسة
telelens (de)	'adasa tiliskūpiyya (f)	عدسة تلسكوبيّة

filter (de/het)	filtir (m)	فلتر
lens (de)	ʻadasa (f)	عدسة
optiek (de)	aʒhiza baṣariyya (pl)	أجهزة بصريّة
diafragma (het)	buʼra (f)	بؤرة
belichtingstijd (de)	muddat at taʻrīḍ (f)	مدّة التعريض
zoeker (de)	al ʻayn al fāḥiṣa (f)	العين الفاحصة
digitale camera (de)	kamira raqmiyya (f)	كاميرا رقميّة
statief (het)	ḥāmil θulāθiy (m)	حامل ثلاثيّ
flits (de)	flāʃ (m)	فلاش
fotograferen (ww)	ṣawwar	صوّر
foto's maken	ṣawwar	صوّر
zich laten fotograferen	taṣawwar	تصوّر
focus (de)	buʼrat al ʻadasa (f)	بؤرة العدسة
scherpstellen (ww)	rakkaz	ركّز
scherp (bn)	wāḍiḥ	واضح
scherpte (de)	wuḍūḥ (m)	وضوح
contrast (het)	tabāyun (m)	تباين
contrastrijk (bn)	mutabāyin	متباين
kiekje (het)	ṣūra (f)	صورة
negatief (het)	ṣūra sāliba (f)	صورة سالبة
filmpje (het)	film (m)	فيلم
beeld (frame)	iṭār (m)	إطار
afdrukken (foto's ~)	ṭabaʻ	طبع

164. Strand. Zwemmen

strand (het)	ʃāṭiʼ (m)	شاطئ
zand (het)	raml (m)	رمل
leeg (~ strand)	mahʒūr	مهجور
bruine kleur (de)	sumrat al baʃara (f)	سمرة البشرة
zonnebaden (ww)	taʃammas	تشمّس
gebruind (bn)	asmar	أسمر
zonnecrème (de)	krīm wāqi aʃ ʃams (m)	كريم واقي الشمس
bikini (de)	bikini (m)	بكيني
badpak (het)	libās sibāḥa (m)	لباس سباحة
zwembroek (de)	libās sibāḥa riʒāliy (m)	لباس سباحة رجاليّ
zwembad (het)	masbaḥ (m)	مسبح
zwemmen (ww)	sabaḥ	سبح
douche (de)	dūʃ (m)	دوش
zich omkleden (ww)	ɣayyar libāsuh	غيّر لباسه
handdoek (de)	fūṭa (f)	فوطة
boot (de)	markab (m)	مركب
motorboot (de)	lanʃ (m)	لنش
waterski's (mv.)	tazalluʒ ʻalal māʼ (m)	تزلج على الماء

waterfiets (de)	ʿaʒala māʾiyya (f)	عجلة مائيّة
surfen (het)	rukūb al amwāʒ (m)	ركوب الأمواج
surfer (de)	rākib al amwāʒ (m)	راكب الأمواج
scuba, aqualong (de)	ʒihāz at tanaffus (m)	جهاز التنفّس
zwemvliezen (mv.)	zaʿānif as sibāḥa (pl)	زعانف السباحة
duikmasker (het)	kimāma (f)	كمامة
duiker (de)	ɣawwāṣ (m)	غوّاص
duiken (ww)	ɣāṣ	غاص
onder water (bw)	taḥt al māʾ	تحت الماء
parasol (de)	ʃamsiyya (f)	شمسيّة
ligstoel (de)	kursiy blāʒ (m)	كرسيّ بلاج
zonnebril (de)	naẓẓārat ʃams (f)	نظّارة شمس
luchtmatras (de/het)	martaba hawāʾiyya (f)	مرتبة هوائيّة
spelen (ww)	laʿib	لعب
gaan zwemmen (ww)	sabaḥ	سبح
bal (de)	kura (f)	كرة
opblazen (oppompen)	nafaχ	نفخ
lucht-, opblaasbare (bn)	qābil lin nafχ	قابل للنفخ
golf (hoge ~)	mawʒa (f)	موجة
boei (de)	ʃamandūra (f)	شمندورة
verdrinken (ww)	ɣariq	غرق
redden (ww)	anqað	أنقذ
reddingsvest (de)	sutrat naʒāt (f)	سترة نجاة
waarnemen (ww)	rāqab	راقب
redder (de)	ḥāris ʃāṭiʾ (m)	حارس شاطئ

TECHNISCHE APPARATUUR. VERVOER

Technische apparatuur

165. Computer

computer (de)	kumbyūtir (m)	كمبيوتر
laptop (de)	kumbyūtir maḥmūl (m)	كمبيوتر محمول
aanzetten (ww)	ʃaɣɣal	شغّل
uitzetten (ww)	aɣlaq	أغلق
toetsenbord (het)	lawḥat al mafātīḥ (f)	لوحة المفاتيح
toets (enter~)	miftāḥ (m)	مفتاح
muis (de)	fa'ra (f)	فأرة
muismat (de)	wisādat fa'ra (f)	وسادة فأرة
knopje (het)	zirr (m)	زرّ
cursor (de)	mu'aʃʃir (m)	مؤشّر
monitor (de)	ʃāʃa (f)	شاشة
scherm (het)	ʃāʃa (f)	شاشة
harde schijf (de)	qurṣ ṣalib (m)	قرص صلب
volume (het) van de harde schijf	si'at taχzīn (f)	سعة تخزين
geheugen (het)	ðākira (f)	ذاكرة
RAM-geheugen (het)	ðākirat al wuṣūl al 'aʃwā'iy (f)	ذاكرة الوصول العشوائيّ
bestand (het)	malaff (m)	ملفّ
folder (de)	ḥāfiẓa (m)	حافظة
openen (ww)	fataḥ	فتح
sluiten (ww)	aɣlaq	أغلق
opslaan (ww)	ḥafaẓ	حفظ
verwijderen (wissen)	masaḥ	مسح
kopiëren (ww)	nasaχ	نسخ
sorteren (ww)	ṣannaf	صنّف
overplaatsen (ww)	naqal	نقل
programma (het)	barnāmaʒ (m)	برنامج
software (de)	barāmiʒ kumbyūtir (pl)	برامج كمبيوتر
programmeur (de)	mubarmiʒ (m)	مبرمج
programmeren (ww)	barmaʒ	برمج
hacker (computerkraker)	hākir (m)	هاكر
wachtwoord (het)	kalimat as sirr (f)	كلمة السرّ
virus (het)	virūs (m)	فيروس
ontdekken (virus ~)	waʒad	وجد

byte (de)	bayt (m)	بايت
megabyte (de)	miʒabāyt (m)	ميجابايت
data (de)	bayānāt (pl)	بيانات
databank (de)	qa'idat bayānāt (f)	قاعدة بيانات
kabel (USB-~, enz.)	kābil (m)	كابل
afsluiten (ww)	faṣal	فصل
aansluiten op (ww)	waṣṣal	وصّل

166. Internet. E-mail

internet (het)	intirnit (m)	إنترنت
browser (de)	mutaṣaffiḥ (m)	متصفح
zoekmachine (de)	muḥarrik baḥθ (m)	محرّك بحث
internetprovider (de)	ʃarikat al intirnīt (f)	شركة الإنترنيت
webmaster (de)	mudīr al mawqi' (m)	مدير الموقع
website (de)	mawqi' iliktrūniy (m)	موقع إلكتروني
webpagina (de)	ṣafḥat wīb (f)	صفحة ويب
adres (het)	'unwān (m)	عنوان
adresboek (het)	daftar al 'anāwīn (m)	دفتر العناوين
postvak (het)	ṣundūq al barīd (m)	صندوق البريد
post (de)	barīd (m)	بريد
vol (~ postvak)	mumtali'	ممتلىء
bericht (het)	risāla iliktrūniyya (f)	رسالة إلكترونيّة
binnenkomende berichten (mv.)	rasa'il wārida (pl)	رسائل واردة
uitgaande berichten (mv.)	rasa'il ṣādira (pl)	رسائل صادرة
verzender (de)	mursil (m)	مرسل
verzenden (ww)	arsal	أرسل
verzending (de)	irsāl (m)	إرسال
ontvanger (de)	mursal ilayh (m)	مرسل إليه
ontvangen (ww)	istalam	إستلم
correspondentie (de)	murāsala (f)	مراسلة
corresponderen (met ...)	tarāsal	تراسل
bestand (het)	malaff (m)	ملفّ
downloaden (ww)	ḥammal	حمّل
creëren (ww)	anʃa'	أنشأ
verwijderen (een bestand ~)	masaḥ	مسح
verwijderd (bn)	mamsūḥ	ممسوح
verbinding (de)	ittiṣāl (m)	إتّصال
snelheid (de)	sur'a (f)	سرعة
modem (de)	mudim (m)	مودم
toegang (de)	wuṣūl (m)	وصول
poort (de)	maχraʒ (m)	مخرج
aansluiting (de)	ittiṣāl (m)	إتّصال

zich aansluiten (ww)	ittaṣal	إتّصل
selecteren (ww)	iχtār	إختار
zoeken (ww)	baḥaθ	بحث

167. Elektriciteit

elektriciteit (de)	kahrabā' (m)	كهرباء
elektrisch (bn)	kahrabā'iy	كهربائيّ
elektriciteitscentrale (de)	maḥaṭṭa kahrabā'iyya (f)	محطّة كهربائيّة
energie (de)	ṭāqa (f)	طاقة
elektrisch vermogen (het)	ṭāqa kahrabā'iyya (f)	طاقة كهربائيّة
lamp (de)	lamba (f)	لمبة
zaklamp (de)	kaʃʃāf an nūr (m)	كشّاف النور
straatlantaarn (de)	'amūd an nūr (m)	عمود النور
licht (elektriciteit)	nūr (m)	نور
aandoen (ww)	fataḥ, ʃaɣɣal	فتح, شغّل
uitdoen (ww)	ṭaffa	طفّى
het licht uitdoen	ṭaffa n nūr	طفّى النور
doorbranden (gloeilamp)	inṭafa'	إنطفأ
kortsluiting (de)	da'ira kahrabā'iyya qaṣīra (f)	دائرة كهربائية قصيرة
onderbreking (de)	silk maqṭū' (m)	سلك مقطوع
contact (het)	talāmus (m)	تلامس
schakelaar (de)	miftāḥ an nūr (m)	مفتاح النور
stopcontact (het)	barizat al kahrabā' (f)	بريزة الكهرباء
stekker (de)	fīʃat al kahrabā' (f)	فيشة الكهرباء
verlengsnoer (de)	silk tawṣīl (m)	سلك توصيل
zekering (de)	fāṣima (f)	فاصمة
kabel (de)	silk (m)	سلك
bedrading (de)	aslāk (pl)	أسلاك
ampère (de)	ambīr (m)	أمبير
stroomsterkte (de)	ʃiddat at tayyār al kahrabā'iy (f)	شدّة التيّار الكهربائيّ
volt (de)	vūlt (m)	فولت
spanning (de)	ʒuhd kahrabā'iy (m)	جهد كهربائيّ
elektrisch toestel (het)	ʒihāz kahrabā'iy (m)	جهاز كهربائيّ
indicator (de)	mu'aʃʃir (m)	مؤشّر
elektricien (de)	kahrabā'iy (m)	كهربائيّ
solderen (ww)	laḥam	لحم
soldeerbout (de)	adāt laḥm (f)	أداة لحم
stroom (de)	tayyār kahrabā'iy (m)	تيّار كهربائيّ

168. Gereedschappen

werktuig (stuk gereedschap)	adāt (f)	أداة
gereedschap (het)	adawāt (pl)	أدوات

uitrusting (de)	muʿaddāt (pl)	معدّات
hamer (de)	miṭraqa (f)	مطرقة
schroevendraaier (de)	mifakk (m)	مفكّ
bijl (de)	fa'ʾs (m)	فأس
zaag (de)	minʃār (m)	منشار
zagen (ww)	naʃar	نشر
schaaf (de)	masḥāʒ (m)	مسحج
schaven (ww)	saḥaʒ	سحج
soldeerbout (de)	adāt laḥm (f)	أداة لحم
solderen (ww)	laḥam	لحم
vijl (de)	mibrad (m)	مبرد
nijptang (de)	kammāʃa (f)	كمّاشة
combinatietang (de)	zardiyya (f)	زرديّة
beitel (de)	izmīl (m)	إزميل
boorkop (de)	luqmat θaqb (m)	لقمة ثقب
boormachine (de)	miθqab (m)	مثقب
boren (ww)	θaqab	ثقب
mes (het)	sikkīn (m)	سكّين
zakmes (het)	sikkīn ʒayb (m)	سكّين جيب
lemmet (het)	ʃafra (f)	شفرة
scherp (bijv. ~ mes)	ḥādd	حادّ
bot (bn)	θālim	ثالم
bot raken (ww)	taθallam	تثلّم
slijpen (een mes ~)	ʃaḥað	شحذ
bout (de)	mismār qalāwūz (m)	مسمار قلاووظ
moer (de)	ṣamūla (f)	صامولة
schroefdraad (de)	naẓm (m)	نظم
houtschroef (de)	qalāwūz (m)	قلاووظ
spijker (de)	mismār (m)	مسمار
kop (de)	ra's al mismār (m)	رأس المسمار
liniaal (de/het)	masṭara (f)	مسطرة
rolmeter (de)	ʃarīṭ al qiyās (m)	شريط القياس
waterpas (de/het)	mīzān al māʾ (m)	ميزان الماء
loep (de)	ʿadasa mukabbira (f)	عدسة مكبّرة
meetinstrument (het)	ʒihāz qiyās (m)	جهاز قياس
opmeten (ww)	qās	قاس
schaal (meetschaal)	miqyās (m)	مقياس
gegevens (mv.)	qirā'a (f)	قراءة
compressor (de)	ḍāɣiṭ al ɣāz (m)	ضاغط الغاز
microscoop (de)	mikruskūb (m)	ميكروسكوب
pomp (de)	ṭulumba (f)	طلمبة
robot (de)	rūbut (m)	روبوت
laser (de)	layzir (m)	ليزر
moersleutel (de)	miftāḥ aṣ ṣawāmīl (m)	مفتاح الصواميل
plakband (de)	lazq (m)	لزق

lijm (de)	ṣamɣ (m)	صمغ
schuurpapier (het)	waraq ṣanfara (m)	ورق صنفرة
veer (de)	sūsta (f)	سوستة
magneet (de)	miɣnaṭīs (m)	مغنطيس
handschoenen (mv.)	quffāz (m)	قفّاز
touw (bijv. henneptouw)	ḥabl (m)	حبل
snoer (het)	ḥabl (m)	حبل
draad (de)	silk (m)	سلك
kabel (de)	kābil (m)	كابل
moker (de)	mirzaba (f)	مرزبة
breekijzer (het)	ʻatala (f)	عتلة
ladder (de)	sullam (m)	سلّم
trapje (inklapbaar ~)	sullam (m)	سلّم
aanschroeven (ww)	aḥkam aʃ ʃadd	أحكم الشدّ
losschroeven (ww)	fataḥ	فتح
dichtpersen (ww)	kamaʃ	كمش
vastlijmen (ww)	alṣaq	ألصق
snijden (ww)	qaṭaʻ	قطع
defect (het)	taʻaṭṭul (m)	تعطّل
reparatie (de)	iṣlāḥ (m)	إصلاح
repareren (ww)	aṣlaḥ	أصلح
regelen (een machine ~)	ḍabaṭ	ضبط
checken (ww)	iχtabar	إختبر
controle (de)	faḥṣ (m)	فحص
gegevens (mv.)	qirāʼa (f)	قراءة
degelijk (bijv. ~ machine)	matīn	متين
ingewikkeld (bn)	murakkab	مركّب
roesten (ww)	ṣadiʼ	صدئ
roestig (bn)	ṣadīʼ	صديء
roest (de/het)	ṣadaʼ (m)	صدأ

Vervoer

169. Vliegtuig

vliegtuig (het)	ṭā'ira (f)	طائرة
vliegticket (het)	taðkirat ṭā'ira (f)	تذكرة طائرة
luchtvaartmaatschappij (de)	ʃarikat ṭayarān (f)	شركة طيران
luchthaven (de)	maṭār (m)	مطار
supersonisch (bn)	χāriq liṣ ṣawt	خارق للصوت
gezagvoerder (de)	qā'id aṭ ṭā'ira (m)	قائد الطائرة
bemanning (de)	ṭāqim (m)	طاقم
piloot (de)	ṭayyār (m)	طيّار
stewardess (de)	muḍīfat ṭayarān (f)	مضيفة طيران
stuurman (de)	mallāḥ (m)	ملّاح
vleugels (mv.)	aʒniḥa (pl)	أجنحة
staart (de)	ðayl (m)	ذيل
cabine (de)	kabīna (f)	كابينة
motor (de)	mutūr (m)	موتور
landingsgestel (het)	ʿaʒalāt al hubūṭ (pl)	عجلات الهبوط
turbine (de)	turbīna (f)	تربينة
propeller (de)	mirwaḥa (f)	مروحة
zwarte doos (de)	musaʒʒil aṭ ṭayarān (m)	مسجّل الطيران
stuur (het)	ʿaʒalat qiyāda (f)	عجلة قيادة
brandstof (de)	wuqūd (m)	وقود
veiligheidskaart (de)	biṭāqat as salāma (f)	بطاقة السلامة
zuurstofmasker (het)	qināʿ uksiʒīn (m)	قناع أوكسيجين
uniform (het)	libās muwaḥḥad (m)	لباس موحّد
reddingsvest (de)	sutrat naʒāt (f)	سترة نجاة
parachute (de)	miẓallat hubūṭ (f)	مظلّة هبوط
opstijgen (het)	iqlāʿ (m)	إقلاع
opstijgen (ww)	aqlaʿat	أقلعت
startbaan (de)	madraʒ aṭ ṭā'irāt (m)	مدرج الطائرات
zicht (het)	ru'ya (f)	رؤية
vlucht (de)	ṭayarān (m)	طيران
hoogte (de)	irtifāʿ (m)	إرتفاع
luchtzak (de)	ʒayb hawā'iy (m)	جيب هوائيّ
plaats (de)	maqʿad (m)	مقعد
koptelefoon (de)	sammāʿāt ra'siya (pl)	سمّاعات رأسيّة
tafeltje (het)	ṣīniyya qābila liṭ ṭayy (f)	صينية قابلة للطيّ
venster (het)	ʃubbāk aṭ ṭā'ira (m)	شبّاك الطائرة
gangpad (het)	mamarr (m)	ممرّ

170. Trein

trein (de)	qiṭār (m)	قطار
elektrische trein (de)	qiṭār (m)	قطار
sneltrein (de)	qiṭār sarīʻ (m)	قطار سريع
diesellocomotief (de)	qāṭirat dīzil (f)	قاطرة ديزل
stoomlocomotief (de)	qāṭira buχāriyya (f)	قاطرة بخاريّة
rijtuig (het)	ʻaraba (f)	عربة
restauratierijtuig (het)	ʻarabat al maṭʻam (f)	عربة المطعم
rails (mv.)	quḍubān (pl)	قضبان
spoorweg (de)	sikka ḥadīdiyya (f)	سكّة حديديّة
dwarsligger (de)	ʻāriḍa (f)	عارضة
perron (het)	raṣīf (m)	رصيف
spoor (het)	χaṭṭ (m)	خطّ
semafoor (de)	simafūr (m)	سيمافور
halte (bijv. kleine treinhalte)	maḥaṭṭa (f)	محطّة
machinist (de)	sāʼiq (m)	سائق
kruier (de)	ḥammāl (m)	حمّال
conducteur (de)	masʼūl ʻarabat al qiṭār (m)	مسؤول عربة القطار
passagier (de)	rākib (m)	راكب
controleur (de)	kamsariy (m)	كمسريّ
gang (in een trein)	mamarr (m)	ممرّ
noodrem (de)	farāmil aṭ ṭawāriʼ (pl)	فرامل الطوارئ
coupé (de)	ɣurfa (f)	غرفة
bed (slaapplaats)	sarīr (m)	سرير
bovenste bed (het)	sarīr ʻulwiy (m)	سرير علويّ
onderste bed (het)	sarīr sufliy (m)	سرير سفليّ
beddengoed (het)	aɣṭiyat as sarīr (pl)	أغطية السرير
kaartje (het)	taðkira (f)	تذكرة
dienstregeling (de)	ʒadwal (m)	جدول
informatiebord (het)	lawḥat maʻlūmāt (f)	لوحة معلومات
vertrekken (De trein vertrekt …)	ɣādar	غادر
vertrek (ov. een trein)	muɣādara (f)	مغادرة
aankomen (ov. de treinen)	waṣal	وصل
aankomst (de)	wuṣūl (m)	وصول
aankomen per trein	waṣal bil qiṭār	وصل بالقطار
in de trein stappen	rakib al qiṭār	ركب القطار
uit de trein stappen	nazil min al qiṭār	نزل من القطار
treinwrak (het)	ḥiṭām qiṭār (m)	حطام قطار
ontspoord zijn	χaraʒ ʻan χaṭṭ sayrih	خرج عن خطّ سيره
stoomlocomotief (de)	qāṭira buχāriyya (f)	قاطرة بخاريّة
stoker (de)	ʻaṭaʃʒiy (m)	عطشجيّ
stookplaats (de)	furn al muḥarrik (m)	فرن المحرّك
steenkool (de)	faḥm (m)	فحم

171. Schip

schip (het)	safīna (f)	سفينة
vaartuig (het)	safīna (f)	سفينة
stoomboot (de)	bāχira (f)	باخرة
motorschip (het)	bāχira nahriyya (f)	باخرة نهريّة
lijnschip (het)	bāχira siyaḥiyya (f)	باخرة سياحيّة
kruiser (de)	ṭarrād (m)	طرّاد
jacht (het)	yaχt (m)	يخت
sleepboot (de)	qāṭira (f)	قاطرة
duwbak (de)	ṣandal (m)	صندل
ferryboot (de)	ʻabbāra (f)	عبّارة
zeilboot (de)	safīna ʃirāʻiyya (m)	سفينة شراعيّة
brigantijn (de)	markab ʃirāʻiy (m)	مركب شراعيّ
ijsbreker (de)	muḥaṭṭimat ʒalīd (f)	محطّمة جليد
duikboot (de)	ɣawwāṣa (f)	غوّاصة
boot (de)	markab (m)	مركب
sloep (de)	zawraq (m)	زورق
reddingssloep (de)	qārib naʒāt (m)	قارب نجاة
motorboot (de)	lanʃ (m)	لنش
kapitein (de)	qubṭān (m)	قبطان
zeeman (de)	baḥḥār (m)	بحّار
matroos (de)	baḥḥār (m)	بحّار
bemanning (de)	ṭāqim (m)	طاقم
bootsman (de)	ra'īs al baḥḥāra (m)	رئيس البحّارة
scheepsjongen (de)	ṣabiy as safīna (m)	صبي السفينة
kok (de)	ṭabbāχ (m)	طبّاخ
scheepsarts (de)	ṭabīb as safīna (m)	طبيب السفينة
dek (het)	saṭḥ as safīna (m)	سطح السفينة
mast (de)	sāriya (f)	سارية
zeil (het)	ʃirāʻ (m)	شراع
ruim (het)	ʻambar (m)	عنبر
voorsteven (de)	muqaddama (m)	مقدّمة
achtersteven (de)	mu'aχirat as safīna (f)	مؤخّرة السفينة
roeispaan (de)	miʒðāf (m)	مجذاف
schroef (de)	mirwaḥa (f)	مروحة
kajuit (de)	kabīna (f)	كابينة
officierskamer (de)	ɣurfat al istirāḥa (f)	غرفة الإستراحة
machinekamer (de)	qism al 'ālāt (m)	قسم الآلات
brug (de)	burʒ al qiyāda (m)	برج القيادة
radiokamer (de)	ɣurfat al lāsilkiy (f)	غرفة اللاسلكيّ
radiogolf (de)	mawʒa (f)	موجة
logboek (het)	siʒil as safīna (m)	سجل السفينة
verrekijker (de)	minẓār (m)	منظار
klok (de)	ʒaras (m)	جرس

vlag (de)	ʿalam (m)	علم
kabel (de)	ḥabl (m)	حبل
knoop (de)	ʿuqda (f)	عقدة
leuning (de)	drabizīn (m)	درابزين
trap (de)	sullam (m)	سلّم
anker (het)	mirsāt (f)	مرساة
het anker lichten	rafaʿ mirsāt	رفع مرساة
het anker neerlaten	rasa	رسا
ankerketting (de)	silsilat mirsāt (f)	سلسلة مرساة
haven (bijv. containerhaven)	mīnāʾ (m)	ميناء
kaai (de)	marsa (m)	مرسى
aanleggen (ww)	rasa	رسا
wegvaren (ww)	aqlaʿ	أقلع
reis (de)	riḥla (f)	رحلة
cruise (de)	riḥla baḥriyya (f)	رحلة بحرية
koers (de)	masār (m)	مسار
route (de)	ṭarīq (m)	طريق
vaarwater (het)	maʒra milāḥiy (m)	مجرى ملاحيّ
zandbank (de)	miyāh ḍaḥla (f)	مياه ضحلة
stranden (ww)	ʒanaḥ	جنح
storm (de)	ʿāṣifa (f)	عاصفة
signaal (het)	iʃāra (f)	إشارة
zinken (ov. een boot)	ɣariq	غرق
Man overboord!	saqaṭ raʒul min as safīna!	سقط رجل من السفينة!
SOS (noodsignaal)	nidāʾ iɣāθa (m)	نداء إغاثة
reddingsboei (de)	ṭawq naʒāt (m)	طوق نجاة

172. Vliegveld

luchthaven (de)	maṭār (m)	مطار
vliegtuig (het)	ṭāʾira (f)	طائرة
luchtvaartmaatschappij (de)	ʃarikat ṭayarān (f)	شركة طيران
luchtverkeersleider (de)	marāqib al ḥaraka al ʒawwiyya (pl)	مراقب الحركة الجويّة
vertrek (het)	muɣādara (f)	مغادرة
aankomst (de)	wuṣūl (m)	وصول
aankomen (per vliegtuig)	waṣal	وصل
vertrektijd (de)	waqt al muɣādara (m)	وقت المغادرة
aankomstuur (het)	waqt al wuṣūl (m)	وقت الوصول
vertraagd zijn (ww)	taʾaχχar	تأخّر
vluchtvertraging (de)	taʾaχχur ar riḥla (m)	تأخّر الرحلة
informatiebord (het)	lawḥat al maʿlūmāt (f)	لوحة المعلومات
informatie (de)	istiʿlāmāt (pl)	إستعلامات
aankondigen (ww)	aʿlan	أعلن

vlucht (bijv. KLM ~)	riḥla (f)	رحلة
douane (de)	ʒamārik (pl)	جمارك
douanier (de)	muwaẓẓaf al ʒamārik (m)	موظّف الجمارك
douaneaangifte (de)	taṣrīḥ ʒumrukiy (m)	تصريح جمركيّ
invullen (douaneaangifte ~)	mala'	ملأ
een douaneaangifte invullen	mala' at taṣrīḥ	ملأ التصريح
paspoortcontrole (de)	taftīʃ al ʒawāzāt (m)	تفتيش الجوازات
bagage (de)	aʃ ʃunaṭ (pl)	الشنط
handbagage (de)	ʃunaṭ al yad (pl)	شنط اليد
bagagekarretje (het)	ʿarabat ʃunaṭ (f)	عربة شنط
landing (de)	hubūṭ (m)	هبوط
landingsbaan (de)	mamarr al hubūṭ (m)	ممرّ الهبوط
landen (ww)	habaṭ	هبط
vliegtuigtrap (de)	sullam aṭ ṭā'ira (m)	سلّم الطائرة
inchecken (het)	tasʒīl (m)	تسجيل
incheckbalie (de)	makān at tasʒīl (m)	مكان التسجيل
inchecken (ww)	saʒʒal	سجّل
instapkaart (de)	biṭāqat ṣuʿūd (f)	بطاقة صعود
gate (de)	bawwābat al muɣādara (f)	بوّابة المغادرة
transit (de)	tranzīt (m)	ترانزيت
wachten (ww)	inṭazar	إنتظر
wachtzaal (de)	qāʿat al muɣādara (f)	قاعة المغادرة
begeleiden (uitwuiven)	waddaʿ	ودّع
afscheid nemen (ww)	waddaʿ	ودّع

173. Fiets. Motorfiets

fiets (de)	darrāʒa (f)	درّاجة
bromfiets (de)	skutir (m)	سكوتر
motorfiets (de)	darrāʒa nāriyya (f)	درّاجة ناريّة
met de fiets rijden	rakib ad darrāʒa	ركب الدرّاجة
stuur (het)	miqwad (m)	مقود
pedaal (de/het)	dawwāsa (f)	دوّاسة
remmen (mv.)	farāmil (pl)	فرامل
fietszadel (de/het)	maqʿad (m)	مقعد
pomp (de)	ṭulumba (f)	طلمبة
bagagedrager (de)	raff al amtiʿa (m)	رفّ الأمتعة
fietslicht (het)	miṣbāḥ (m)	مصباح
helm (de)	χūða (f)	خوذة
wiel (het)	ʿaʒala (f)	عجلة
spatbord (het)	rafraf (m)	رفرف
velg (de)	iṭār (m)	إطار
spaak (de)	barmaq al ʿaʒala (m)	برمق العجلة

Auto's

174. Soorten auto's

auto (de)	sayyāra (f)	سيّارة
sportauto (de)	sayyāra riyāḍiyya (f)	سيّارة رياضيّة
limousine (de)	limuzīn (m)	ليموزين
terreinwagen (de)	sayyārat ṭuruq waʿra (f)	سيارة طرق وعرة
cabriolet (de)	kabriulīh (m)	كابريوليه
minibus (de)	mikrubāṣ (m)	ميكروباص
ambulance (de)	isʿāf (m)	إسعاف
sneeuwruimer (de)	ʒarrāfat θalʒ (f)	جرّافة ثلج
vrachtwagen (de)	ʃāḥina (f)	شاحنة
tankwagen (de)	nāqilat bitrūl (f)	ناقلة بترول
bestelwagen (de)	ʿarabat naql (f)	عربة نقل
trekker (de)	ʒarrār (m)	جرّار
aanhangwagen (de)	maqṭūra (f)	مقطورة
comfortabel (bn)	murīḥ	مريح
tweedehands (bn)	mustaʿmal	مستعمل

175. Auto's. Carrosserie

motorkap (de)	kabbūt (m)	كبّوت
spatbord (het)	rafraf (m)	رفرف
dak (het)	saqf (m)	سقف
voorruit (de)	zuʒāʒ amāmiy (m)	زجاج أماميّ
achterruit (de)	mirʾāt dāχiliyya (f)	مرآة داخليّة
ruitensproeier (de)	munaẓẓif az zuʒāʒ (m)	منظّف الزجاج
wisserbladen (mv.)	massāḥāt (pl)	مسّاحات
zijruit (de)	zuʒāʒ ʒānibiy (m)	زجاج جانبيّ
raamlift (de)	mākina zuʒāʒ (f)	ماكينة زجاج
antenne (de)	hawāʾiy (m)	هوائيّ
zonnedak (het)	nāfiðat as saqf (f)	نافذة السقف
bumper (de)	miṣadd as sayyāra (m)	مصدّ السيارة
koffer (de)	ṣundūq as sayyāra (m)	صندوق السيّارة
imperiaal (de/het)	raff saqf as sayyāra (m)	رفّ سقف السيّارة
portier (het)	bāb (m)	باب
handvat (het)	ukrat al bāb (f)	أوكرة الباب
slot (het)	qifl al bāb (m)	قفل الباب
nummerplaat (de)	lawḥat raqm as sayyāra (f)	لوحة رقم السيارة
knalpot (de)	kātim aṣ ṣawt (m)	كاتم الصوت

benzinetank (de)	xazzān al banzīn (m)	خزّان البنزين
uitlaatpijp (de)	umbūb al ʿādim (m)	أنبوب العادم
gas (het)	ɣāz (m)	غاز
pedaal (de/het)	dawwāsa (f)	دوّاسة
gaspedaal (de/het)	dawwāsat al wuqūd (f)	دوّاسة الوقود
rem (de)	farāmil (pl)	فرامل
rempedaal (de/het)	dawwāsat al farāmil (m)	دوّاسة الفرامل
remmen (ww)	farmal	فرمل
handrem (de)	farmalat al yad (f)	فرملة اليد
koppeling (de)	taʿʃīq (m)	تعشيق
koppelingspedaal (de/het)	dawwāsat at taʿʃīq (f)	دوّاسة التعشيق
koppelingsschijf (de)	qurṣ at taʿʃīq (m)	قرص التعشيق
schokdemper (de)	mumtaṣṣ liṣ ṣadamāt (m)	ممتصّ الصدمات
wiel (het)	ʿaʒala (f)	عجلة
reservewiel (het)	ʿaʒala iḥtiyāṭiyya (f)	عجلة احتياطيّة
band (de)	iṭār (m)	إطار
wieldop (de)	ɣitāʾ miḥwar al ʿaʒala (m)	غطاء محور العجلة
aandrijfwielen (mv.)	ʿaʒalāt al qiyāda (pl)	عجلات القيادة
met voorwielaandrijving	dafʿ amāmiy (m)	دفع أماميّ
met achterwielaandrijving	dafʿ xalfiy (m)	دفع خلفيّ
met vierwielaandrijving	dafʿ rubāʿiy (m)	دفع رباعيّ
versnellingsbak (de)	ṣundūq at turūs (m)	صندوق التروس
automatisch (bn)	utumatīkiy	أوتوماتيكيّ
mechanisch (bn)	yadawiy	يدويّ
versnellingspook (de)	nāqil as surʿa (m)	ناقل السرعة
voorlicht (het)	al miṣbāḥ al amāmiy (m)	المصباح الأماميّ
voorlichten (mv.)	al maṣābīḥ al amāmiyya (pl)	المصابيح الأماميّة
dimlicht (het)	al anwār al munxafiḍa (pl)	الأنوار المنخفضة
grootlicht (het)	al anwār al ʿāliya (m)	الأنوار العالية
stoplicht (het)	ḍūʾ al farāmil (m)	ضوء الفرامل
standlichten (mv.)	aḍwāʾ ʒānibiyya (pl)	أضواء جانبيّة
noodverlichting (de)	aḍwāʾ at taḥðīr (pl)	أضواء التحذير
mistlichten (mv.)	aḍwāʾ aḍ ḍabāb (pl)	أضواء الضباب
pinker (de)	iʃārat al inʿiṭāf (f)	إشارة الإنعطاف
achteruitrijdlicht (het)	miṣbāh ar ruʒūʿ lil xalf (m)	مصباح الرجوع للخلف

176. Auto's. Passagiersruimte

interieur (het)	ṣālūn as sayyāra (m)	صالون السيّارة
leren (van leer gemaak)	min al ʒild	من الجلد
fluwelen (abn)	min al muxmal	من المخمل
bekleding (de)	tanʒīd (m)	تنجيد
toestel (het)	ʒihāz (m)	جهاز
instrumentenbord (het)	lawḥat at taḥakkum (f)	لوحة التحكم

snelheidsmeter (de)	ʿaddād surʿa (m)	عدّاد سرعة
pijltje (het)	muʾaʃʃir (m)	مؤشّر
kilometerteller (de)	ʿaddād al masāfāt (m)	عدّاد المسافات
sensor (de)	ʿaddād (m)	عدّاد
niveau (het)	mustawa (m)	مستوى
controlelampje (het)	lammbat inðār (f)	لمبة إنذار
stuur (het)	miqwad (m)	مقود
toeter (de)	zāmūr (m)	زامور
knopje (het)	zirr (m)	زرّ
schakelaar (de)	nāqil, miftāḥ (m)	ناقل, مفتاح
stoel (bestuurders~)	maqʿad (m)	مقعد
rugleuning (de)	misnad aẓ ẓahr (m)	مسند الظهر
hoofdsteun (de)	masnad ar raʾs (m)	مسند الرأس
veiligheidsgordel (de)	ḥizām al amn (m)	حزام الأمن
de gordel aandoen	rabaṭ al ḥizām	ربط الحزام
regeling (de)	ḍabṭ (m)	ضبط
airbag (de)	wisāda hawāʾiyya (f)	وسادة هوائيّة
airconditioner (de)	takyīf (m)	تكييف
radio (de)	iðāʿa (f)	إذاعة
CD-speler (de)	muʃaɣɣil sidi (m)	مشغّل سي دي
aanzetten (bijv. radio ~)	fataḥ, ʃaɣɣal	فتح, شغّل
antenne (de)	hawāʾiy (m)	هوائيّ
handschoenenkastje (het)	durʒ (m)	درج
asbak (de)	ṭaqṭūqa (f)	طقطوقة

177. Auto's. Motor

diesel- (abn)	dīzil	ديزل
benzine- (~motor)	ʿalal banzīn	على البنزين
motorinhoud (de)	siʿat al muḥarrik (f)	سعة المحرّك
vermogen (het)	qudra (f)	قدرة
paardenkracht (de)	ḥiṣān (m)	حصان
zuiger (de)	mikbas (m)	مكبس
cilinder (de)	usṭuwāna (f)	أسطوانة
klep (de)	ṣimām (m)	صمام
injectie (de)	ʒihāz baχχāχ (f)	جهاز بخّاخ
generator (de)	muwallid (m)	مولّد
carburator (de)	karburātir (m)	كاربراتير
motorolie (de)	zayt al muḥarrik (m)	زيت المحرّك
radiator (de)	mubarrid al muḥarrik (m)	مبرّد المحرّك
koelvloeistof (de)	mādda mubarrida (f)	مادّة مبرّدة
ventilator (de)	mirwaḥa (f)	مروحة
accu (de)	baṭṭāriyya (f)	بطّاريّة
starter (de)	miftāḥ at taʃɣīl (m)	مفتاح التشغيل
contact (ontsteking)	niẓām taʃɣīl (m)	نظام تشغيل

bougie (de)	ʃam'at al iḥtirāq (f)	شمعة الاحتراق
pool (de)	ṭaraf tawṣīl (m)	طرف توصيل
positieve pool (de)	ṭaraf mūʒab (m)	طرف موجب
negatieve pool (de)	ṭaraf sālib (m)	طرف سالب
zekering (de)	fāṣima (f)	فاصمة
luchtfilter (de)	miṣfāt al hawā' (f)	مصفاة الهواء
oliefilter (de)	miṣfāt az zayt (f)	مصفاة الزيت
benzinefilter (de)	miṣfāt al banzīn (f)	مصفاة البنزين

178. Auto's. Botsing. Reparatie

auto-ongeval (het)	ḥādiθ sayyāra (f)	حادث سيّارة
verkeersongeluk (het)	ḥādiθ murūriy (m)	حادث مروريّ
aanrijden (tegen een boom, enz.)	iṣṭadam	إصطدم
verongelukken (ww)	taḥaṭṭam	تحطّم
beschadiging (de)	χasāra (f)	خسارة
heelhuids (bn)	salīm	سليم
kapot gaan (zijn gebroken)	ta'aṭṭal	تعطّل
sleeptouw (het)	ḥabl as saḥb (m)	حبل السحب
lek (het)	θuqb (m)	ثقب
lekke krijgen (band)	faʃʃ	فشّ
oppompen (ww)	nafaχ	نفخ
druk (de)	ḍaɣṭ (m)	ضغط
checken (ww)	iχtabar	إختبر
reparatie (de)	iṣlāḥ (m)	إصلاح
garage (de)	warʃat iṣlāḥ as sayyārāt (f)	ورشة إصلاح السيّارات
wisselstuk (het)	qiṭ'at ɣiyār (f)	قطعة غيار
onderdeel (het)	qiṭ'a (f)	قطعة
bout (de)	mismār qalāwūz (m)	مسمار قلاووظ
schroef (de)	burɣiy (m)	برغيّ
moer (de)	ṣamūla (f)	صامولة
sluitring (de)	ḥalqa (f)	حلقة
kogellager (de/het)	maḥmal (m)	محمل
pijp (de)	umbūba (f)	أنبوبة
pakking (de)	'azaqa (f)	عزقة
kabel (de)	silk (m)	سلك
dommekracht (de)	rāfi'at sayyāra (f)	رافعة سيّارة
moersleutel (de)	miftāḥ aṣ ṣawāmīl (m)	مفتاح الصواميل
hamer (de)	miṭraqa (f)	مطرقة
pomp (de)	ṭulumba (f)	طلمبة
schroevendraaier (de)	mifakk (m)	مفكّ
brandblusser (de)	miṭfa'at ḥarīq (f)	مطفأة حريق
gevarendriehoek (de)	muθallaθ taḥðīr (m)	مثلّث تحذير
afslaan (ophouden te werken)	tawaqqaf	توقّف

uitvallen (het)	tawaqquf (m)	توقّف
zijn gebroken	kān maksūran	كان مكسورًا
oververhitten (ww)	saχan bi ʃidda	سخن بشدّة
verstopt raken (ww)	kān masdūdan	كان مسدودًا
bevriezen (autodeur, enz.)	taʒammad	تجمّد
barsten (leidingen, enz.)	infaʒar	إنفجر
druk (de)	ḍaɣṭ (m)	ضغط
niveau (bijv. olieniveau)	mustawa (m)	مستوى
slap (de drijfriem is ~)	ḍaʿīf	ضعيف
deuk (de)	baʿʒa (f)	بعجة
geklop (vreemde geluiden)	daqq (m)	دقّ
barst (de)	ʃaqq (m)	شقّ
kras (de)	χadʃ (m)	خدش

179. Auto's. Weg

weg (de)	ṭarīq (m)	طريق
snelweg (de)	ṭarīq sarīʿ (m)	طريق سريع
autoweg (de)	ṭarīq sarīʿ (m)	طريق سريع
richting (de)	ittiʒāh (m)	إتّجاه
afstand (de)	masāfa (f)	مسافة
brug (de)	ʒisr (m)	جسر
parking (de)	mawqif as sayyārāt (m)	موقف السيّارات
plein (het)	maydān (m)	ميدان
verkeersknooppunt (het)	taqāṭuʿ ṭuruq (m)	تقاطع طرق
tunnel (de)	nafaq (m)	نفق
benzinestation (het)	maḥaṭṭat banzīn (f)	محطّة بنزين
parking (de)	mawqif as sayyārāt (m)	موقف السيّارات
benzinepomp (de)	miḍaχχat banzīn (f)	مضخّة بنزين
garage (de)	warʃat iṣlāḥ as sayyārāt (f)	ورشة إصلاح السيّارات
tanken (ww)	mala' bil wuqūd	ملأ بالوقود
brandstof (de)	wuqūd (m)	وقود
jerrycan (de)	ʒirikan (m)	جركن
asfalt (het)	asfalt (m)	أسفلت
markering (de)	ʿalāmāt aṭ ṭarīq (pl)	علامات الطريق
trottoirband (de)	ḥāffat ar raṣīf (f)	حافّة الرصيف
geleiderail (de)	sūr (m)	سور
greppel (de)	qanāt (f)	قناة
vluchtstrook (de)	ḥāffat aṭ ṭarīq (f)	حافّة الطريق
lichtmast (de)	ʿamūd nūr (m)	عمود نور
besturen (een auto ~)	sāq	ساق
afslaan (naar rechts ~)	inʿaṭaf	إنعطف
U-bocht maken (ww)	istadār lil χalf	إستدار للخلف
achteruit (de)	ḥaraka ilal warā' (f)	حركة إلى الوراء
toeteren (ww)	zammar	زمّر
toeter (de)	ṣawṭ az zāmūr (m)	صوت الزامور

vastzitten (in modder)	waḥil	وحل
spinnen (wielen gaan ~)	dawwar al ʿaʒala	دوّر العجلة
uitzetten (ww)	awqaf	أوقف
snelheid (de)	surʿa (f)	سرعة
een snelheidsovertreding maken	taʒāwaz as surʿa al quṣwa	تجاوز السرعة القصوى
bekeuren (ww)	faraḍ ɣarāma	فرض غرامة
verkeerslicht (het)	iʃārāt al murūr (pl)	إشارات المرور
rijbewijs (het)	ruχṣat al qiyāda (f)	رخصة قيادة
overgang (de)	maʿbar (m)	معبر
kruispunt (het)	taqāṭuʿ (m)	تقاطع
zebrapad (oversteekplaats)	maʿbar al muʃāt (m)	معبر المشاة
bocht (de)	munʿaṭif (m)	منعطف
voetgangerszone (de)	makān muχaṣṣaṣ lil muʃāt (f)	مكان مخصّص للمشاة

180. Verkeersborden

verkeersregels (mv.)	qawāʿid al murūr (pl)	قواعد المرور
verkeersbord (het)	ʿalāma (f)	علامة
inhalen (het)	taʒāwuz (m)	تجاوز
bocht (de)	munʿaṭif (m)	منعطف
U-bocht, kering (de)	dawarān lil χalf (m)	دوران للخلف
Rotonde (de)	dawarān murūriy (m)	دوران مروري
Verboden richting	mamnūʿ ad duχūl	ممنوع الدخول
Verboden toegang	mamnūʿ murūr as sayyārāt	ممنوع مرور السيارات
Inhalen verboden	mamnūʿ at taʒāwuz	ممنوع التجاوز
Parkeerverbod	mamnūʿ al wuqūf	ممنوع الوقوف
Verbod stil te staan	mamnūʿ al wuqūf	ممنوع الوقوف
Gevaarlijke bocht	munʿaṭaf χaṭir (m)	منعطف خطر
Gevaarlijke daling	munḥadar χaṭar (m)	منحدر خطر
Eenrichtingsweg	ṭarīq ittiʒāh wāḥid (m)	طريق إتّجاه واحد
Voetgangers	maʿbar al muʃāt (m)	معبر المشاة
Slipgevaar	ṭarīq zaliq (m)	طريق زلق
Voorrang verlenen	iʃārat waḍʿiyyat tark al awlawiyya	إشارة وضعيّة ترك الأولويّة

MENSEN. GEBEURTENISSEN IN HET LEVEN

Gebeurtenissen in het leven

181. Vakanties. Evenement

feest (het)	ʿīd (m)	عيد
nationale feestdag (de)	ʿīd waṭaniy (m)	عيد وطنيّ
feestdag (de)	yawm al ʿuṭla ar rasmiyya (m)	يوم العطلة الرسمية
herdenken (ww)	iḥtafal	إحتفل
gebeurtenis (de)	ḥadaθ (m)	حدث
evenement (het)	munasaba (f)	مناسبة
banket (het)	walīma (f)	وليمة
receptie (de)	ḥaflat istiqbāl (f)	حفلة إستقبال
feestmaal (het)	walīma (f)	وليمة
verjaardag (de)	ðikra sanawiyya (f)	ذكرى سنويّة
jubileum (het)	yubīl (m)	يوبيل
vieren (ww)	iḥtafal	إحتفل
Nieuwjaar (het)	ra's as sana (m)	رأس السنة
Gelukkig Nieuwjaar!	kull sana wa anta ṭayyib!	كلّ سنة وأنت طيّب!
Sinterklaas (de)	baba nuwīl (m)	بابا نويل
Kerstfeest (het)	ʿīd al mīlād (m)	عيد الميلاد
Vrolijk kerstfeest!	ʿīd mīlād saʿīd!	عيد ميلاد سعيد!
kerstboom (de)	ʃaʒarat ra's as sana (f)	شجرة رأس السنة
vuurwerk (het)	alʿāb nāriyya (pl)	ألعاب ناريّة
bruiloft (de)	zifāf (m)	زفاف
bruidegom (de)	ʿarīs (m)	عريس
bruid (de)	ʿarūsa (f)	عروسة
uitnodigen (ww)	daʿa	دعا
uitnodigingskaart (de)	biṭāqat daʿwa (f)	بطاقة دعوة
gast (de)	ḍayf (m)	ضيف
op bezoek gaan	zār	زار
gasten verwelkomen	istaqbal aḍ ḍuyūf	إستقبل الضيوف
geschenk, cadeau (het)	hadiyya (f)	هديّة
geven (iets cadeau ~)	qaddam	قدّم
geschenken ontvangen	istalam al hadāya	إستلم الهدايا
boeket (het)	bāqat zuhūr (f)	باقة زهور
felicitaties (mv.)	tahniʾa (f)	تهنئة
feliciteren (ww)	hanna'	هنّأ
wenskaart (de)	biṭāqat tahniʾa (f)	بطاقة تهنئة

een kaartje versturen	arsal biṭāqat tahni'a	أرسل بطاقة تهنئة
een kaartje ontvangen	istalam biṭāqat tahnī'a	إستلم بطاقة تهنئة
toast (de)	naχb (m)	نخب
aanbieden (een drankje ~)	ḍayyaf	ضيّف
champagne (de)	ʃambāniya (f)	شمبانيا
plezier hebben (ww)	istamtaʿ	إستمتع
plezier (het)	faraḥ (m)	فرح
vreugde (de)	saʿāda (f)	سعادة
dans (de)	rāqiṣa (f)	رقصة
dansen (ww)	raqaṣ	رقص
wals (de)	vāls (m)	فالس
tango (de)	tāngu (m)	تانجو

182. Begrafenissen. Begrafenis

kerkhof (het)	maqbara (f)	مقبرة
graf (het)	qabr (m)	قبر
kruis (het)	ṣalīb (m)	صليب
grafsteen (de)	ʃāhid al qabr (m)	شاهد القبر
omheining (de)	sūr (m)	سور
kapel (de)	kanīsa saɣīra (f)	كنيسة صغيرة
dood (de)	mawt (m)	موت
sterven (ww)	māt	مات
overledene (de)	al mutawaffi (m)	المتوفّي
rouw (de)	ḥidād (m)	حداد
begraven (ww)	dafan	دفن
begrafenisonderneming (de)	bayt al ʒanāzāt (m)	بيت الجنازات
begrafenis (de)	ʒanāza (f)	جنازة
krans (de)	iklīl (m)	إكليل
doodskist (de)	tābūt (m)	تابوت
lijkwagen (de)	sayyārat naql al mawta (f)	سيّارة نقل الموتى
lijkkleed (de)	kafan (m)	كفن
begrafenisstoet (de)	ʒanāza (f)	جنازة
urn (de)	qārūra li ḥifẓ ramād al mawta (f)	قارورة لحفظ رماد الموتى
crematorium (het)	maḥraqat ʒuθaθ al mawta (f)	محرقة جثث الموتى
overlijdensbericht (het)	naʿiy (m)	نعيّ
huilen (wenen)	baka	بكى
snikken (huilen)	naḥab	نحب

183. Oorlog. Soldaten

peloton (het)	faṣīla (f)	فصيلة
compagnie (de)	sariyya (f)	سريّة

regiment (het)	fawʒ (m)	فوج
leger (armee)	ʒayʃ (m)	جيش
divisie (de)	firqa (f)	فرقة
sectie (de)	waḥda (f)	وحدة
troep (de)	ʒayʃ (m)	جيش
soldaat (militair)	ʒundiy (m)	جنديّ
officier (de)	ḍābiṭ (m)	ضابط
soldaat (rang)	ʒundiy (m)	جنديّ
sergeant (de)	raqīb (m)	رقيب
luitenant (de)	mulāzim (m)	ملازم
kapitein (de)	naqīb (m)	نقيب
majoor (de)	rāʾid (m)	رائد
kolonel (de)	ʿaqīd (m)	عقيد
generaal (de)	ʒinirāl (m)	جنرال
matroos (de)	baḥḥār (m)	بحّار
kapitein (de)	qubṭān (m)	قبطان
bootsman (de)	raʾīs al baḥḥāra (m)	رئيس البحّارة
artillerist (de)	madfaʿiy (m)	مدفعيّ
valschermjager (de)	ʒundiy al maẓallāt (m)	جنديّ المظلّلات
piloot (de)	ṭayyār (m)	طيّار
stuurman (de)	mallāḥ (m)	ملّاح
mecanicien (de)	mikanīkiy (m)	ميكانيكيّ
sappeur (de)	muhandis ʿaskariy (m)	مهندس عسكريّ
parachutist (de)	miẓalliy (m)	مظلّيّ
verkenner (de)	mustakʃif (m)	مستكشف
scherpschutter (de)	qannāṣ (m)	قنّاص
patrouille (de)	dawriyya (f)	دوريّة
patrouilleren (ww)	qām bi dawriyya	قام بدوريّة
wacht (de)	ḥāris (m)	حارس
krijger (de)	muḥārib (m)	محارب
patriot (de)	waṭaniy (m)	وطنيّ
held (de)	baṭal (m)	بطل
heldin (de)	baṭala (f)	بطلة
verrader (de)	χāʾin (m)	خائن
verraden (ww)	χān	خان
deserteur (de)	hārib min al ʒayʃ (m)	هارب من الجيش
deserteren (ww)	harab min al ʒayʃ	هرب من الجيش
huurling (de)	maʾʒūr (m)	مأجور
rekruut (de)	ʒundiy ʒadīd (m)	جنديّ جديد
vrijwilliger (de)	mutaṭawwiʿ (m)	متطوّع
gedode (de)	qatīl (m)	قتيل
gewonde (de)	ʒarīḥ (m)	جريح
krijgsgevangene (de)	asīr (m)	أسير

184. Oorlog. Militaire acties. Deel 1

oorlog (de)	ḥarb (f)	حرب
oorlog voeren (ww)	ḥārab	حارب
burgeroorlog (de)	ḥarb ahliyya (f)	حرب أهليّة
achterbaks (bw)	ɣadran	غدرًا
oorlogsverklaring (de)	i'lān ḥarb (m)	إعلان حرب
verklaren (de oorlog ~)	a'lan	أعلن
agressie (de)	'udwān (m)	عدوان
aanvallen (binnenvallen)	haʒam	هجم
binnenvallen (ww)	iḥtall	إحتلّ
invaller (de)	muḥtall (m)	محتلّ
veroveraar (de)	fātiḥ (m)	فاتح
verdediging (de)	difā' (m)	دفاع
verdedigen (je land ~)	dāfa'	دافع
zich verdedigen (ww)	dāfa' 'an nafsih	دافع عن نفسه
vijand (de)	'aduww (m)	عدوّ
tegenstander (de)	χaṣm (m)	خصم
vijandelijk (bn)	'aduww	عدوّ
strategie (de)	istratiʒiyya (f)	إستراتيجيّة
tactiek (de)	taktīk (m)	تكتيك
order (de)	amr (m)	أمر
bevel (het)	amr (m)	أمر
bevelen (ww)	amar	أمر
opdracht (de)	muhimma (f)	مهمّة
geheim (bn)	sirriy	سرّي
veldslag (de)	ma'raka (f)	معركة
strijd (de)	qitāl (m)	قتال
aanval (de)	huʒūm (m)	هجوم
bestorming (de)	inqiḍāḍ (m)	إنقضاض
bestormen (ww)	inqaḍḍ	إنقضّ
bezetting (de)	ḥiṣār (m)	حصار
aanval (de)	huʒūm (m)	هجوم
in het offensief te gaan	haʒam	هجم
terugtrekking (de)	insiḥāb (m)	إنسحاب
zich terugtrekken (ww)	insaḥab	إنسحب
omsingeling (de)	iḥāṭa (f)	إحاطة
omsingelen (ww)	aḥāṭ	أحاط
bombardement (het)	qaṣf (m)	قصف
een bom gooien	asqaṭ qumbula	أسقط قنبلة
bombarderen (ww)	qaṣaf	قصف
ontploffing (de)	infiʒār (m)	إنفجار
schot (het)	ṭalaqa (f)	طلقة

een schot lossen	aṭlaq an nār	أطلق النار
schieten (het)	iṭlāq an nār (m)	إطلاق النار
mikken op (ww)	ṣawwab	صوّب
aanleggen (een wapen ~)	ṣawwab	صوّب
treffen (doelwit ~)	aṣāb al hadaf	أصاب الهدف
zinken (tot zinken brengen)	aɣraq	أغرق
kogelgat (het)	θuqb (m)	ثقب
zinken (gezonken zijn)	ɣariq	غرق
front (het)	ʒabha (f)	جبهة
evacuatie (de)	iχlā' aṭ ṭawāri' (m)	إخلاء الطوارئ
evacueren (ww)	aχla	أخلى
loopgraaf (de)	χandaq (m)	خندق
prikkeldraad (de)	aslāk ʃā'ika (pl)	أسلاك شائكة
verdedigingsobstakel (het)	ḥāʒiz (m)	حاجز
wachttoren (de)	burʒ muraqaba (m)	برج مراقبة
hospitaal (het)	mustaʃfa 'askariy (m)	مستشفى عسكريّ
verwonden (ww)	ʒaraḥ	جرح
wond (de)	ʒurḥ (m)	جرح
gewonde (de)	ʒarīḥ (m)	جريح
gewond raken (ww)	uṣīb bil ʒirāḥ	أصيب بالجراح
ernstig (~e wond)	χaṭīr	خطير

185. Oorlog. Militaire acties. Deel 2

krijgsgevangenschap (de)	asr (m)	أسر
krijgsgevangen nemen	asar	أسر
krijgsgevangene zijn	kān asīran	كان أسيرًا
krijgsgevangen genomen worden	waqa' fil asr	وقع في الأسر
concentratiekamp (het)	mu'askar i'tiqāl (m)	معسكر إعتقال
krijgsgevangene (de)	asīr (m)	أسير
vluchten (ww)	harab	هرب
verraden (ww)	χān	خان
verrader (de)	χā'in (m)	خائن
verraad (het)	χiyāna (f)	خيانة
fusilleren (executeren)	a'dam ramyan bir raṣāṣ	أعدم رميًا بالرصاص
executie (de)	i'dām ramyan bir raṣāṣ (m)	إعدام رميًا بالرصاص
uitrusting (de)	al 'itād al 'askariy (m)	العتاد العسكريّ
schouderstuk (het)	katāfa (f)	كتافة
gasmasker (het)	qinā' al ɣāz (m)	قناع الغاز
portofoon (de)	ʒihāz lāsilkiy (m)	جهاز لاسلكيّ
geheime code (de)	ʃifra (f)	شفرة
samenzwering (de)	sirriyya (f)	سرّيّة
wachtwoord (het)	kalimat al murūr (f)	كلمة مرور

mijn (landmijn)	laɣm (m)	لغم
ondermijnen (legden mijnen)	laɣɣam	لغّم
mijnenveld (het)	ḥaql alɣām (m)	حقل ألغام
luchtalarm (het)	inðār ʒawwiy (m)	إنذار جوّي
alarm (het)	inðār (m)	إنذار
signaal (het)	iʃāra (f)	إشارة
vuurpijl (de)	iʃāra muḍī'a (f)	إشارة مضيئة
staf (generale ~)	maqarr (m)	مقرّ
verkenning (de)	kaʃʃāfat al istiṭlāʿ (f)	كشّافة الإستطلاع
toestand (de)	waḍʿ (m)	وضع
rapport (het)	taqrīr (m)	تقرير
hinderlaag (de)	kamīn (m)	كمين
versterking (de)	imdādāt ʿaskariyya (pl)	إمدادات عسكريّة
doel (bewegend ~)	hadaf (m)	هدف
proefterrein (het)	ḥaql taʒārib (m)	حقل تجارب
manoeuvres (mv.)	munāwarāt ʿaskariyya (pl)	مناورات عسكريّة
paniek (de)	ðuʿr (m)	ذعر
verwoesting (de)	damār (m)	دمار
verwoestingen (mv.)	ḥiṭām (pl)	حطام
verwoesten (ww)	dammar	دمّر
overleven (ww)	naʒa	نجا
ontwapenen (ww)	ʒarrad min as silāḥ	جرّد من السلاح
behandelen (een pistool ~)	istaʿmal	إستعمل
Geeft acht!	intibāh!	إنتباه!
Op de plaats rust!	istariḥ!	إسترح!
heldendaad (de)	ma'θara (f)	مأثرة
eed (de)	qasam (m)	قسم
zweren (een eed doen)	aqsam	أقسم
decoratie (de)	wisām (m)	وسام
onderscheiden (een ereteken geven)	manaḥ	منح
medaille (de)	midāliyya (f)	ميداليّة
orde (de)	wisām ʿaskariy (m)	وسام عسكريّ
overwinning (de)	intiṣār - fawz (m)	إنتصار, فوز
verlies (het)	hazīma (f)	هزيمة
wapenstilstand (de)	hudna (f)	هدنة
wimpel (vaandel)	rāyat al maʿraka (f)	راية المعركة
roem (de)	maʒd (m)	مجد
parade (de)	istiʿrāḍ ʿaskariy (m)	إستعراض عسكريّ
marcheren (ww)	sār	سار

186. Wapens

wapens (mv.)	asliḥa (pl)	أسلحة
vuurwapens (mv.)	asliḥa nāriyya (pl)	أسلحة ناريّة

koude wapens (mv.)	asliḥa bayḍā' (pl)	أسلحة بيضاء
chemische wapens (mv.)	asliḥa kīmyā'iyya (pl)	أسلحة كيميائيّة
kern-, nucleair (bn)	nawawiy	نوويّ
kernwapens (mv.)	asliḥa nawawiyya (pl)	أسلحة نوويّة
bom (de)	qumbula (f)	قنبلة
atoombom (de)	qumbula nawawiyya (f)	قنبلة نوويّة
pistool (het)	musaddas (m)	مسدّس
geweer (het)	bunduqiyya (f)	بندقيّة
machinepistool (het)	bunduqiyya huʒūmiyya (f)	بندقيّة هجوميّة
machinegeweer (het)	raʃʃāʃ (m)	رشّاش
loop (schietbuis)	fūha (f)	فوهة
loop (bijv. geweer met kortere ~)	sabṭāna (f)	سبطانة
kaliber (het)	ʿiyār (m)	عيار
trekker (de)	zinād (m)	زناد
korrel (de)	muṣawwib (m)	مصوّب
magazijn (het)	maχzan (m)	مخزن
geweerkolf (de)	ʿaqab al bunduqiyya (m)	عقب البندقيّة
granaat (handgranaat)	qumbula yadawiyya (f)	قنبلة يدويّة
explosieven (mv.)	mawādd mutafaʒʒira (pl)	موادّ متفجّرة
kogel (de)	ruṣāṣa (f)	رصاصة
patroon (de)	χarṭūʃa (f)	خرطوشة
lading (de)	ḥaʃwa (f)	حشوة
ammunitie (de)	ðaχā'ir (pl)	ذخائر
bommenwerper (de)	qāðifat qanābil (f)	قاذفة قنابل
straaljager (de)	ṭā'ira muqātila (f)	طائرة مقاتلة
helikopter (de)	hiliukūbtir (m)	هليكوبتر
afweergeschut (het)	madfaθ muḍādd liṭ ṭa'irāṭ (m)	مدفع مضادّ للطائرات
tank (de)	dabbāba (f)	دبّابة
kanon (tank met een ~ van 76 mm)	madfaʿ ad dabbāba (m)	مدفع الدبّابة
artillerie (de)	madfaʿiyya (f)	مدفعيّة
kanon (het)	madfaʿ (m)	مدفع
aanleggen (een wapen ~)	ṣawwab	صوّب
projectiel (het)	qaðīfa (f)	قذيفة
mortiergranaat (de)	qumbula hāwun (f)	قنبلة هاون
mortier (de)	hāwun (m)	هاون
granaatscherf (de)	ʃaẓiyya (f)	شظيّة
duikboot (de)	ɣawwāṣa (f)	غوّاصة
torpedo (de)	ṭurbīd (m)	طوربيد
raket (de)	ṣārūχ (m)	صاروخ
laden (geweer, kanon)	ḥaʃa	حشا
schieten (ww)	aṭlaq an nār	أطلق النار
richten op (mikken)	ṣawwab	صوّب

bajonet (de)	ḥarba (f)	حربة
degen (de)	ʃiʃ (m)	شيش
sabel (de)	sayf munḥani (m)	سيف منحن
speer (de)	rumḥ (m)	رمح
boog (de)	qaws (m)	قوس
pijl (de)	sahm (m)	سهم
musket (de)	muskīt (m)	مسكيت
kruisboog (de)	qaws mustaʿraḍ (m)	قوس مستعرض

187. Oude mensen

primitief (bn)	bidāʾiy	بدائيّ
voorhistorisch (bn)	ma qabl at tarīχ	ما قبل التاريخ
eeuwenoude (~ beschaving)	qadīm	قديم
Steentijd (de)	al ʿaṣr al ḥaʒariy (m)	العصر الحجريّ
Bronstijd (de)	al ʿaṣr al brunziy (m)	العصر البرونزيّ
IJstijd (de)	al ʿaṣr al ʒalīdiy (m)	العصر الجليديّ
stam (de)	qabīla (f)	قبيلة
menseneter (de)	ʾākil laḥm al baʃar (m)	آكل لحم البشر
jager (de)	ṣayyād (m)	صيّاد
jagen (ww)	iṣṭād	إصطاد
mammoet (de)	mamūθ (m)	ماموث
grot (de)	kahf (m)	كهف
vuur (het)	nār (f)	نار
kampvuur (het)	nār muχayyam (m)	نار مخيّم
rotstekening (de)	rasm fil kahf (m)	رسم في الكهف
werkinstrument (het)	adāt (f)	أداة
speer (de)	rumḥ (m)	رمح
stenen bijl (de)	faʾs ḥaʒariy (m)	فأس حجريّ
oorlog voeren (ww)	ḥārab	حارب
temmen (bijv. wolf ~)	daʒʒan	دجّن
idool (het)	ṣanam (m)	صنم
aanbidden (ww)	ʿabad	عبد
bijgeloof (het)	χurāfa (f)	خرافة
ritueel (het)	mansak (m)	منسك
evolutie (de)	taṭawwur (m)	تطوّر
ontwikkeling (de)	numuww (m)	نموّ
verdwijning (de)	iχtifāʾ (m)	إختفاء
zich aanpassen (ww)	takayyaf	تكيّف
archeologie (de)	ʿilm al ʾāθār (m)	علم الآثار
archeoloog (de)	ʿālimʾāθār (m)	عالم آثار
archeologisch (bn)	aθariy	أثري
opgravingsplaats (de)	mawqiʿ ḥafr (m)	موقع حفر
opgravingen (mv.)	tanqīb (m)	تنقيب
vondst (de)	iktiʃāf (m)	إكتشاف
fragment (het)	qiṭʿa (f)	قطعة

188. Middeleeuwen

volk (het)	ʃaʿb (m)	شعب
volkeren (mv.)	ʃuʿūb (pl)	شعوب
stam (de)	qabīla (f)	قبيلة
stammen (mv.)	qabāʾil (pl)	قبائل
barbaren (mv.)	al barābira (pl)	البرابرة
Galliërs (mv.)	al ɣalyūn (pl)	الغاليون
Goten (mv.)	al qūṭiyyūn (pl)	القوطيّون
Slaven (mv.)	as silāf (pl)	السلاف
Vikings (mv.)	al vaykinɣ (pl)	الفايكينغ
Romeinen (mv.)	ar rūmān (pl)	الرومان
Romeins (bn)	rumāniy	روماني
Byzantijnen (mv.)	bizanṭiyyūn (pl)	بيزنطيّون
Byzantium (het)	bīzanṭa (f)	بيزنطة
Byzantijns (bn)	bizanṭiy	بيزنطي
keizer (bijv. Romeinse ~)	imbiraṭūr (m)	إمبراطور
opperhoofd (het)	zaʿīm (m)	زعيم
machtig (bn)	qawiy	قوي
koning (de)	malik (m)	ملك
heerser (de)	ḥākim (m)	حاكم
ridder (de)	fāris (m)	فارس
feodaal (de)	iqṭāʿiy (m)	إقطاعي
feodaal (bn)	iqṭāʿiy	إقطاعي
vazal (de)	muqṭaʿ (m)	مقطع
hertog (de)	dūq (m)	دوق
graaf (de)	īrl (m)	إيرل
baron (de)	barūn (m)	بارون
bisschop (de)	usquf (m)	أسقف
harnas (het)	dirʿ (m)	درع
schild (het)	turs (m)	ترس
zwaard (het)	sayf (m)	سيف
vizier (het)	ḥāffa amāmiyya lil χūða (f)	حافة أماميّة للخوذة
maliënkolder (de)	dirʿ az zarad (m)	درع الزرد
kruistocht (de)	ḥamla ṣalībiyya (f)	حملة صليبيّة
kruisvaarder (de)	ṣalībiy (m)	صليبي
gebied (bijv. bezette ~en)	arḍ (f)	أرض
aanvallen (binnenvallen)	haʒam	هجم
veroveren (ww)	fataḥ	فتح
innemen (binnenvallen)	iḥtall	إحتلّ
bezetting (de)	ḥiṣār (m)	حصار
belegerd (bn)	muḥāṣar	محاصر
belegeren (ww)	ḥāṣar	حاصر
inquisitie (de)	maḥākim at taftīʃ (pl)	محاكم التفتيش
inquisiteur (de)	mufattiʃ (m)	مفتّش

foltering (de)	ta'ðīb (m)	تعذيب
wreed (bn)	qās	قاس
ketter (de)	harṭūqiy (m)	هرطوقيّ
ketterij (de)	harṭaqa (f)	هرطقة
zeevaart (de)	as safar bil baḥr (m)	السفر بالبحر
piraat (de)	qurṣān (m)	قرصان
piraterij (de)	qarṣana (f)	قرصنة
enteren (het)	muhāʒmat safīna (f)	مهاجمة سفينة
buit (de)	ɣanīma (f)	غنيمة
schatten (mv.)	kunūz (pl)	كنوز
ontdekking (de)	iktiʃāf (m)	إكتشاف
ontdekken (bijv. nieuw land)	iktaʃaf	إكتشف
expeditie (de)	ba'θa (f)	بعثة
musketier (de)	fāris (m)	فارس
kardinaal (de)	kardināl (m)	كاردينال
heraldiek (de)	ʃi'ārāt an nabāla (pl)	شعارات النبالة
heraldisch (bn)	χāṣṣ bi ʃi'ārāt an nabāla	خاصّ بشعارات النبالة

189. Leider. Baas. Autoriteiten

koning (de)	malik (m)	ملك
koningin (de)	malika (f)	ملكة
koninklijk (bn)	malakiy	ملكيّ
koninkrijk (het)	mamlaka (f)	مملكة
prins (de)	amīr (m)	أمير
prinses (de)	amīra (f)	أميرة
president (de)	ra'īs (m)	رئيس
vicepresident (de)	nā'ib ar ra'īs (m)	نائب الرئيس
senator (de)	'uḍw maʒlis aʃ ʃuyūχ (m)	عضو مجلس الشيوخ
monarch (de)	'āhil (m)	عاهل
heerser (de)	ḥākim (m)	حاكم
dictator (de)	diktatūr (m)	ديكتاتور
tiran (de)	ṭāɣiya (f)	طاغية
magnaat (de)	ra'smāliy kabīr (m)	رأسمالي كبير
directeur (de)	mudīr (m)	مدير
chef (de)	ra'īs (m)	رئيس
beheerder (de)	mudīr (m)	مدير
baas (de)	ra'īs (m), mudīr (m)	رئيس, مدير
eigenaar (de)	ṣāḥib (m)	صاحب
leider (de)	za'īm (m)	زعيم
hoofd (bijv. ~ van de delegatie)	ra'īs (m)	رئيس
autoriteiten (mv.)	sulutāt (pl)	سلطات
superieuren (mv.)	ru'asā' (pl)	رؤساء
gouverneur (de)	muḥāfiẓ (m)	محافظ
consul (de)	qunṣul (m)	قنصل

diplomaat (de)	diblumāsiy (m)	دبلوماسيّ
burgemeester (de)	ra'īs al baladiyya (m)	رئيس البلديّة
sheriff (de)	ʃarīf (m)	شريف
keizer (bijv. Romeinse ~)	imbiraṭūr (m)	إمبراطور
tsaar (de)	qayṣar (m)	قيصر
farao (de)	fir'awn (m)	فرعون
kan (de)	χān (m)	خان

190. Weg. Weg. Routebeschrijving

weg (de)	ṭarīq (m)	طريق
route (de kortste ~)	ṭarīq (m)	طريق
autoweg (de)	ṭarīq sarī' (m)	طريق سريع
snelweg (de)	ṭarīq sarī' (m)	طريق سريع
rijksweg (de)	ṭarīq waṭaniy (m)	طريق وطنيّ
hoofdweg (de)	ṭarīq ra'īsiy (m)	طريق رئيسيّ
landweg (de)	ṭarīq turābiy (m)	طريق ترابيّ
pad (het)	mamarr (m)	ممرّ
paadje (het)	mamarr (m)	ممرّ
Waar?	ayna?	أين؟
Waarheen?	ila ayna?	إلى أين؟
Waarvandaan?	min ayna?	من أين؟
richting (de)	ittiʒāh (m)	إتّجاه
aanwijzen (de weg ~)	aʃār	أشار
naar links (bw)	ilaʃ ʃimāl	إلى الشمال
naar rechts (bw)	ilal yamīn	إلى اليمين
rechtdoor (bw)	ilal amām	إلى الأمام
terug (bijv. ~ keren)	ilal warā'	إلى الوراء
bocht (de)	mun'aṭif (m)	منعطف
afslaan (naar rechts ~)	in'aṭaf	إنعطف
U-bocht maken (ww)	istadār lil χalf	إستدار للخلف
zichtbaar worden (ww)	ẓahar	ظهر
verschijnen (in zicht komen)	ẓahar	ظهر
stop (korte onderbreking)	istirāḥa (f)	إستراحة
zich verpozen (uitrusten)	istarāḥ	إستراح
rust (de)	istirāḥa (f)	إستراحة
verdwalen (de weg kwijt zijn)	tāh	تاه
leiden naar ... (de weg)	adda ila ...	أدّى إلى...
bereiken (ergens aankomen)	waṣal ila ...	وصل إلى...
deel (~ van de weg)	imtidād (m)	إمتداد
asfalt (het)	asfalt (m)	اسفلت
trottoirband (de)	ḥāffat ar raṣīf (f)	حافّة الرصيف

greppel (de)	χandaq (m)	خندق
putdeksel (het)	fatḥat ad duχūl (f)	فتحة الدخول
vluchtstrook (de)	ḥāffat aṭ ṭarīq (f)	حافّة الطريق
kuil (de)	ḥufra (f)	حفرة
gaan (te voet)	maʃa	مشى
inhalen (voorbijgaan)	laḥiq bi	لحق بـ
stap (de)	χaṭwa (f)	خطوة
te voet (bw)	māʃiyan	ماشيًا
blokkeren (de weg ~)	sadd	سدّ
slagboom (de)	ḥāʒiz ṭarīq (m)	حاجز طريق
doodlopende straat (de)	ṭarīq masdūd (m)	طريق مسدود

191. De wet overtreden. Criminelen. Deel 1

bandiet (de)	qāṭiʿ ṭarīq (m)	قاطع طريق
misdaad (de)	ʒarīma (f)	جريمة
misdadiger (de)	muʒrim (m)	مجرم
dief (de)	sāriq (m)	سارق
stelen (ww)	saraq	سرق
stelen, diefstal (de)	sirqa (f)	سرقة
kidnappen (ww)	χaṭaf	خطف
kidnapping (de)	χaṭf (m)	خطف
kidnapper (de)	χāṭif (m)	خاطف
losgeld (het)	fidya (f)	فدية
eisen losgeld (ww)	ṭalab fidya	طلب فدية
overvallen (ww)	nahab	نهب
overval (de)	nahb (m)	نهب
overvaller (de)	nahhāb (m)	نهّاب
afpersen (ww)	balṭaʒ	بلطج
afperser (de)	balṭaʒiy (m)	بلطجيّ
afpersing (de)	balṭaʒa (f)	بلطجة
vermoorden (ww)	qatal	قتل
moord (de)	qatl (m)	قتل
moordenaar (de)	qātil (m)	قاتل
schot (het)	ṭalaqat nār (f)	طلقة نار
een schot lossen	aṭlaq an nār	أطلق النار
neerschieten (ww)	qatal bir ruṣāṣ	قتل بالرصاص
schieten (ww)	aṭlaq an nār	أطلق النار
schieten (het)	iṭlāq an nār (m)	إطلاق النار
ongeluk (gevecht, enz.)	ḥādiθ (m)	حادث
gevecht (het)	ʿirāk (m)	عراك
Help!	sāʿidni	ساعدني!
slachtoffer (het)	ḍaḥiyya (f)	ضحيّة

beschadigen (ww)	atlaf	أتلف
schade (de)	χasāra (f)	خسارة
lijk (het)	ʒuθθa (f)	جثّة
zwaar (~ misdrijf)	ʿanīf	عنيف
aanvallen (ww)	haʒam	هجم
slaan (iemand ~)	ḍarab	ضرب
in elkaar slaan (toetakelen)	ḍarab	ضرب
ontnemen (beroven)	salab	سلب
steken (met een mes)	ṭaʿan ḥatta al mawt	طعن حتّى الموت
verminken (ww)	ʃawwah	شوّه
verwonden (ww)	ʒaraḥ	جرح
chantage (de)	balṭaʒa (f)	بلطجة
chanteren (ww)	ibtazz	إبتزّ
chanteur (de)	mubtazz (m)	مبتزّ
afpersing (de)	naṣb (m)	نصب
afperser (de)	naṣṣāb (m)	نصّاب
gangster (de)	raʒul ʿiṣāba (m)	رجل عصابة
maffia (de)	māfia (f)	مافيا
kruimeldief (de)	naʃʃāl (m)	نشّال
inbreker (de)	liṣṣ buyūt (m)	لصّ بيوت
smokkelen (het)	tahrīb (m)	تهريب
smokkelaar (de)	muharrib (m)	مهرّب
namaak (de)	tazwīr (m)	تزوير
namaken (ww)	zawwar	زوّر
namaak-, vals (bn)	muzawwar	مزوّر

192. De wet overtreden. Criminelen. Deel 2

verkrachting (de)	iɣtiṣāb (m)	إغتصاب
verkrachten (ww)	iɣtaṣab	إغتصب
verkrachter (de)	muɣtaṣib (m)	مغتصب
maniak (de)	mahwūs (m)	مهووس
prostituee (de)	ʿāhira (f)	عاهرة
prostitutie (de)	daʿāra (f)	دعارة
pooier (de)	qawwād (m)	قوّاد
drugsverslaafde (de)	mudmin muχaddirāt (m)	مدمن مخدّرات
drugshandelaar (de)	tāʒir muχaddirāt (m)	تاجر مخدّرات
opblazen (ww)	faʒʒar	فجّر
explosie (de)	infiʒār (m)	إنفجار
in brand steken (ww)	aʃʿal an nār	أشعل النار
brandstichter (de)	muʃʿil ḥarīq (m)	مشعل حريق
terrorisme (het)	irhāb (m)	إرهاب
terrorist (de)	irhābiy (m)	إرهابيّ
gijzelaar (de)	rahīna (m)	رهينة
bedriegen (ww)	iḥtāl	إحتال

bedrog (het)	iḥtiyāl (m)	إحتيال
oplichter (de)	muḥtāl (m)	محتال
omkopen (ww)	raʃa	رشا
omkoperij (de)	irtiʃā' (m)	إرتشاء
smeergeld (het)	raʃwa (f)	رشوة
vergif (het)	samm (m)	سمّ
vergiftigen (ww)	sammam	سمّم
vergif innemen (ww)	sammam nafsahu	سمّم نفسه
zelfmoord (de)	intiḥār (m)	إنتحار
zelfmoordenaar (de)	muntaḥir (m)	منتحر
bedreigen (bijv. met een pistool)	haddad	هدّد
bedreiging (de)	tahdīd (m)	تهديد
een aanslag plegen	ḥāwal iɣtiyāl	حاول الإغتيال
aanslag (de)	muḥāwalat iɣtiyāl (f)	محاولة إغتيال
stelen (een auto)	saraq	سرق
kapen (een vliegtuig)	iχtaṭaf	إختطف
wraak (de)	intiqām (m)	إنتقام
wreken (ww)	intaqam	إنتقم
martelen (gevangenen)	ʻaððab	عذّب
foltering (de)	taʻðīb (m)	تعذيب
folteren (ww)	ʻaððab	عذّب
piraat (de)	qurṣān (m)	قرصان
straatschender (de)	wabaʃ (m)	وبش
gewapend (bn)	musallaḥ	مسلّح
geweld (het)	ʻunf (m)	عنف
onwettig (strafbaar)	ɣayr qānūniy	غير قانونيّ
spionage (de)	taʒassas (m)	تجسّس
spioneren (ww)	taʒassas	تجسّس

193. Politie. Wet. Deel 1

justitie (de)	qaḍā' (m)	قضاء
gerechtshof (het)	maḥkama (f)	محكمة
rechter (de)	qāḍi (m)	قاض
jury (de)	muḥallafūn (pl)	محلّفون
juryrechtspraak (de)	qaḍā' al muḥallafīn (m)	قضاء المحلّفين
berechten (ww)	ḥakam	حكم
advocaat (de)	muḥāmi (m)	محام
beklaagde (de)	muddaʻa ʻalayh (m)	مدّعى عليه
beklaagdenbank (de)	qafṣ al ittihām (m)	قفص الإتّهام
beschuldiging (de)	ittihām (m)	إتّهام
beschuldigde (de)	muttaham (m)	متّهم

vonnis (het)	ḥukm (m)	حكم
veroordelen (in een rechtszaak)	ḥakam	حكم
schuldige (de)	muðnib (m)	مذنب
straffen (ww)	ʿāqab	عاقب
bestraffing (de)	ʿuqūba (f), ʿiqāb (m)	عقوبة, عقاب
boete (de)	ɣarāma (f)	غرامة
levenslange opsluiting (de)	siʒn mada al ḥayāt (m)	سجن مدى الحياة
doodstraf (de)	ʿuqūbat ʾiʿdām (f)	عقوبة إعدام
elektrische stoel (de)	kursiy kaharabāʾiy (m)	كرسيّ كهربائيّ
schavot (het)	maʃnaqa (f)	مشنقة
executeren (ww)	aʿdam	أعدم
executie (de)	iʿdām (m)	إعدام
gevangenis (de)	siʒn (m)	سجن
cel (de)	zinzāna (f)	زنزانة
konvooi (het)	ḥirāsa (f)	حراسة
gevangenisbewaker (de)	ḥāris siʒn (m)	حارس سجن
gedetineerde (de)	saʒīn (m)	سجين
handboeien (mv.)	aṣfād (pl)	أصفاد
handboeien omdoen	ṣaffad	صفّد
ontsnapping (de)	hurūb min as siʒn (m)	هروب من السجن
ontsnappen (ww)	harab	هرب
verdwijnen (ww)	iχtafa	إختفى
vrijlaten (uit de gevangenis)	aχla sabīl	أخلى سبيل
amnestie (de)	ʿafw ʿāmm (m)	عفو عامّ
politie (de)	ʃurṭa (f)	شرطة
politieagent (de)	ʃurṭiy (m)	شرطيّ
politiebureau (het)	qism ʃurṭa (m)	قسم شرطة
knuppel (de)	hirāwat aʃ ʃurṭiy (f)	هراوة الشرطيّ
megafoon (de)	būq (m)	بوق
patrouilleerwagen (de)	sayyārat dawriyyāt (f)	سيّارة دوريّات
sirene (de)	ṣaffārat inðār (f)	صفّارة إنذار
de sirene aansteken	aṭlaq sirīna	أطلق سرينة
geloei (het) van de sirene	ṣawt sirīna (m)	صوت سرينة
plaats delict (de)	masraḥ al ʒarīma (m)	مسرح الجريمة
getuige (de)	ʃāhid (m)	شاهد
vrijheid (de)	ḥurriyya (f)	حرّيّة
handlanger (de)	ʃarīk fil ʒarīma (m)	شريك في الجريمة
ontvluchten (ww)	harab	هرب
spoor (het)	aθar (m)	أثر

194. Politie. Wet. Deel 2

opsporing (de)	baḥθ (m)	بحث
opsporen (ww)	baḥaθ	بحث

verdenking (de)	ʃubha (f)	شبهة
verdacht (bn)	maʃbūh	مشبوه
aanhouden (stoppen)	awqaf	أوقف
tegenhouden (ww)	i'taqal	إعتقل
strafzaak (de)	qaḍiyya (f)	قضيّة
onderzoek (het)	taḥqīq (m)	تحقيق
detective (de)	muḥaqqiq (m)	محقّق
onderzoeksrechter (de)	mufattiʃ (m)	مفتّش
versie (de)	riwāya (f)	رواية
motief (het)	dāfi' (m)	دافع
verhoor (het)	istiʒwāb (m)	إستجواب
ondervragen (door de politie)	istaʒwab	إستجوب
ondervragen (omstanders ~)	istanṭaq	إستنطق
controle (de)	faḥṣ (m)	فحص
razzia (de)	ʒam' (m)	جمع
huiszoeking (de)	taftīʃ (m)	تفتيش
achtervolging (de)	muṭārada (f)	مطاردة
achtervolgen (ww)	ṭārad	طارد
opsporen (ww)	tāba'	تابع
arrest (het)	i'tiqāl (m)	إعتقال
arresteren (ww)	i'taqal	إعتقل
vangen, aanhouden (een dief, enz.)	qabaḍ	قبض
aanhouding (de)	qabḍ (m)	قبض
document (het)	waθīqa (f)	وثيقة
bewijs (het)	dalīl (m)	دليل
bewijzen (ww)	aθbat	أثبت
voetspoor (het)	baṣma (f)	بصمة
vingerafdrukken (mv.)	baṣamāt al aṣābi' (pl)	بصمات الأصابع
bewijs (het)	dalīl (m)	دليل
alibi (het)	daf' bil ɣayba (f)	دفع بالغيبة
onschuldig (bn)	barī'	بريء
onrecht (het)	ẓulm (m)	ظلم
onrechtvaardig (bn)	ɣayr 'ādil	غير عادل
crimineel (bn)	iʒrāmiy	إجراميّ
confisqueren (in beslag nemen)	ṣādar	صادر
drug (de)	muχaddirāt (pl)	مخدّرات
wapen (het)	silāḥ (m)	سلاح
ontwapenen (ww)	ʒarrad min as silāḥ	جرّد من السلاح
bevelen (ww)	amar	أمر
verdwijnen (ww)	iχtafa	إختفى
wet (de)	qānūn (m)	قانون
wettelijk (bn)	qānūniy, ʃar'iy	قانونيّ, شرعيّ
onwettelijk (bn)	ɣayr qanūny, ɣayr ʃar'i	غير قانونيّ, غير شرعيّ
verantwoordelijkheid (de)	mas'ūliyya (f)	مسؤوليّة
verantwoordelijk (bn)	mas'ūl (m)	مسؤول

NATUUR

De Aarde. Deel 1

195. De kosmische ruimte

kosmos (de)	faḍā' (m)	فضاء
kosmisch (bn)	faḍā'iy	فضائيّ
kosmische ruimte (de)	faḍā' (m)	فضاء
wereld (de)	'ālam (m)	عالم
heelal (het)	al kawn (m)	الكون
sterrenstelsel (het)	al maʒarra (f)	المجرّة
ster (de)	naʒm (m)	نجم
sterrenbeeld (het)	burʒ (m)	برج
planeet (de)	kawkab (m)	كوكب
satelliet (de)	qamar ṣinā'iy (m)	قمر صناعيّ
meteoriet (de)	ḥaʒar nayzakiy (m)	حجر نيزكيّ
komeet (de)	muðannab (m)	مذنّب
asteroïde (de)	kuwaykib (m)	كويكب
baan (de)	madār (m)	مدار
draaien (om de zon, enz.)	dār	دار
atmosfeer (de)	al ɣilāf al ʒawwiy (m)	الغلاف الجوّيّ
Zon (de)	aʃ ʃams (f)	الشمس
zonnestelsel (het)	al maʒmū'a aʃ ʃamsiyya (f)	المجموعة الشمسيّة
zonsverduistering (de)	kusūf aʃ ʃams (m)	كسوف الشمس
Aarde (de)	al arḍ (f)	الأرض
Maan (de)	al qamar (m)	القمر
Mars (de)	al mirrīχ (m)	المرّيخ
Venus (de)	az zahra (f)	الزهرة
Jupiter (de)	al muʃtari (m)	المشتري
Saturnus (de)	zuḥal (m)	زحل
Mercurius (de)	'aṭārid (m)	عطارد
Uranus (de)	urānus (m)	اورانوس
Neptunus (de)	nibtūn (m)	نبتون
Pluto (de)	blūtu (m)	بلوتو
Melkweg (de)	darb at tabbāna (m)	درب التبّانة
Grote Beer (de)	ad dubb al akbar (m)	الدبّ الأكبر
Poolster (de)	naʒm al 'quṭb (m)	نجم القطب
marsmannetje (het)	sākin al mirrīχ (m)	ساكن المرّيخ
buitenaards wezen (het)	faḍā'iy (m)	فضائيّ

bovenaards (het)	faḍā'iy (m)	فضائيّ
vliegende schotel (de)	ṭabaq ṭā'ir (m)	طبق طائر
ruimtevaartuig (het)	markaba faḍā'iyya (f)	مركبة فضائيّة
ruimtestation (het)	maḥaṭṭat faḍā' (f)	محطّة فضاء
start (de)	inṭilāq (m)	إنطلاق
motor (de)	mutūr (m)	موتور
straalpijp (de)	manfaθ (m)	منفث
brandstof (de)	wuqūd (m)	وقود
cabine (de)	kabīna (f)	كابينة
antenne (de)	hawā'iy (m)	هوائيّ
patrijspoort (de)	kuwwa mustadīra (f)	كوّة مستديرة
zonnebatterij (de)	lawḥ ʃamsiy (m)	لوح شمسيّ
ruimtepak (het)	baðlat al faḍā' (f)	بذلة الفضاء
gewichtloosheid (de)	in'idām al wazn (m)	إنعدام الوزن
zuurstof (de)	uksiʒīn (m)	أكسجين
koppeling (de)	rasw (m)	رسو
koppeling maken	rasa	رسا
observatorium (het)	marṣad (m)	مرصد
telescoop (de)	tiliskūp (m)	تلسكوب
waarnemen (ww)	rāqab	راقب
exploreren (ww)	istakʃaf	إستكشف

196. De Aarde

Aarde (de)	al arḍ (f)	الأرض
aardbol (de)	al kura al arḍiyya (f)	الكرة الأرضيّة
planeet (de)	kawkab (m)	كوكب
atmosfeer (de)	al ɣilāf al ʒawwiy (m)	الغلاف الجوّيّ
aardrijkskunde (de)	ʒuɣrāfiya (f)	جغرافيا
natuur (de)	ṭabī'a (f)	طبيعة
wereldbol (de)	namūðaʒ lil kura al arḍiyya (m)	نموذج للكرة الأرضيّة
kaart (de)	χarīṭa (f)	خريطة
atlas (de)	aṭlas (m)	أطلس
Europa (het)	urūbba (f)	أوروبّا
Azië (het)	'āsiya (f)	آسيا
Afrika (het)	afrīqiya (f)	أفريقيا
Australië (het)	usturāliya (f)	أستراليا
Amerika (het)	amrīka (f)	أمريكا
Noord-Amerika (het)	amrīka aʃ ʃimāliyya (f)	أمريكا الشماليّة
Zuid-Amerika (het)	amrīka al ʒanūbiyya (f)	أمريكا الجنوبيّة
Antarctica (het)	al quṭb al ʒanūbiy (m)	القطب الجنوبيّ
Arctis (de)	al quṭb aʃ ʃimāliy (m)	القطب الشماليّ

197. Windrichtingen

noorden (het)	ʃimāl (m)	شمال
naar het noorden	ilaʃ ʃimāl	إلى الشمال
in het noorden	fiʃ ʃimāl	في الشمال
noordelijk (bn)	ʃimāliy	شماليّ
zuiden (het)	ʒanūb (m)	جنوب
naar het zuiden	ilal ʒanūb	إلى الجنوب
in het zuiden	fil ʒanūb	في الجنوب
zuidelijk (bn)	ʒanūbiy	جنوبي
westen (het)	ɣarb (m)	غرب
naar het westen	ilal ɣarb	إلى الغرب
in het westen	fil ɣarb	في الغرب
westelijk (bn)	ɣarbiy	غربي
oosten (het)	ʃarq (m)	شرق
naar het oosten	ilaʃ ʃarq	إلى الشرق
in het oosten	fiʃ ʃarq	في الشرق
oostelijk (bn)	ʃarqiy	شرقيّ

198. Zee. Oceaan

zee (de)	baḥr (m)	بحر
oceaan (de)	muḥīṭ (m)	محيط
golf (baai)	χalīʒ (m)	خليج
straat (de)	maḍīq (m)	مضيق
grond (vaste grond)	barr (m)	برّ
continent (het)	qārra (f)	قارّة
eiland (het)	ʒazīra (f)	جزيرة
schiereiland (het)	ʃibh ʒazīra (f)	شبه جزيرة
archipel (de)	maʒmūʿat ʒuzur (f)	مجموعة جزر
baai, bocht (de)	χalīʒ (m)	خليج
haven (de)	mīnā' (m)	ميناء
lagune (de)	buḥayra ʃāṭi'a (f)	بحيرة شاطئة
kaap (de)	ra's (m)	رأس
atol (de)	ʒazīra marʒāniyya istiwā'iyya (f)	جزيرة مرجانيّة إستوائيّة
rif (het)	ʃiʿāb (pl)	شعاب
koraal (het)	murʒān (m)	مرجان
koraalrif (het)	ʃiʿāb marʒāniyya (pl)	شعاب مرجانيّة
diep (bn)	ʿamīq	عميق
diepte (de)	ʿumq (m)	عمق
diepzee (de)	mahwāt (f)	مهواة
trog (bijv. Marianentrog)	χandaq (m)	خندق
stroming (de)	tayyār (m)	تيّار
omspoelen (ww)	aḥāṭ	أحاط

oever (de)	sāḥil (m)	ساحل
kust (de)	sāḥil (m)	ساحل
vloed (de)	madd (m)	مدّ
eb (de)	ʒazr (m)	جزر
ondiepte (ondiep water)	miyāh ḍaḥla (f)	مياه ضحلة
bodem (de)	qāʿ (m)	قاع
golf (hoge ~)	mawʒa (f)	موجة
golfkam (de)	qimmat mawʒa (f)	قمّة موجة
schuim (het)	zabad al baḥr (m)	زبد البحر
storm (de)	ʿāṣifa (f)	عاصفة
orkaan (de)	iʿṣār (m)	إعصار
tsunami (de)	tsunāmi (m)	تسونامي
windstilte (de)	hudūʾ (m)	هدوء
kalm (bijv. ~e zee)	hādiʾ	هادئ
pool (de)	quṭb (m)	قطب
polair (bn)	quṭby	قطبيّ
breedtegraad (de)	ʿarḍ (m)	عرض
lengtegraad (de)	ṭūl (m)	طول
parallel (de)	mutawāzi (m)	متواز
evenaar (de)	χaṭṭ al istiwāʾ (m)	خط الإستواء
hemel (de)	samāʾ (f)	سماء
horizon (de)	ufuq (m)	أفق
lucht (de)	hawāʾ (m)	هواء
vuurtoren (de)	manāra (f)	منارة
duiken (ww)	ɣāṣ	غاص
zinken (ov. een boot)	ɣariq	غرق
schatten (mv.)	kunūz (pl)	كنوز

199. Namen van zeeën en oceanen

Atlantische Oceaan (de)	al muḥīṭ al aṭlasiy (m)	المحيط الأطلسيّ
Indische Oceaan (de)	al muḥīṭ al hindiy (m)	المحيط الهنديّ
Stille Oceaan (de)	al muḥīṭ al hādiʾ (m)	المحيط الهادئ
Noordelijke IJszee (de)	al muḥīṭ il mutaʒammid aʃ ʃimāliy (m)	المحيط المتجمّد الشماليّ
Zwarte Zee (de)	al baḥr al aswad (m)	البحر الأسود
Rode Zee (de)	al baḥr al aḥmar (m)	البحر الأحمر
Gele Zee (de)	al baḥr al aṣfar (m)	البحر الأصفر
Witte Zee (de)	al baḥr al abyaḍ (m)	البحر الأبيض
Kaspische Zee (de)	baḥr qazwīn (m)	بحر قزوين
Dode Zee (de)	al baḥr al mayyit (m)	البحر الميّت
Middellandse Zee (de)	al baḥr al abyaḍ al mutawassiṭ (m)	البحر الأبيض المتوسّط
Egeïsche Zee (de)	baḥr īʒah (m)	بحر إيجة
Adriatische Zee (de)	al baḥr al adriyatīkiy (m)	البحر الأدرياتيكيّ

Arabische Zee (de)	baḥr al ʿarab (m)	بحر العرب
Japanse Zee (de)	baḥr al yabān (m)	بحر اليابان
Beringzee (de)	baḥr birinʒ (m)	بحر بيرينغ
Zuid-Chinese Zee (de)	baḥr aṣ ṣīn al ʒanūbiy (m)	بحر الصين الجنوبيّ
Koraalzee (de)	baḥr al marʒān (m)	بحر المرجان
Tasmanzee (de)	baḥr tasmān (m)	بحر تسمان
Caribische Zee (de)	al baḥr al karībiy (m)	البحر الكاريبيّ
Barentszzee (de)	baḥr barints (m)	بحر بارينس
Karische Zee (de)	baḥr kara (m)	بحر كارا
Noordzee (de)	baḥr aʃ ʃimāl (m)	بحر الشمال
Baltische Zee (de)	al baḥr al balṭīq (m)	البحر البلطيق
Noorse Zee (de)	baḥr an narwīʒ (m)	بحر النرويج

200. Bergen

berg (de)	ʒabal (m)	جبل
bergketen (de)	silsilat ʒibāl (f)	سلسلة جبال
gebergte (het)	qimam ʒabaliyya (pl)	قمم جبليّة
bergtop (de)	qimma (f)	قمّة
bergpiek (de)	qimma (f)	قمّة
voet (ov. de berg)	asfal (m)	أسفل
helling (de)	munḥadar (m)	منحدر
vulkaan (de)	burkān (m)	بركان
actieve vulkaan (de)	burkān naʃiṭ (m)	بركان نشط
uitgedoofde vulkaan (de)	burkān χāmid (m)	بركان خامد
uitbarsting (de)	θawrān (m)	ثوران
krater (de)	fūhat al burkān (f)	فوهة البركان
magma (het)	māɣma (f)	ماغما
lava (de)	ḥumam burkāniyya (pl)	حمم بركانيّة
gloeiend (~e lava)	munṣahira	منصهرة
kloof (canyon)	talʿa (m)	تلعة
bergkloof (de)	wādi ḍayyiq (m)	واد ضيّق
spleet (de)	ʃaqq (m)	شقّ
afgrond (de)	hāwiya (f)	هاوية
bergpas (de)	mamarr ʒabaliy (m)	ممرّ جبليّ
plateau (het)	haḍba (f)	هضبة
klip (de)	ʒurf (m)	جرف
heuvel (de)	tall (m)	تلّ
gletsjer (de)	nahr ʒalīdiy (m)	نهر جليديّ
waterval (de)	ʃallāl (m)	شلّال
geiser (de)	fawwāra ḥārra (m)	فوّارة حارّة
meer (het)	buḥayra (f)	بحيرة
vlakte (de)	sahl (m)	سهل
landschap (het)	manẓar ṭabīʿiy (m)	منظر طبيعيّ

echo (de)	ṣada (m)	صدى
alpinist (de)	mutasalliq al ʒibāl (m)	متسلّق الجبال
bergbeklimmer (de)	mutasalliq ṣuχūr (m)	متسلّق صخور
trotseren (berg ~)	taɣallab ʻala	تغلّب على
beklimming (de)	tasalluq (m)	تسلّق

201. Bergen namen

Alpen (de)	ʒibāl al alb (pl)	جبال الألب
Mont Blanc (de)	mūn blūn (m)	مون بلون
Pyreneeën (de)	ʒibāl al barānis (pl)	جبال البرانس
Karpaten (de)	ʒibāl al karbāt (pl)	جبال الكاربات
Oeralgebergte (het)	ʒibāl al 'ūrāl (pl)	جبال الأورال
Kaukasus (de)	ʒibāl al qawqāz (pl)	جبال القوقاز
Elbroes (de)	ʒabal ilbrūs (m)	جبل إلبروس
Altaj (de)	ʒibāl altāy (pl)	جبال ألتاي
Tiensjan (de)	ʒibāl tian ʃan (pl)	جبال تيان شان
Pamir (de)	ʒibāl bamīr (pl)	جبال بامير
Himalaya (de)	himalāya (pl)	هيمالايا
Everest (de)	ʒabal ivirist (m)	جبل افرست
Andes (de)	ʒibāl al andīz (pl)	جبال الأنديز
Kilimanjaro (de)	ʒabal kilimanʒāru (m)	جبل كليمنجارو

202. Rivieren

rivier (de)	nahr (m)	نهر
bron (~ van een rivier)	ʻayn (m)	عين
rivierbedding (de)	maʒra an nahr (m)	مجرى النهر
rivierbekken (het)	ḥawḍ (m)	حوض
uitmonden in ...	ṣabb fi ...	صبّ في...
zijrivier (de)	rāfid (m)	رافد
oever (de)	ḍiffa (f)	ضفّة
stroming (de)	tayyār (m)	تيّار
stroomafwaarts (bw)	f ittiʒāh maʒra an nahr	في إتجاه مجرى النهر
stroomopwaarts (bw)	ḍidd at tayyār	ضد التيّار
overstroming (de)	ɣamr (m)	غمر
overstroming (de)	fayaḍān (m)	فيضان
buiten zijn oevers treden	fāḍ	فاض
overstromen (ww)	ɣamar	غمر
zandbank (de)	miyāh ḍaḥla (f)	مياه ضحلة
stroomversnelling (de)	munḥadar an nahr (m)	منحدر النهر
dam (de)	sadd (m)	سدّ
kanaal (het)	qanāt (f)	قناة
spaarbekken (het)	χazzān mā'iy (m)	خزّان مائيّ

sluis (de)	hawīs (m)	هويس
waterlichaam (het)	masṭaḥ mā'iy (m)	مسطح مائيّ
moeras (het)	mustanqaʿ (m)	مستنقع
broek (het)	mustanqaʿ (m)	مستنقع
draaikolk (de)	dawwāma (f)	دوّامة
stroom (de)	ʒadwal mā'iy (m)	جدول مائيّ
drink- (abn)	aʃ ʃurb	الشرب
zoet (~ water)	ʿaðb	عذب
ijs (het)	ʒalīd (m)	جليد
bevriezen (rivier, enz.)	taʒammad	تجمّد

203. Namen van rivieren

Seine (de)	nahr as sīn (m)	نهر السين
Loire (de)	nahr al lua:r (m)	نهر اللوار
Theems (de)	nahr at tīmz (m)	نهر التيمز
Rijn (de)	nahr ar rayn (m)	نهر الراين
Donau (de)	nahr ad danūb (m)	نهر الدانوب
Wolga (de)	nahr al vulɣa (m)	نهر الفولغا
Don (de)	nahr ad dūn (m)	نهر الدون
Lena (de)	nahr līna (m)	نهر لينا
Gele Rivier (de)	an nahr al aṣfar (m)	النهر الأصفر
Blauwe Rivier (de)	nahr al yanɣtsi (m)	نهر اليانغتسي
Mekong (de)	nahr al mikunɣ (m)	نهر الميكونغ
Ganges (de)	nahr al ɣānʒ (m)	نهر الغانج
Nijl (de)	nahr an nīl (m)	نهر النيل
Kongo (de)	nahr al kunɣu (m)	نهر الكونغو
Okavango (de)	nahr ukavanʒu (m)	نهر اوكافانجو
Zambezi (de)	nahr az zambizi (m)	نهر الزمبيزي
Limpopo (de)	nahr limbubu (m)	نهر ليمبوبو
Mississippi (de)	nahr al mississibbi (m)	نهر الميسيسيبي

204. Bos

bos (het)	ɣāba (f)	غابة
bos- (abn)	ɣāba	غابة
oerwoud (dicht bos)	ɣāba kaθīfa (f)	غابة كثيفة
bosje (klein bos)	ɣāba ṣaɣīra (f)	غابة صغيرة
open plek (de)	minṭaqa uzīlat minha al aʃʒār (f)	منطقة أزيلت منها الأشجار
struikgewas (het)	aʒama (f)	أجمة
struiken (mv.)	ʃuʒayrāt (pl)	شجيرات
paadje (het)	mamarr (m)	ممرّ
ravijn (het)	wādi ḍayyiq (m)	واد ضيّق

boom (de)	ʃaʒara (f)	شجرة
blad (het)	waraqa (f)	ورقة
gebladerte (het)	waraq (m)	ورق
vallende bladeren (mv.)	tasāquṭ al awrāq (m)	تساقط الأوراق
vallen (ov. de bladeren)	saqaṭ	سقط
boomtop (de)	ra's (m)	رأس
tak (de)	ɣuṣn (m)	غصن
ent (de)	ɣuṣn (m)	غصن
knop (de)	burʿum (m)	برعم
naald (de)	ʃawka (f)	شوكة
dennenappel (de)	kūz aṣ ṣanawbar (m)	كوز الصنوبر
boom holte (de)	ʒawf (m)	جوف
nest (het)	ʿuʃʃ (m)	عشّ
hol (het)	ʒuḥr (m)	جحر
stam (de)	ʒiðʿ (m)	جذع
wortel (bijv. boom~s)	ʒiðr (m)	جذر
schors (de)	liḥā' (m)	لحاء
mos (het)	ṭuḥlub (m)	طحلب
ontwortelen (een boom)	iqtalaʿ	إقتلع
kappen (een boom ~)	qaṭaʿ	قطع
ontbossen (ww)	azāl al ɣābāt	أزال الغابات
stronk (de)	ʒiðʿ aʃ ʃaʒara (m)	جذع الشجرة
kampvuur (het)	nār muχayyam (m)	نار مخيّم
bosbrand (de)	ḥarīq ɣāba (m)	حريق غابة
blussen (ww)	aṭfa'	أطفأ
boswachter (de)	ḥāris al ɣāba (m)	حارس الغابة
bescherming (de)	ḥimāya (f)	حماية
beschermen (bijv. de natuur ~)	ḥama	حمى
stroper (de)	sāriq aṣ ṣayd (m)	سارق الصيد
val (de)	maṣyada (f)	مصيدة
plukken (vruchten, enz.)	ʒamaʿ	جمع
verdwalen (de weg kwijt zijn)	tāh	تاه

205. Natuurlijke hulpbronnen

natuurlijke rijkdommen (mv.)	θarawāt ṭabīʿiyya (pl)	ثروات طبيعيّة
delfstoffen (mv.)	maʿādin (pl)	معادن
lagen (mv.)	makāmin (pl)	مكامن
veld (bijv. olie~)	ḥaql (m)	حقل
winnen (uit erts ~)	istaχraʒ	إستخرج
winning (de)	istiχrāʒ (m)	إستخراج
erts (het)	χām (m)	خام
mijn (bijv. kolenmijn)	manʒam (m)	منجم
mijnschacht (de)	manʒam (m)	منجم

mijnwerker (de)	ʻāmil manʒam (m)	عامل منجم
gas (het)	ɣāz (m)	غاز
gasleiding (de)	χaṭṭ anābīb ɣāz (m)	خط أنابيب غاز
olie (aardolie)	nafṭ (m)	نفط
olieleiding (de)	anābīb an nafṭ (pl)	أنابيب النفط
oliebron (de)	bi'r an nafṭ (m)	بئر النفط
boortoren (de)	ḥaffāra (f)	حفّارة
tanker (de)	nāqilat an nafṭ (f)	ناقلة النفط
zand (het)	raml (m)	رمل
kalksteen (de)	ḥaʒar kalsiy (m)	حجر كلسيّ
grind (het)	ḥaṣa (m)	حصى
veen (het)	χaθθ faḥm nabātiy (m)	خثّ فحم نباتيّ
klei (de)	ṭīn (m)	طين
steenkool (de)	faḥm (m)	فحم
ijzer (het)	ḥadīd (m)	حديد
goud (het)	ðahab (m)	ذهب
zilver (het)	fiḍḍa (f)	فضّة
nikkel (het)	nikil (m)	نيكل
koper (het)	nuḥās (m)	نحاس
zink (het)	zink (m)	زنك
mangaan (het)	manɣanīz (m)	منغنيز
kwik (het)	zi'baq (m)	زئبق
lood (het)	ruṣāṣ (m)	رصاص
mineraal (het)	maʻdan (m)	معدن
kristal (het)	ballūra (f)	بلّورة
marmer (het)	ruχām (m)	رخام
uraan (het)	yurānuim (m)	يورانيوم

De Aarde. Deel 2

206. Weer

weer (het)	ṭaqs (m)	طقس
weersvoorspelling (de)	naʃra ʒawwiyya (f)	نشرة جوّيّة
temperatuur (de)	ḥarāra (f)	حرارة
thermometer (de)	tirmūmitr (m)	ترمومتر
barometer (de)	barūmitr (m)	بارومتر
vochtig (bn)	raṭib	رطب
vochtigheid (de)	ruṭūba (f)	رطوبة
hitte (de)	ḥarāra (f)	حرارة
heet (bn)	ḥārr	حارّ
het is heet	al ʒaww ḥārr	الجوّ حارّ
het is warm	al ʒaww dāfi'	الجوّ دافئ
warm (bn)	dāfi'	دافئ
het is koud	al ʒaww bārid	الجوّ بارد
koud (bn)	bārid	بارد
zon (de)	ʃams (f)	شمس
schijnen (de zon)	aḍā'	أضاء
zonnig (~e dag)	muʃmis	مشمس
opgaan (ov. de zon)	ʃaraq	شرق
ondergaan (ww)	ɣarab	غرب
wolk (de)	saḥāba (f)	سحابة
bewolkt (bn)	ɣā'im	غائم
regenwolk (de)	saḥābat maṭar (f)	سحابة مطر
somber (bn)	ɣā'im	غائم
regen (de)	maṭar (m)	مطر
het regent	innaha tamṭur	إنّها تمطر
regenachtig (bn)	mumṭir	ممطر
motregenen (ww)	raðð	رذّ
plensbui (de)	maṭar munhamir (f)	مطر منهمر
stortbui (de)	maṭar ɣazīr (m)	مطر غزير
hard (bn)	ʃadīd	شديد
plas (de)	birka (f)	بركة
nat worden (ww)	ibtall	إبتلّ
mist (de)	ḍabāb (m)	ضباب
mistig (bn)	muḍabbab	مضبّب
sneeuw (de)	θalʒ (m)	ثلج
het sneeuwt	innaha taθluʒ	إنّها تثلج

207. Zwaar weer. Natuurrampen

noodweer (storm)	ʿāṣifa raʿdiyya (f)	عاصفة رعديّة
bliksem (de)	barq (m)	برق
flitsen (ww)	baraq	برق
donder (de)	raʿd (m)	رعد
donderen (ww)	raʿad	رعد
het dondert	tarʿad as samāʾ	ترعد السماء
hagel (de)	maṭar bard (m)	مطر برد
het hagelt	tamṭur as samāʾ bardan	تمطر السماء بردًا
overstromen (ww)	ɣamar	غمر
overstroming (de)	fayaḍān (m)	فيضان
aardbeving (de)	zilzāl (m)	زلزال
aardschok (de)	hazza arḍiyya (f)	هزّة أرضيّة
epicentrum (het)	markaz az zilzāl (m)	مركز الزلزال
uitbarsting (de)	θawrān (m)	ثوران
lava (de)	ḥumam burkāniyya (pl)	حمم بركانيّة
wervelwind, windhoos (de)	iʿṣār (m)	إعصار
tyfoon (de)	ṭūfān (m)	طوفان
orkaan (de)	iʿṣār (m)	إعصار
storm (de)	ʿāṣifa (f)	عاصفة
tsunami (de)	tsunāmi (m)	تسونامي
cycloon (de)	iʿṣār (m)	إعصار
onweer (het)	ṭaqs sayyiʾ (m)	طقس سيّء
brand (de)	ḥarīq (m)	حريق
ramp (de)	kāriθa (f)	كارثة
meteoriet (de)	ḥaʒar nayzakiy (m)	حجر نيزكيّ
lawine (de)	inhiyār θalʒiy (m)	إنهيار ثلجيّ
sneeuwverschuiving (de)	inhiyār θalʒiy (m)	إنهيار ثلجيّ
sneeuwjacht (de)	ʿāṣifa θalʒiyya (f)	عاصفة ثلجيّة
sneeuwstorm (de)	ʿāṣifa θalʒiyya (f)	عاصفة ثلجيّة

208. Geluiden. Geluiden

stilte (de)	ṣamt (m)	صمت
geluid (het)	ṣawt (m)	صوت
lawaai (het)	ḍawḍāʾ (f)	ضوضاء
lawaai maken (ww)	ʿamal aḍ ḍawḍāʾ	عمل الضوضاء
lawaaierig (bn)	muzʿiʒ	مزعج
luid (~ spreken)	bi ṣawt ʿāli	بصوت عال
luid (bijv. ~e stem)	ʿāli	عال
aanhoudend (voortdurend)	mustamirr	مستمرّ
schreeuw (de)	ṣarҳa (f)	صرخة

schreeuwen (ww)	ṣaraχ	صرخ
gefluister (het)	hamsa (f)	همسة
fluisteren (ww)	hamas	همس
geblaf (het)	nubāḥ (m)	نباح
blaffen (ww)	nabaḥ	نبح
gekreun (het)	anīn (m)	أنين
kreunen (ww)	anna	أنّ
hoest (de)	su'āl (m)	سعال
hoesten (ww)	sa'al	سعل
gefluit (het)	taṣfīr (m)	تصفير
fluiten (op het fluitje blazen)	ṣaffar	صفّر
geklop (het)	ṭarq, daqq (m)	طرق, دقّ
kloppen (aan een deur)	daqq	دقّ
kraken (hout, ijs)	farqa'	فرقع
gekraak (het)	farqa'a (f)	فرقعة
sirene (de)	ṣaffārat inðār (f)	صفّارة إنذار
fluit (stoom ~)	ṣafīr (m)	صفير
fluiten (schip, trein)	ṣaffar	صفّر
toeter (de)	tazmīr (m)	تزمير
toeteren (ww)	zammar	زمّر

209. Winter

winter (de)	ʃitā' (m)	شتاء
winter- (abn)	ʃitawiy	شتويّ
in de winter (bw)	fiʃ ʃitā'	في الشتاء
sneeuw (de)	θalʒ (m)	ثلج
het sneeuwt	innaha taθluʒ	إنّها تثلج
sneeuwval (de)	tasāquṭ aθ θulūʒ (m)	تساقط الثلوج
sneeuwhoop (de)	rukma θalʒiyya (f)	ركمة ثلجيّة
sneeuwvlok (de)	nudfat θalʒ (f)	ندفة ثلج
sneeuwbal (de)	kurat θalʒ (f)	كرة ثلج
sneeuwman (de)	raʒul θalʒ (m)	رجل ثلج
ijspegel (de)	qiṭ'at ʒalīd (f)	قطعة جليد
december (de)	disimbar (m)	ديسمبر
januari (de)	yanāyir (m)	يناير
februari (de)	fibrāyir (m)	فبراير
vorst (de)	ṣaqī' (m)	صقيع
vries- (abn)	ṣāqi'	صاقع
onder nul (bw)	taḥt aṣ ṣifr	تحت الصفر
eerste vorst (de)	ṣaqī' (m)	صقيع
rijp (de)	ṣaqī' (m)	صقيع
koude (de)	bard (m)	برد
het is koud	al ʒaww bārid	الجوّ بارد

bontjas (de)	mi'taf farw (m)	معطف فرو
wanten (mv.)	quffāz muɣlaq (m)	قفّاز مغلق
ziek worden (ww)	marad̩	مرض
verkoudheid (de)	bard (m)	برد
verkouden raken (ww)	aṣābahu al bard	أصابه البرد
ijs (het)	ʒalīd (m)	جليد
ijzel (de)	ʒalīd (m)	جليد
bevriezen (rivier, enz.)	taʒammad	تجمّد
ijsschol (de)	ṭāfiya ʒalīdiyya (f)	طافية جليديّة
ski's (mv.)	zallāʒāt (pl)	زلّاجات
skiër (de)	mutazalliʒ bil iski (m)	متزلّج بالإسكي
skiën (ww)	tazallaʒ	تزلّج
schaatsen (ww)	tazaḥlaq 'alal ʒalīd	تزحلق على الجليد

Fauna

210. Zoogdieren. Roofdieren

roofdier (het)	ḥayawān muftaris (m)	حيوان مفترس
tijger (de)	namir (m)	نمر
leeuw (de)	asad (m)	أسد
wolf (de)	ðiʾb (m)	ذئب
vos (de)	θaʿlab (m)	ثعلب
jaguar (de)	namir amrīkiy (m)	نمر أمريكيّ
luipaard (de)	fahd (m)	فهد
jachtluipaard (de)	namir ṣayyād (m)	نمر صيّاد
panter (de)	namir aswad (m)	نمر أسود
poema (de)	būma (m)	بوما
sneeuwluipaard (de)	namir aθ θulūʒ (m)	نمر الثلوج
lynx (de)	waʃaq (m)	وشق
coyote (de)	qayūṭ (m)	قيوط
jakhals (de)	ibn ʾāwa (m)	ابن آوى
hyena (de)	ḍabuʿ (m)	ضبع

211. Wilde dieren

dier (het)	ḥayawān (m)	حيوان
beest (het)	ḥayawān (m)	حيوان
eekhoorn (de)	sinʒāb (m)	سنجاب
egel (de)	qumfuð (m)	قنفذ
haas (de)	arnab barriy (m)	أرنب برّيّ
konijn (het)	arnab (m)	أرنب
das (de)	ɣarīr (m)	غرير
wasbeer (de)	rākūn (m)	راكون
hamster (de)	qidād (m)	قداد
marmot (de)	marmuṭ (m)	مرموط
mol (de)	χuld (m)	خلد
muis (de)	faʾr (m)	فأر
rat (de)	ʒurað (m)	جرذ
vleermuis (de)	χuffāʃ (m)	خفّاش
hermelijn (de)	qāqum (m)	قاقم
sabeldier (het)	sammūr (m)	سمّور
marter (de)	dalaq (m)	دلق
wezel (de)	ibn ʿirs (m)	إبن عرس
nerts (de)	mink (m)	منك

bever (de)	qundus (m)	قندس
otter (de)	quḍā'a (f)	قضاعة
paard (het)	ḥiṣān (m)	حصان
eland (de)	mūz (m)	موظ
hert (het)	ayyil (m)	أيّل
kameel (de)	ʒamal (m)	جمل
bizon (de)	bisūn (m)	بيسون
oeros (de)	θawr barriy (m)	ثور برّي
buffel (de)	ʒāmūs (m)	جاموس
zebra (de)	ḥimār zarad (m)	حمار زرد
antilope (de)	ẓabiy (m)	ظبي
ree (de)	yaḥmūr (m)	يحمور
damhert (het)	ayyil asmar urubbiy (m)	أيّل أسمر أوروبّي
gems (de)	ʃamwāh (f)	شامواه
everzwijn (het)	χinzīr barriy (m)	خنزير برّي
walvis (de)	ḥūt (m)	حوت
rob (de)	fuqma (f)	فقمة
walrus (de)	faẓẓ (m)	فظّ
zeehond (de)	fuqmat al firā' (f)	فقمة الفراء
dolfijn (de)	dilfīn (m)	دلفين
beer (de)	dubb (m)	دبّ
ijsbeer (de)	dubb quṭbiy (m)	دبّ قطبيّ
panda (de)	bānda (m)	باندا
aap (de)	qird (m)	قرد
chimpansee (de)	ʃimbanzi (m)	شيمبانزي
orang-oetan (de)	urangutān (m)	أورنغوتان
gorilla (de)	ɣurīlla (f)	غوريلا
makaak (de)	qird al makāk (m)	قرد المكاك
gibbon (de)	ʒibbūn (m)	جيبون
olifant (de)	fīl (m)	فيل
neushoorn (de)	χartīt (m)	خرتيت
giraffe (de)	zarāfa (f)	زرافة
nijlpaard (het)	faras an nahr (m)	فرس النهر
kangoeroe (de)	kanɣar (m)	كنغر
koala (de)	kuala (m)	كوالا
mangoest (de)	nims (m)	نمس
chinchilla (de)	ʃinʃila (f)	شنشيلة
stinkdier (het)	ẓaribān (m)	ظربان
stekelvarken (het)	nīṣ (m)	نيص

212. Huisdieren

poes (de)	qiṭṭa (f)	قطّة
kater (de)	ðakar al qiṭṭ (m)	ذكر القطّ
hond (de)	kalb (m)	كلب

paard (het)	ḥiṣān (m)	حصان
hengst (de)	faḥl al χayl (m)	فحل الخيل
merrie (de)	unθa al faras (f)	أنثى الفرس
koe (de)	baqara (f)	بقرة
stier (de)	θawr (m)	ثور
os (de)	θawr (m)	ثور
schaap (het)	χarūf (f)	خروف
ram (de)	kabʃ (m)	كبش
geit (de)	māʿiz (m)	ماعز
bok (de)	ðakar al māʿið (m)	ذكر الماعز
ezel (de)	ḥimār (m)	حمار
muilezel (de)	baɣl (m)	بغل
varken (het)	χinzīr (m)	خنزير
biggetje (het)	χannūṣ (m)	خنّوص
konijn (het)	arnab (m)	أرنب
kip (de)	daʒāʒa (f)	دجاجة
haan (de)	dīk (m)	ديك
eend (de)	baṭṭa (f)	بطّة
woerd (de)	ðakar al baṭṭ (m)	ذكر البطّ
gans (de)	iwazza (f)	إوزّة
kalkoen haan (de)	dīk rūmiy (m)	ديك روميّ
kalkoen (de)	daʒāʒ rūmiy (m)	دجاج روميّ
huisdieren (mv.)	ḥayawānāt dawāʒin (pl)	حيوانات دواجن
tam (bijv. hamster)	alīf	أليف
temmen (tam maken)	allaf	ألّف
fokken (bijv. paarden ~)	rabba	ربّى
boerderij (de)	mazraʿa (f)	مزرعة
gevogelte (het)	ṭuyūr dāʒina (pl)	طيور داجنة
rundvee (het)	māʃiya (f)	ماشية
kudde (de)	qaṭīʿ (m)	قطيع
paardenstal (de)	iṣṭabl χayl (m)	إسطبل خيل
zwijnenstal (de)	ḥaẓīrat al χanāzīr (f)	حظيرة الخنازير
koeienstal (de)	zirībat al baqar (f)	زريبة البقر
konijnenhok (het)	qunn al arānib (m)	قنّ الأرانب
kippenhok (het)	qunn ad daʒāʒ (m)	قن الدجاج

213. Honden. Hondenrassen

hond (de)	kalb (m)	كلب
herdershond (de)	kalb raʿy (m)	كلب رعي
Duitse herdershond (de)	kalb ar rāʿi al almāniy (m)	كلب الراعي الألمانيّ
poedel (de)	būdli (m)	بودل
teckel (de)	daʃhund (m)	دشهند
buldog (de)	bulduɣ (m)	بلدغ

boxer (de)	buksir (m)	بوكسر
mastiff (de)	mastīf (m)	ماستيف
rottweiler (de)	rut vāylir (m)	روت فايلر
doberman (de)	dubirmān (m)	دوبرمان
basset (de)	bāsit (m)	باسيت
bobtail (de)	bubteyl (m)	بوبتيل
dalmatiër (de)	kalb dalmāsiy (m)	كلب دلماسي
cockerspaniël (de)	kukkir spaniil (m)	كوكر سبانييل
newfoundlander (de)	nyu faundland (m)	نيوفاوندلاند
sint-bernard (de)	san birnār (m)	سنبرنار
poolhond (de)	haski (m)	هاسكي
chowchow (de)	tʃaw tʃaw (m)	تشاوتشاو
spits (de)	ʃbītz (m)	شبيتز
mopshond (de)	bāk (m)	باك

214. Dierengeluiden

geblaf (het)	nubāḥ (m)	نباح
blaffen (ww)	nabaḥ	نبح
miauwen (ww)	mā'	ماء
spinnen (katten)	χarχar	خرخر
loeien (ov. een koe)	χār	خار
brullen (stier)	χār	خار
grommen (ov. de honden)	damdam	دمدم
gehuil (het)	ʿuwā' (m)	عواء
huilen (wolf, enz.)	ʿawa	عوى
janken (ov. een hond)	ʿawa	عوى
mekkeren (schapen)	ma'ma'	مأمأ
knorren (varkens)	qabaʿ	قبع
gillen (bijv. varken)	ṣāḥ	صاح
kwaken (kikvorsen)	naqq	نقّ
zoemen (hommel, enz.)	ṭann	طنّ
tjirpen (sprinkhanen)	zaqzaq	زقزق

215. Jonge dieren

jong (het)	ʒarw (m)	جرو
poesje (het)	qiṭṭa saɣīra (f)	قطّة صغيرة
muisje (het)	fa'r ṣaɣīr (m)	فأر صغير
puppy (de)	ʒarw (m)	جرو
jonge haas (de)	χirniq (m)	خرنق
konijntje (het)	arnab saɣīr (m)	أرنب صغير
wolfje (het)	dayfal ṣaɣīr að ðiʾab (m)	دغفل صغير الذئب
vosje (het)	haʒras ṣaɣīr aθ θaʿlab (m)	هجرس صغير الثعلب

beertje (het)	daysam ṣaɣīr ad dubb (m)	ديسم صغير الدبّ
leeuwenjong (het)	ʃibl al asad (m)	شبل الأسد
tijgertje (het)	ʃibl an namir (m)	شبل النمر
olifantenjong (het)	saɣīr al fīl (m)	صغير الفيل
biggetje (het)	χannūṣ (m)	خنّوص
kalf (het)	ʿiʒl (m)	عجل
geitje (het)	ʒaday (m)	جدي
lam (het)	ḥaml (m)	حمل
reekalf (het)	raʃa' ṣaɣīr al ayyil (m)	رشأ صغير الأيّل
jonge kameel (de)	ṣaɣīr al ʒamal (m)	صغير الجمل
slangenjong (het)	ṣaɣīr aθ θuʿbān (m)	صغير الثعبان
kikkertje (het)	ḍifḍaʿ saɣīr (m)	ضفدع صغير
vogeltje (het)	farχ (m)	فرخ
kuiken (het)	katkūt (m)	كتكوت
eendje (het)	faraχ baṭṭ (m)	فرخ بطّ

216. Vogels

vogel (de)	ṭā'ir (m)	طائر
duif (de)	ḥamāma (f)	حمامة
mus (de)	ʿuṣfūr (m)	عصفور
koolmees (de)	qurquf (m)	قرقف
ekster (de)	ʿaqʿaq (m)	عقعق
raaf (de)	ɣurāb aswad (m)	غراب أسود
kraai (de)	ɣurāb (m)	غراب
kauw (de)	zāɣ (m)	زاغ
roek (de)	ɣurāb al qayẓ (m)	غراب القيظ
eend (de)	baṭṭa (f)	بطّة
gans (de)	iwazza (f)	إوزّة
fazant (de)	tadarruʒ (m)	تدرج
arend (de)	nasr (m)	نسر
havik (de)	bāz (m)	باز
valk (de)	ṣaqr (m)	صقر
gier (de)	raχam (m)	رخم
condor (de)	kundūr (m)	كندور
zwaan (de)	timma (m)	تمّة
kraanvogel (de)	kurkiy (m)	كركي
ooievaar (de)	laqlaq (m)	لقلق
papegaai (de)	babaɣā' (m)	ببغاء
kolibrie (de)	ṭannān (m)	طنّان
pauw (de)	ṭāwūs (m)	طاووس
struisvogel (de)	naʿāma (f)	نعامة
reiger (de)	balaʃūn (m)	بلشون
flamingo (de)	nuḥām wardiy (m)	نحامورديّ
pelikaan (de)	baʒaʿa (f)	بجعة

nachtegaal (de)	bulbul (m)	بلبل
zwaluw (de)	sunūnū (m)	سنونو
lijster (de)	sumna (m)	سمنة
zanglijster (de)	summuna muɣarrida (m)	سمنة مغرّدة
merel (de)	ʃaḥrūr aswad (m)	شحرور أسود
gierzwaluw (de)	samāma (m)	سمامة
leeuwerik (de)	qubbara (f)	قبّرة
kwartel (de)	sammān (m)	سمّان
specht (de)	naqqār al χaʃab (m)	نقّار الخشب
koekoek (de)	waqwāq (m)	وقواق
uil (de)	būma (f)	بومة
oehoe (de)	būm urāsiy (m)	بوم أوراسيّ
auerhoen (het)	dīk il χalanʒ (m)	ديك الخلنج
korhoen (het)	ṭayhūʒ aswad (m)	طيهوج أسود
patrijs (de)	ḥaʒal (m)	حجل
spreeuw (de)	zurzūr (m)	زرزور
kanarie (de)	kanāriy (m)	كناريّ
hazelhoen (het)	ṭayhūʒ il bunduq (m)	طيهوج البندق
vink (de)	ʃurʃūr (m)	شرشور
goudvink (de)	diɣnāʃ (m)	دغناش
meeuw (de)	nawras (m)	نورس
albatros (de)	al qaṭras (m)	القطرس
pinguïn (de)	biṭrīq (m)	بطريق

217. Vogels. Zingen en geluiden

fluiten, zingen (ww)	ɣanna	غنّى
schreeuwen (dieren, vogels)	nāda	نادى
kraaien (ov. een haan)	ṣāḥ	صاح
kukeleku	kukukuku	كوكوكوكو
klokken (hen)	qaraq	قرق
krassen (kraai)	naʿaq	نعق
kwaken (eend)	baṭbaṭ	بطبط
piepen (kuiken)	ṣaʾṣaʾ	صأصأ
tjilpen (bijv. een mus)	zaqzaq	زقزق

218. Vis. Zeedieren

brasem (de)	abramīs (m)	أبراميس
karper (de)	ʃabbūṭ (m)	شبّوط
baars (de)	farχ (m)	فرخ
meerval (de)	qarmūṭ (m)	قرموط
snoek (de)	samak al karāki (m)	سمك الكراكي
zalm (de)	salmūn (m)	سلمون
steur (de)	ḥafʃ (m)	حفش

haring (de)	rinʒa (f)	رنجة
atlantische zalm (de)	salmūn aṭlasiy (m)	سلمون أطلسيّ
makreel (de)	usqumriy (m)	أسقمريّ
platvis (de)	samak mufalṭaḥ (f)	سمك مفلطح
snoekbaars (de)	samak sandar (m)	سمك سندر
kabeljauw (de)	qudd (m)	قدّ
tonijn (de)	tūna (f)	تونة
forel (de)	salmūn muraqqaṭ (m)	سلمون مرقّط
paling (de)	ḥankalīs (m)	حنكليس
sidderrog (de)	ra"ād (m)	رعّاد
murene (de)	murāy (m)	موراي
piranha (de)	birāna (f)	بيرانا
haai (de)	qirʃ (m)	قرش
dolfijn (de)	dilfīn (m)	دلفين
walvis (de)	ḥūt (m)	حوت
krab (de)	salṭaʿūn (m)	سلطعون
kwal (de)	qindīl al baḥr (m)	قنديل البحر
octopus (de)	uχṭubūṭ (m)	أخطبوط
zeester (de)	naʒmat al baḥr (f)	نجمة البحر
zee-egel (de)	qumfuð al baḥr (m)	قنفذ البحر
zeepaardje (het)	ḥiṣān al baḥr (m)	فرس البحر
oester (de)	maḥār (m)	محار
garnaal (de)	ʒambari (m)	جمبريّ
kreeft (de)	istakūza (f)	إستكوزا
langoest (de)	karkand ʃāik (m)	كركند شائك

219. Amfibieën. Reptielen

slang (de)	θuʿbān (m)	ثعبان
giftig (slang)	sāmm	سامّ
adder (de)	afʿa (f)	أفعى
cobra (de)	kūbra (m)	كوبرا
python (de)	biθūn (m)	بيثون
boa (de)	buwāʾ (f)	بواء
ringslang (de)	θuʿbān al ʿuʃb (m)	ثعبان العشب
ratelslang (de)	afʿa al ʒalʒala (f)	أفعى الجلجلة
anaconda (de)	anakūnda (f)	أناكوندا
hagedis (de)	siḥliyya (f)	سحليّة
leguaan (de)	iɣwāna (f)	إغوانة
varaan (de)	waral (m)	ورل
salamander (de)	samandar (m)	سمندر
kameleon (de)	ḥirbāʾ (f)	حرباء
schorpioen (de)	ʿaqrab (m)	عقرب
schildpad (de)	sulaḥfāt (f)	سلحفاة
kikker (de)	ḍifḍaʿ (m)	ضفدع

pad (de)	ḍifḍaʿ aṭ ṭīn (m)	ضفدع الطين
krokodil (de)	timsāḥ (m)	تمساح

220. Insecten

insect (het)	ḥaʃara (f)	حشرة
vlinder (de)	farāʃa (f)	فراشة
mier (de)	namla (f)	نملة
vlieg (de)	ðubāba (f)	ذبابة
mug (de)	namūsa (f)	ناموسة
kever (de)	χunfusa (f)	خنفسة
wesp (de)	dabbūr (m)	دبّور
bij (de)	naḥla (f)	نحلة
hommel (de)	naḥla ṭannāna (f)	نحلة طنّانة
horzel (de)	naʿra (f)	نعرة
spin (de)	ʿankabūt (m)	عنكبوت
spinnenweb (het)	nasīʒ ʿankabūt (m)	نسيج عنكبوت
libel (de)	yaʿsūb (m)	يعسوب
sprinkhaan (de)	ʒarād (m)	جراد
nachtvlinder (de)	ʿitta (f)	عثّة
kakkerlak (de)	ṣurṣūr (m)	صرصور
teek (de)	qurāda (f)	قرادة
vlo (de)	burɣūθ (m)	برغوث
kriebelmug (de)	baʿūḍa (f)	بعوضة
treksprinkhaan (de)	ʒarād (m)	جراد
slak (de)	ḥalzūn (m)	حلزون
krekel (de)	ṣarrār al layl (m)	صرّار الليل
glimworm (de)	yarāʿa muḍīʾa (f)	يراعة مضيئة
lieveheersbeestje (het)	daʿsūqa (f)	دعسوقة
meikever (de)	χunfusa kabīra (f)	خنفسة كبيرة
bloedzuiger (de)	ʿalaqa (f)	علقة
rups (de)	yasrūʿ (m)	يسروع
aardworm (de)	dūda (f)	دودة
larve (de)	yaraqa (f)	يرقة

221. Dieren. Lichaamsdelen

snavel (de)	minqār (m)	منقار
vleugels (mv.)	aʒniḥa (pl)	أجنحة
poot (ov. een vogel)	riʒl (f)	رجل
verenkleed (het)	rīʃ (m)	ريش
veer (de)	rīʃa (f)	ريشة
kuifje (het)	tāʒ (m)	تاج
kieuwen (mv.)	χayāʃīm (pl)	خياشيم
kuit, dril (de)	bayḍ as samak (pl)	بيض السمك

larve (de)	yaraqa (f)	يرقة
vin (de)	ziʿnifa (f)	زعنفة
schubben (mv.)	ḥarāfiʃ (pl)	حرافش
slagtand (de)	nāb (m)	ناب
poot (bijv. ~ van een kat)	qadam (f)	قدم
muil (de)	χaṭm (m)	خطم
bek (mond van dieren)	fam (m)	فم
staart (de)	ðayl (m)	ذيل
snorharen (mv.)	ʃawārib (pl)	شوارب
hoef (de)	ḥāfir (m)	حافر
hoorn (de)	qarn (m)	قرن
schild (schildpad, enz.)	dirʿ (m)	درع
schelp (de)	maḥāra (f)	محارة
eierschaal (de)	qiʃrat bayḍa (f)	قشرة بيضة
vacht (de)	ʃaʿr (m)	شعر
huid (de)	ʒild (m)	جلد

222. Acties van de dieren

vliegen (ww)	ṭār	طار
cirkelen (vogel)	ḥallaq	حلّق
wegvliegen (ww)	ṭār	طار
klapwieken (ww)	rafraf	رفرف
pikken (vogels)	naqar	نقر
broeden (de eend zit te ~)	qaʿad ʿalal bayḍ	قعد على البيض
uitbroeden (ww)	faqas	فقس
een nest bouwen	bana ʿiʃʃa	بنى عشّة
kruipen (ww)	zaḥaf	زحف
steken (bij)	lasaʿ	لسع
bijten (de hond, enz.)	ʿaḍḍ	عضّ
snuffelen (ov. de dieren)	taʃammam	تشمّم
blaffen (ww)	nabaḥ	نبح
sissen (slang)	hashas	هسهس
doen schrikken (ww)	χawwaf	خوّف
aanvallen (ww)	haʒam	هجم
knagen (ww)	qaraḍ	قرض
schrammen (ww)	χadaʃ	خدش
zich verbergen (ww)	istaχbaʾ	إختبأ
spelen (ww)	laʿib	لعب
jagen (ww)	iṣṭād	إصطاد
winterslapen	kān di subāt aʃ ʃitāʾ	كان في سبات الشتاء
uitsterven (dinosauriërs, enz.)	inqaraḍ	إنقرض

223. Dieren. Leefomgevingen

leefgebied (het)	mawṭin (m)	موطن
migratie (de)	hiʒra (f)	هجرة
berg (de)	ʒabal (m)	جبل
rif (het)	ʃiʿāb (pl)	شعاب
klip (de)	ʒurf (m)	جرف
bos (het)	ɣāba (f)	غابة
jungle (de)	adɣāl (pl)	أدغال
savanne (de)	savānna (f)	سافانّا
toendra (de)	tundra (f)	تندرا
steppe (de)	sahb (m)	سهب
woestijn (de)	ṣaḥrāʾ (f)	صحراء
oase (de)	wāḥa (f)	واحة
zee (de)	baḥr (m)	بحر
meer (het)	buḥayra (f)	بحيرة
oceaan (de)	muḥīṭ (m)	محيط
moeras (het)	mustanqaʿ (m)	مستنقع
zoetwater- (abr)	al miyāh al ʿaðba	المياه العذبة
vijver (de)	birka (f)	بركة
rivier (de)	nahr (m)	نهر
berenhol (het)	wakr (m)	وكر
nest (het)	ʿuʃʃ (m)	عشّ
boom holte (de)	ʒawf (m)	جوف
hol (het)	ʒuḥr (m)	جحر
mierenhoop (de)	ʿuʃʃ naml (m)	عشّ نمل

224. Dierverzorging

dierentuin (de)	ḥadīqat al ḥayawān (f)	حديقة حيوان
natuurreservaat (het)	maḥmiyya ṭabiʿiyya (f)	محميّة طبيعيّة
fokkerij (de)	murabba (m)	مربّى
openluchtkoo (de)	qafṣ fil hawāʾ aṭ ṭalq (m)	قفص في الهواء الطلق
kooi (de)	qafṣ (m)	قفص
hondenhok (het)	bayt al kalb (m)	بيت الكلب
duiventil (de)	burʒ al ḥamām (m)	برج الحمام
aquarium (het)	ḥawḍ samak (m)	حوض سمك
dolfinarium (het)	ḥawḍ dilfīn (m)	حوض دلفين
fokken (bijv. honden ~)	rabba	ربّى
nakomelingen (mv.)	ðurriyya (f)	ذرّيّة
temmen (tam maken)	allaf	ألّف
dresseren (ww)	darrab	درّب
voeding (de)	ʿalaf (m)	علف
voederen (ww)	aṭʿam	أطعم

dierenwinkel (de)	maḥall ḥayawānāt (m)	محلّ حيوانات
muilkorf (de)	kimāma (f)	كمامة
halsband (de)	ṭawq (m)	طوق
naam (ov. een dier)	ism (m)	إسم
stamboom (honden met ~)	silsilat an nasab (f)	سلسلة النسب

225. Dieren. Diversen

meute (wolven)	qaṭī' (m)	قطيع
zwerm (vogels)	sirb (m)	سرب
school (vissen)	sirb (m)	سرب
kudde (wilde paarden)	qaṭī' (m)	قطيع
mannetje (het)	ðakar (m)	ذكر
vrouwtje (het)	unθa (f)	أنثى
hongerig (bn)	ʒaw'ān	جوعان
wild (bn)	barriy	برّيّ
gevaarlijk (bn)	χaṭīr	خطير

226. Paarden

paard (het)	ḥiṣān (m)	حصان
ras (het)	sulāla (f)	سلالة
veulen (het)	muhr (m)	مهر
merrie (de)	unθa al faras (f)	أنثى الفرس
mustang (de)	mustān (m)	موستان
pony (de)	ḥiṣān qazam (m)	حصان قزم
koudbloed (de)	ḥiṣān an naql (m)	حسان النقل
manen (mv.)	'urf (m)	عرف
staart (de)	ðayl (m)	ذيل
hoef (de)	ḥāfir (m)	حافر
hoefijzer (het)	na'l (m)	نعل
beslaan (ww)	na''al	نعّل
paardensmid (de)	ḥaddād (m)	حدّاد
zadel (het)	sarʒ (m)	سرج
stijgbeugel (de)	rikāb (m)	ركاب
breidel (de)	liʒām (m)	لجام
leidsels (mv.)	'inān (m)	عنان
zweep (de)	kurbāʒ (m)	كرباج
ruiter (de)	fāris (m)	فارس
zadelen (ww)	asraʒ	أسرج
een paard bestijgen	rakib ḥiṣān	جلس على سرج
galop (de)	rimāḥa (f)	رماحة
galopperen (ww)	'ada bil ḥiṣān	عدا بالحصان

draf (de)	χabab (m)	خبب
in draf (bw)	χābban	خابًا
draven (ww)	inṭalaq rākiḍan	إنطلق راكضا
renpaard (het)	ḥiṣān sibāq (m)	حصان سباق
paardenrace (de)	sibāq al χayl (m)	سباق الخيل
paardenstal (de)	isṭabl χayl (m)	إسطبل خيل
voederen (ww)	aṭ'am	أطعم
hooi (het)	qaʃʃ (m)	قشّ
water geven (ww)	saqa	سقى
wassen (paard ~)	naẓẓaf	نظّف
paardenkar (de)	'arabat χayl (f)	عربة خيل
grazen (gras eten)	irta'a	إرتعى
hinniken (ww)	ṣahal	صهل
een trap geven	rafas	رفس

Flora

227. Bomen

boom (de)	ʃaʒara (f)	شجرة
loof- (abn)	nafḍiyya	نفضيّة
dennen- (abn)	ṣanawbariyya	صنوبريّة
groenblijvend (bn)	dā'imat al χuḍra	دائمة الخضرة
appelboom (de)	ʃaʒarat tuffāḥ (f)	شجرة تفّاح
perenboom (de)	ʃaʒarat kummaθra (f)	شجرة كمّثرى
kers (de)	ʃaʒarat karaz (f)	شجرة كرز
pruimelaar (de)	ʃaʒarat barqūq (f)	شجرة برقوق
berk (de)	batūla (f)	بتولا
eik (de)	ballūṭ (f)	بلّوط
linde (de)	ʃaʒarat zayzafūn (f)	شجرة زيزفون
esp (de)	ḥawr raʒrāʒ (m)	حور رجراج
esdoorn (de)	qayqab (f)	قيقب
spar (de)	ratinaʒ (f)	راتينج
den (de)	ṣanawbar (f)	صنوبر
lariks (de)	arziyya (f)	أرزيّة
zilverspar (de)	tannūb (f)	تنّوب
ceder (de)	arz (f)	أرز
populier (de)	ḥawr (f)	حور
lijsterbes (de)	ɣubayrā' (f)	غبيراء
wilg (de)	ṣafsāf (f)	صفصاف
els (de)	ʒār il mā' (m)	جار الماء
beuk (de)	zān (m)	زان
iep (de)	dardār (f)	دردار
es (de)	marān (f)	مران
kastanje (de)	kastanā' (f)	كستناء
magnolia (de)	maɣnūliya (f)	مغنوليا
palm (de)	naχla (f)	نخلة
cipres (de)	sarw (f)	سرو
mangrove (de)	ayka sāḥiliyya (f)	أيكة ساحليّة
baobab (apenbroodboom)	bāubāb (f)	باوباب
eucalyptus (de)	ukaliptus (f)	أوكالبتوس
mammoetboom (de)	siqūya (f)	سيكويا

228. Heesters

struik (de)	ʃuʒayra (f)	شجيرة
heester (de)	ʃuʒayrāt (pl)	شجيرات

wijnstok (de)	karma (f)	كرمة
wijngaard (de)	karam (m)	كرم
frambozenstruik (de)	tūt al ʿullayq al aḥmar (m)	توت العلّيق الأحمر
rode bessenstruik (de)	kiʃmiʃ aḥmar (m)	كشمش أحمر
kruisbessenstruik (de)	ʿinab aθ θaʿlab (m)	عنب الثعلب
acacia (de)	sanṭ (f)	سنط
zuurbes (de)	amīr barīs (m)	أمير باريس
jasmijn (de)	yāsmīn (m)	ياسمين
jeneverbes (de)	ʿarʿar (m)	عرعر
rozenstruik (de)	ʃuʒayrat ward (f)	شجيرة ورد
hondsroos (de)	ward ʒabaliy (m)	ورد جبليّ

229. Champignons

paddenstoel (de)	fuṭr (f)	فطر
eetbare paddenstoel (de)	fuṭr ṣāliḥ lil akl (m)	فطر صالح للأكل
giftige paddenstoel (de)	fuṭr sāmm (m)	فطر سامّ
hoed (de)	ṭarbūʃ al fuṭr (m)	طربوش الفطر
steel (de)	sāq al fuṭr (m)	ساق الفطر
gewoon eekhoorntjesbrood (het)	fuṭr bulīṭ maʾkūl (m)	فطر بوليط مأكول
rosse populierenboleet (de)	fuṭr aḥmar (m)	فطر أحمر
berkenboleet (de)	fuṭr bulīṭ (m)	فطر بوليط
cantharel (de)	fuṭr kwīzi (m)	فطر كويزي
russula (de)	fuṭr russūla (m)	فطر روسّولا
morielje (de)	fuṭr al ɣūʃna (m)	فطر الغوشنة
vliegenzwam (de)	fuṭr amānīt aṭ ṭāʾir as sāmm (m)	فطر أمانيت الطائر السامّ
groene knolamaniet (de)	fuṭr amānīt falusyāniy as sāmm (m)	فطر أمانيت فالوسياني السامّ

230. Vruchten. Bessen

vrucht (de)	θamra (f)	ثمرة
vruchten (mv.)	θamr (m)	ثمر
appel (de)	tuffāḥa (f)	تفّاحة
peer (de)	kummaθra (f)	كمّثرى
pruim (de)	barqūq (m)	برقوق
aardbei (de)	farawla (f)	فراولة
zoete kers (de)	karaz (m)	كرز
druif (de)	ʿinab (m)	عنب
framboos (de)	tūt al ʿullayq al aḥmar (m)	توت العلّيق الأحمر
zwarte bes (de)	ʿinab aθ θaʿlab al aswad (m)	عنب الثعلب الأسود
rode bes (de)	kiʃmiʃ aḥmar (m)	كشمش أحمر
kruisbes (de)	ʿinab aθ θaʿlab (m)	عنب الثعلب

veenbes (de)	tūt aḥmar barriy (m)	توت أحمر برّيّ
sinaasappel (de)	burtuqāl (m)	برتقال
mandarijn (de)	yūsufiy (m)	يوسفي
ananas (de)	ananās (m)	أناناس
banaan (de)	mawz (m)	موز
dadel (de)	tamr (m)	تمر
citroen (de)	laymūn (m)	ليمون
abrikoos (de)	miʃmiʃ (f)	مشمش
perzik (de)	durrāq (m)	دراق
kiwi (de)	kiwi (m)	كيوي
grapefruit (de)	zinbāʿ (m)	زنباع
bes (de)	ḥabba (f)	حبّة
bessen (mv.)	ḥabbāt (pl)	حبّات
vossenbes (de)	ʿinab aθ θawr (m)	عنب الثور
bosaardbei (de)	farāwla barriyya (f)	فراولة بريّة
bosbes (de)	ʿinab al aḥrāʒ (m)	عنب الأحراج

231. Bloemen. Planten

bloem (de)	zahra (f)	زهرة
boeket (het)	bāqat zuhūr (f)	باقة زهور
roos (de)	warda (f)	وردة
tulp (de)	tulīb (f)	توليب
anjer (de)	qurumful (m)	قرنفل
gladiool (de)	dalbūθ (f)	دلبوث
korenbloem (de)	turunʃāh (m)	ترنشاه
klokje (het)	ʒarīs (m)	جريس
paardenbloem (de)	hindibāʾ (f)	هندباء
kamille (de)	babunʒ (m)	بابونج
aloë (de)	aluwwa (m)	ألوّة
cactus (de)	ṣabbār (m)	صبّار
ficus (de)	tīn (m)	تين
lelie (de)	sawsan (m)	سوسن
geranium (de)	ibrat ar rāʿi (f)	إبرة الراعي
hyacint (de)	zanbaq (f)	زنبق
mimosa (de)	mimūza (f)	ميموزا
narcis (de)	narʒis (f)	نرجس
Oostindische kers (de)	abu χanʒar (f)	أبو خنجر
orchidee (de)	saḥlab (f)	سحلب
pioenroos (de)	fawniya (f)	فاوانيا
viooltje (het)	banafsaʒ (f)	بنفسج
driekleurig viooltje (het)	banafsaʒ muθallaθ (m)	بنفسج مثلّث
vergeet-mij-nietje (het)	ʾāðān al faʾr (pl)	آذان الفأر
madeliefje (het)	uqḥuwān (f)	أقحوان
papaver (de)	χaʃχāʃ (f)	خشخاش

hennep (de)	qinnab (m)	قنب
munt (de)	naʿnāʿ (m)	نعناع
lelietje-van-dalen (het)	sawsan al wādi (m)	سوسن الوادي
sneeuwklokje (het)	zahrat al laban (f)	زهرة اللبن
brandnetel (de)	qarrāṣ (m)	قرّاص
veldzuring (de)	ḥammāḍ (m)	حمّاض
waterlelie (de)	nilūfar (m)	نيلوفر
varen (de)	saraχs (m)	سرخس
korstmos (het)	uʃna (f)	أشنة
oranjerie (de)	dafīʾa (f)	دفيئة
gazon (het)	ʿuʃb (m)	عشب
bloemperk (het)	ʒunaynat zuhūr (f)	جنينة زهور
plant (de)	nabāt (m)	نبات
gras (het)	ʿuʃb (m)	عشب
grasspriet (de)	ʿuʃba (f)	عشبة
blad (het)	waraqa (f)	ورقة
bloemblad (het)	waraqat az zahra (f)	ورقة الزهرة
stengel (de)	sāq (f)	ساق
knol (de)	darnat nabāt (f)	درنة نبات
scheut (de)	nabta saɣīra (f)	نبتة صغيرة
doorn (de)	ʃawka (f)	شوكة
bloeien (ww)	nawwar	نوّر
verwelken (ww)	ðabal	ذبل
geur (de)	rāʾiḥa (f)	رائحة
snijden (bijv. bloemen ~)	qaṭaʿ	قطع
plukken (bloemen ~)	qaṭaf	قطف

232. Granen, graankorrels

graan (het)	ḥubūb (pl)	حبوب
graangewassen (mv.)	maḥāṣīl al ḥubūb (pl)	محاصيل الحبوب
aar (de)	sumbula (f)	سنبلة
tarwe (de)	qamḥ (m)	قمح
rogge (de)	ʒāwdār (m)	جاودار
haver (de)	ʃūfān (m)	شوفان
gierst (de)	duχn (m)	دخن
gerst (de)	ʃaʿīr (m)	شعير
maïs (de)	ðura (f)	ذرّة
rijst (de)	urz (m)	أرز
boekweit (de)	ḥinṭa sawdāʾ (f)	حنطة سوداء
erwt (de)	bisilla (f)	بسلّة
boon (de)	faṣūliya (f)	فاصوليا
soja (de)	fūl aṣ ṣūya (m)	فول الصويا
linze (de)	ʿadas (m)	عدس
bonen (mv.)	fūl (m)	فول

233. Groenten. Groene groenten

groenten (mv.)	χuḍār (pl)	خضار
verse kruiden (mv.)	χuḍrawāt waraqiyya (pl)	خضروات ورقيّة
tomaat (de)	ṭamāṭim (f)	طماطم
augurk (de)	χiyār (m)	خيار
wortel (de)	ʒazar (m)	جزر
aardappel (de)	baṭāṭis (f)	بطاطس
ui (de)	baṣal (m)	بصل
knoflook (de)	θūm (m)	ثوم
kool (de)	kurumb (m)	كرنب
bloemkool (de)	qarnabīṭ (m)	قرنبيط
spruitkool (de)	kurumb brūksil (m)	كرنب بروكسل
broccoli (de)	brūkuli (m)	بروكلي
rode biet (de)	banʒar (m)	بنجر
aubergine (de)	bātinʒān (m)	باذنجان
courgette (de)	kūsa (f)	كوسة
pompoen (de)	qarʿ (m)	قرع
knolraap (de)	lift (m)	لفت
peterselie (de)	baqdūnis (m)	بقدونس
dille (de)	ʃabat (m)	شبت
sla (de)	χass (m)	خسّ
selderij (de)	karafs (m)	كرفس
asperge (de)	halyūn (m)	هليون
spinazie (de)	sabāniχ (m)	سبانخ
erwt (de)	bisilla (f)	بسلّة
bonen (mv.)	fūl (m)	فول
maïs (de)	ðura (f)	ذرّة
boon (de)	faṣūliya (f)	فاصوليا
peper (de)	filfil (m)	فلفل
radijs (de)	fiʒl (m)	فجل
artisjok (de)	χurʃūf (m)	خرشوف

REGIONALE AARDRIJKSKUNDE

Landen. Nationaliteiten

234. West-Europa

Europa (het)	urūbba (f)	أوروبّا
Europese Unie (de)	al ittiḥād al urubbiy (m)	الإتّحاد الأوروبّيّ
Europeaan (de)	urūbbiy (m)	أوروبّيّ
Europees (bn)	urūbbiy	أوروبّيّ
Oostenrijk (het)	an nimsa (f)	النمسا
Oostenrijker (de)	nimsāwy (m)	نمساويّ
Oostenrijkse (de)	nimsāwiyya (f)	نمساويّة
Oostenrijks (bn)	nimsāwiy	نمساويّ
Groot-Brittannië (het)	briṭāniya al 'uẓma (f)	بريطانيا العظمى
Engeland (het)	inʒiltirra (f)	إنجلترّا
Engelsman (de)	briṭāniy (m)	بريطانيّ
Engelse (de)	briṭāniyya (f)	بريطانيّة
Engels (bn)	inʒlīziy	إنجليزيّ
België (het)	balʒīka (f)	بلجيكا
Belg (de)	balʒīkiy (m)	بلجيكيّ
Belgische (de)	balʒīkiyya (f)	بلجيكيّة
Belgisch (bn)	balʒīkiy	بلجيكيّ
Duitsland (het)	almāniya (f)	ألمانيا
Duitser (de)	almāniy (m)	ألمانيّ
Duitse (de)	almāniyya (f)	ألمانيّة
Duits (bn)	almāniy	ألمانيّ
Nederland (het)	hulanda (f)	هولندا
Holland (het)	hulanda (f)	هولندا
Nederlander (de)	hulandiy (m)	هولنديّ
Nederlandse (de)	hulandiyya (f)	هولنديّة
Nederlands (bn)	hulandiy	هولنديّ
Griekenland (het)	al yūnān (f)	اليونان
Griek (de)	yunāniy (m)	يونانيّ
Griekse (de)	yunāniyya (f)	يونانيّة
Grieks (bn)	yunāniy	يونانيّ
Denemarken (het)	ad danimārk (f)	الدانمارك
Deen (de)	danimārkiy (m)	دانماركيّ
Deense (de)	dānimarkiyya (f)	دانماركيّة
Deens (bn)	danimārkiy	دانماركيّ
Ierland (het)	irlanda (f)	أيرلندا
Ier (de)	irlandiy (m)	أيرلنديّ

Ierse (de)	irlandiyya (f)	أيرلنديّة
Iers (bn)	irlandiy	أيرلنديّ
IJsland (het)	'āyslanda (f)	آيسلندا
IJslander (de)	'āyslandiy (m)	آيسلنديّ
IJslandse (de)	'āyslandiyya (f)	آيسلنديّة
IJslands (bn)	'āyslandiy	آيسلنديّ
Spanje (het)	isbāniya (f)	إسبانيا
Spanjaard (de)	isbāniy (m)	إسبانيّ
Spaanse (de)	isbāniyya (f)	إسبانيّة
Spaans (bn)	isbāniy	إسبانيّ
Italië (het)	iṭāliya (f)	إيطاليا
Italiaan (de)	iṭāliy (m)	إيطاليّ
Italiaanse (de)	iṭāliyya (f)	إيطاليّة
Italiaans (bn)	iṭāliy	إيطاليّ
Cyprus (het)	qubruṣ (f)	قبرص
Cyprioot (de)	qubruṣiy (m)	قبرصيّ
Cypriotische (de)	qubruṣiyya (f)	قبرصيّة
Cypriotisch (bn)	qubruṣiy	قبرصيّ
Malta (het)	malṭa (f)	مالطا
Maltees (de)	māltiy (m)	مالطيّ
Maltese (de)	malṭiyya (f)	مالطيّة
Maltees (bn)	mālṭiy	مالطيّ
Noorwegen (het)	an nirwīʒ (f)	النرويج
Noor (de)	nurwīʒiy (m)	نرويجيّ
Noorse (de)	nurwīʒiyya (f)	نرويجيّة
Noors (bn)	nurwīʒiy	نرويجيّ
Portugal (het)	al burtuɣāl (f)	البرتغال
Portugees (de)	burtuɣāliy (m)	برتغاليّ
Portugese (de)	burtuɣāliyya (f)	برتغاليّة
Portugees (bn)	burtuɣāliy	برتغاليّ
Finland (het)	finlanda (f)	فنلندا
Fin (de)	finlandiy (m)	فنلنديّ
Finse (de)	finlandiyya (f)	فنلنديّة
Fins (bn)	finlandiy	فنلنديّ
Frankrijk (het)	faransa (f)	فرنسا
Fransman (de)	faransiy (m)	فرنسيّ
Française (de)	faransiyya (f)	فرنسيّة
Frans (bn)	faransiy	فرنسيّ
Zweden (het)	as suwayd (f)	السويد
Zweed (de)	suwaydiy (m)	سويديّ
Zweedse (de)	suwaydiyya (f)	سويديّة
Zweeds (bn)	suwaydiy	سويديّ
Zwitserland (het)	swīsra (f)	سويسرا
Zwitser (de)	swisriy (m)	سويسريّ
Zwitserse (de)	swisriyya (f)	سويسريّة

Zwitsers (bn)	swisriy	سويسريّ
Schotland (het)	iskutlanda (f)	اسكتلندا
Schot (de)	iskutlandiy (m)	اسكتلنديّ
Schotse (de)	iskutlandiyya (f)	اسكتلنديّة
Schots (bn)	iskutlandiy	اسكتلنديّ
Vaticaanstad (de)	al vatikān (m)	الفاتيكان
Liechtenstein (het)	liʃtinʃtāyn (m)	ليشتنشتاين
Luxemburg (het)	luksimburɣ (f)	لوكسمبورغ
Monaco (het)	munāku (f)	موناكو

235. Centraal- en Oost-Europa

Albanië (het)	albāniya (f)	ألبانيا
Albanees (de)	albāniy (m)	ألبانيّ
Albanese (de)	albāniyya (f)	ألبانيّة
Albanees (bn)	albāniy	ألبانيّ
Bulgarije (het)	bulɣāriya (f)	بلغاريا
Bulgaar (de)	bulɣāriy (m)	بلغاريّ
Bulgaarse (de)	bulɣāriyya (f)	بلغاريّة
Bulgaars (bn)	bulɣāriy	بلغاريّ
Hongarije (het)	al maʒar (f)	المجر
Hongaar (de)	maʒariy (m)	مجريّ
Hongaarse (de)	maʒariyya (f)	مجريّة
Hongaars (bn)	maʒariy	مجريّ
Letland (het)	lātviya (f)	لاتفيا
Let (de)	lātviy (m)	لاتفيّ
Letse (de)	lātviyya (f)	لاتفيّة
Lets (bn)	lātviy	لاتفيّ
Litouwen (het)	litwāniya (f)	ليتوانيا
Litouwer (de)	litwāniy (m)	ليتوانيّ
Litouwse (de)	litwāniyya (f)	ليتوانيّة
Litouws (bn)	litwāny	ليتوانيّ
Polen (het)	bulanda (f)	بولندا
Pool (de)	bulandiy (m)	بولنديّ
Poolse (de)	bulandiyya (f)	بولنديّة
Pools (bn)	bulandiy	بولنديّ
Roemenië (het)	rumāniya (f)	رومانيا
Roemeen (de)	rumāniy (m)	رومانيّ
Roemeense (de)	rumāniyya (f)	رومانيّة
Roemeens (bn)	rumāniy	رومانيّ
Servië (het)	ṣirbiya (f)	صربيا
Serviër (de)	ṣirbiy (m)	صربيّ
Servische (de)	ṣirbiyya (f)	صربيّة
Servisch (bn)	ṣirbiy	صربيّ
Slowakije (het)	sluvākiya (f)	سلوفاكيا
Slowaak (de)	sluvākiy (m)	سلوفاكيّ

Slowaakse (de)	sluvākiyya (f)	سلوفاكيّة
Slowaakse (bn)	sluvākiy	سلوفاكيّ
Kroatië (het)	kruātiya (f)	كرواتيا
Kroaat (de)	kruātiy (m)	كرواتيّ
Kroatische (de)	kruātiyya (f)	كرواتيّة
Kroatisch (bn)	kruātiy	كرواتيّ
Tsjechië (het)	atʃ tʃīk (f)	التشيك
Tsjech (de)	tʃīkiy (m)	تشيكيّ
Tsjechische (de)	tʃīkiyya (f)	تشيكيّة
Tsjechisch (bn)	tʃīkiy	تشيكيّ
Estland (het)	istūniya (f)	إستونيا
Est (de)	istūniy (m)	إستونيّ
Estse (de)	istūniyya (f)	إستونيّة
Ests (bn)	istūniy	إستونيّ
Bosnië en Herzegovina (het)	al busna wal hirsuk (f)	البوسنة والهرسك
Macedonië (het)	maqdūniya (f)	مقدونيا
Slovenië (het)	sluvīniya (f)	سلوفينيا
Montenegro (het)	al ʒabal al aswad (m)	الجبل الأسود

236. Voormalige USSR landen

Azerbeidzjan (het)	aðarbiʒān (m)	أذربيجان
Azerbeidzjaan (de)	aðarbiʒāniy (m)	أذربيجانيّ
Azerbeidjaanse (de)	aðarbiʒāniyya (f)	أذربيجانيّة
Azerbeidjaans (bn)	aðarbiʒāniy	أذربيجانيّ
Armenië (het)	armīniya (f)	أرمينيا
Armeen (de)	armaniy (m)	أرمنيّ
Armeense (de)	armaniyya (f)	أرمنيّة
Armeens (bn)	armaniy	أرمنيّ
Wit-Rusland (het)	bilarūs (f)	بيلاروس
Wit-Rus (de)	bilarūsiy (m)	بيلاروسيّ
Wit-Russische (de)	bilārūsiyya (f)	بيلاروسيّة
Wit-Russisch (bn)	bilarūsiy	بيلاروسيّ
Georgië (het)	ʒūrʒiya (f)	جورجيا
Georgiër (de)	ʒurʒiy (m)	جورجيّ
Georgische (de)	ʒurʒiyya (f)	جورجيّة
Georgisch (bn)	ʒurʒiy	جورجيّ
Kazakstan (het)	kazaχstān (f)	كازاخستان
Kazak (de)	kazaχstāniy (m)	كازاخستانيّ
Kazakse (de)	kazaχstāniyya (f)	كازاخستانيّة
Kazakse (bn)	kazaχstāniy	كازاخستانيّ
Kirgizië (het)	qirɣizistān (f)	قيرغيزستان
Kirgiziër (de)	qirɣizistāny (m)	قيرغيزستانيّ
Kirgizische (de)	qirɣizistāniyya (f)	قيرغيزستانيّة
Kirgizische (bn)	qirɣizistāniy	قيرغيزستانيّ

Moldavië (het)	muldāviya (f)	مولدافيا
Moldaviër (de)	muldāviy (m)	مولدافيّ
Moldavische (de)	muldāviyya (f)	مولدافيّة
Moldavisch (bn)	muldāviy	مولدافيّ
Rusland (het)	rūsiya (f)	روسيا
Rus (de)	rūsiy (m)	روسيّ
Russin (de)	rūsiyya (f)	روسيّة
Russisch (bn)	rūsiy	روسيّ
Tadzjikistan (het)	ṭaʒīkistān (f)	طاجيكستان
Tadzjiek (de)	ṭaʒīkiy (m)	طاجيكيّ
Tadzjiekse (de)	ṭaʒīkiyya (f)	طاجيكيّة
Tadzjieks (bn)	ṭaʒīkiy	طاجيكيّ
Turkmenistan (het)	turkmānistān (f)	تركمانستان
Turkmeen (de)	turkmāniy (m)	تركمانيّ
Turkmeense (de)	turkmāniyya (f)	تركمانيّة
Turkmeens (bn)	turkmāniy	تركمانيّ
Oezbekistan (het)	uzbikistān (f)	أوزبكستان
Oezbeek (de)	uzbikiy (m)	أوزبكيّ
Oezbeekse (de)	uzbikiyya (f)	أوزبكيّة
Oezbeeks (bn)	uzbikiy	أوزبكيّ
Oekraïne (het)	ukrāniya (f)	أوكرانيا
Oekraïner (de)	ukrāniy (m)	أوكرانيّ
Oekraïense (de)	ukrāniyya (f)	أوكرانيّة
Oekraïens (bn)	ukrāniy	أوكرانيّ

237. Azië

Azië (het)	'āsiya (f)	آسيا
Aziatisch (bn)	'āsyawiy	آسيويّ
Vietnam (het)	vitnām (f)	فيتنام
Vietnamees (de)	vitnāmiy (m)	فيتناميّ
Vietnamese (de)	vitnāmiyya (f)	فيتناميّة
Vietnamees (bn)	vitnāmiy	فيتناميّ
India (het)	al hind (f)	الهند
Indiër (de)	hindiy (m)	هنديّ
Indische (de)	hindiyya (f)	هنديّة
Indisch (bn)	hindiy	هنديّ
Israël (het)	isrā'īl (f)	إسرائيل
Israëliër (de)	isra'īliy (m)	إسرائيليّ
Israëlische (de)	isrā'īliyya (f)	إسرائيليّة
Israëlisch (bn)	isrā'īliy	إسرائيليّ
Jood (etniciteit)	yahūdiy (m)	يهوديّ
Jodin (de)	yahūdiyya (f)	يهوديّة
Joods (bn)	yahūdiy	يهوديّ
China (het)	aṣ ṣīn (f)	الصين

Chinees (de)	ṣīniy (m)	صينيّ
Chinese (de)	ṣīniyya (f)	صينيّة
Chinees (bn)	ṣīniy	صينيّ
Koreaan (de)	kūriy (m)	كوريّ
Koreaanse (de)	kuriyya (f)	كوريّة
Koreaans (bn)	kūriy	كوريّ
Libanon (het)	lubnān (f)	لبنان
Libanees (de)	lubnāniy (m)	لبنانيّ
Libanese (de)	lubnāniyya (f)	لبنانيّة
Libanees (bn)	lubnāniy	لبنانيّ
Mongolië (het)	manɣūliya (f)	منغوليا
Mongool (de)	manɣūliy (m)	منغوليّ
Mongoolse (de)	manɣūliyya (f)	منغوليّة
Mongools (bn)	manɣūliy	منغوليّ
Maleisië (het)	malīziya (f)	ماليزيا
Maleisiër (de)	malīziy (m)	ماليزيّ
Maleisische (de)	malīziyya (f)	ماليزيّة
Maleisisch (bn)	malīziy	ماليزيّ
Pakistan (het)	bakistān (f)	باكستان
Pakistaan (de)	bakistāniy (m)	باكستانيّ
Pakistaanse (de)	bakistāniyya (f)	باكستانيّة
Pakistaans (bn)	bakistāniy	باكستانيّ
Saoedi-Arabië (het)	as sa'ūdiyya (f)	السعوديّة
Arabier (de)	'arabiy (m)	عربيّ
Arabische (de)	'arabiyya (f)	عربيّة
Arabisch (bn)	'arabiy	عربيّ
Thailand (het)	taylānd (f)	تايلاند
Thai (de)	taylāndiy (m)	تايلانديّ
Thaise (de)	taylandiyya (f)	تايلانديّة
Thai (bn)	taylāndiy	تايلانديّ
Taiwan (het)	taywān (f)	تايوان
Taiwanees (de)	taywāniy (m)	تايوانيّ
Taiwanese (de)	taywāniyya (f)	تايوانيّة
Taiwanees (bn)	taywāniy	تايوانيّ
Turkije (het)	turkiya (f)	تركيا
Turk (de)	turkiy (m)	تركيّ
Turkse (de)	turkiyya (f)	تركيّة
Turks (bn)	turkiy	تركيّ
Japan (het)	al yabān (f)	اليابان
Japanner (de)	yabāniy (m)	يابانيّ
Japanse (de)	yabāniyya (f)	يابانيّة
Japans (bn)	yabāniy	يابانيّ
Afghanistan (het)	afɣanistān (f)	أفغانستان
Bangladesh (het)	banʒladīʃ (f)	بنجلاديش
Indonesië (het)	indunīsiya (f)	إندونيسيا

Jordanië (het)	al urdun (m)	الأردن
Irak (het)	al 'irāq (m)	العراق
Iran (het)	'īrān (f)	إيران
Cambodja (het)	kambūdya (f)	كمبوديا
Koeweit (het)	al kuwayt (f)	الكويت
Laos (het)	lawus (f)	لاوس
Myanmar (het)	myanmār (f)	ميانمار
Nepal (het)	nibāl (f)	نيبال
Verenigde Arabische Emiraten	al imārāt al 'arabiyya al muttaḥida (pl)	الإمارات العربيّة المتّحدة
Syrië (het)	sūriya (f)	سوريا
Palestijnse autonomie (de)	filisṭīn (f)	فلسطين
Zuid-Korea (het)	kuriya al ʒanūbiyya (f)	كوريا الجنوبيّة
Noord-Korea (het)	kūria aʃ ʃimāliyya (f)	كوريا الشماليّة

238. Noord-Amerika

Verenigde Staten van Amerika	al wilāyāt al muttaḥida al amrīkiyya (pl)	الولايات المتّحدة الأمريكيّة
Amerikaan (de)	amrīkiy (m)	أمريكيّ
Amerikaanse (de)	amrīkiyya (f)	أمريكيّة
Amerikaans (bn)	amrīkiy	أمريكيّ
Canada (het)	kanada (f)	كندا
Canadees (de)	kanadiy (m)	كنديّ
Canadese (de)	kanadiyya (f)	كنديّة
Canadees (bn)	kanadiy	كنديّ
Mexico (het)	al maksīk (f)	المكسيك
Mexicaan (de)	maksīkiy (m)	مكسيكيّ
Mexicaanse (de)	maksīkiyya (f)	مكسيكيّة
Mexicaans (bn)	maksīkiy	مكسيكيّ

239. Midden- en Zuid-Amerika

Argentinië (het)	arʒantīn (f)	الأرجنتين
Argentijn (de)	arʒantīniy (m)	أرجنتينيّ
Argentijnse (de)	arʒantīniyya (f)	أرجنتينيّة
Argentijns (bn)	arʒantīniy	أرجنتينيّ
Brazilië (het)	al brazīl (f)	البرازيل
Braziliaan (de)	brazīliy (m)	برازيليّ
Braziliaanse (de)	brazīliyya (f)	برازيليّة
Braziliaans (bn)	brazīliy	برازيليّ
Colombia (het)	kulumbiya (f)	كولومبيا
Colombiaan (de)	kulumbiy (m)	كولومبيّ
Colombiaanse (de)	kulumbiyya (f)	كولومبيّة
Colombiaans (bn)	kulumbiy	كولومبيّ
Cuba (het)	kūba (f)	كوبا

Cubaan (de)	kūbiy (m)	كوبيّ
Cubaanse (de)	kūbiyya (f)	كوبيّة
Cubaans (bn)	kūbiy	كوبيّ
Chili (het)	tʃīli (f)	تشيلي
Chileen (de)	tʃīliy (m)	تشيلي
Chileense (de)	tʃīliyya (f)	تشيليّة
Chileens (bn)	tʃīliy	تشيليّ
Bolivia (het)	bulīviya (f)	بوليفيا
Venezuela (het)	vinizwiyla (f)	فنزويلا
Paraguay (het)	baraɣwāy (f)	باراغواي
Peru (het)	biru (f)	بيرو
Suriname (het)	surinām (f)	سورينام
Uruguay (het)	uruɣwāy (f)	الأوروغواي
Ecuador (het)	al iqwadūr (f)	الإكوادور
Bahama's (mv.)	ʒuzur bahāmas (pl)	جزر باهاماس
Haïti (het)	haīti (f)	هايتي
Dominicaanse Republiek (de)	ʒumhūriyyat ad duminikan (f)	جمهوريّة الدومينيكان
Panama (het)	banama (f)	بنما
Jamaica (het)	ʒamāyka (f)	جامايكا

240. Afrika

Egypte (het)	miṣr (f)	مصر
Egyptenaar (de)	miṣriy (m)	مصريّ
Egyptische (de)	miṣriyya (f)	مصريّة
Egyptisch (bn)	miṣriy	مصريّ
Marokko (het)	al maɣrib (m)	المغرب
Marokkaan (de)	maɣribiy (m)	مغربيّ
Marokkaanse (de)	maɣribiyya (f)	مغربيّة
Marokkaans (bn)	maɣribiy	مغربيّ
Tunesië (het)	tūnis (f)	تونس
Tunesiër (de)	tūnisiy (m)	تونسيّ
Tunesische (de)	tūnisiyya (f)	تونسيّة
Tunesisch (bn)	tūnisiy	تونسيّ
Ghana (het)	ɣāna (f)	غانا
Zanzibar (het)	zanʒibār (f)	زنجبار
Kenia (het)	kiniya (f)	كينيا
Libië (het)	lībiya (f)	ليبيا
Madagaskar (het)	madaɣaʃqar (f)	مدغشقر
Namibië (het)	namībiya (f)	ناميبيا
Senegal (het)	as siniɣāl (f)	السنغال
Tanzania (het)	tanzāniya (f)	تنزانيا
Zuid-Afrika (het)	ʒumhūriyyat afrīqiya al ʒanūbiyya (f)	جمهوريّة أفريقيا الجنوبيّة
Afrikaan (de)	afrīqiy (m)	أفريقيّ
Afrikaanse (de)	afrīqiyya (f)	أفريقيّة
Afrikaans (bn)	afrīqiy	أفريقيّ

241. Australië. Oceanië

Australië (het)	usturāliya (f)	أستراليا
Australiër (de)	usturāliy (m)	أستراليّ
Australische (de)	usturāliyya (f)	أستراليّة
Australisch (bn)	usturāliy	أستراليّ
Nieuw-Zeeland (het)	nyu zilanda (f)	نيوزيلندا
Nieuw-Zeelander (de)	nyu zilandiy (m)	نيوزيلنديّ
Nieuw-Zeelandse (de)	nyu zilandiyya (f)	نيوزيلنديّة
Nieuw-Zeelands (bn)	nyu zilandiy	نيوزيلنديّ
Tasmanië (het)	tasmāniya (f)	تاسمانيا
Frans-Polynesië	bulinīziya al faransiyya (f)	بولينزيا الفرنسيّة

242. Steden

Amsterdam	amstirdām (f)	أمستردام
Ankara	anqara (f)	أنقرة
Athene	aθīna (f)	أثينا
Bagdad	baɣdād (f)	بغداد
Bangkok	bankūk (f)	بانكوك
Barcelona	barʃalūna (f)	برشلونة
Beiroet	bayrūt (f)	بيروت
Berlijn	birlīn (f)	برلين
Boedapest	budabist (f)	بودابست
Boekarest	buχarist (f)	بوخارست
Bombay, Mumbai	bumbāy (f)	بومباى
Bonn	būn (f)	بون
Bordeaux	burdu (f)	بوردو
Bratislava	bratislāva (f)	براتيسلافا
Brussel	brūksil (f)	بروكسل
Caïro	al qāhira (f)	القاهرة
Calcutta	kalkutta (f)	كلكتا
Chicago	ʃikāɣu (f)	شيكاغو
Dar Es Salaam	dar as salām (f)	دار السلام
Delhi	dilhi (f)	دلهي
Den Haag	lahāy (f)	لاهاى
Dubai	dibay (f)	دبي
Dublin	dablin (f)	دبلن
Düsseldorf	dusildurf (f)	دوسلدورف
Florence	flurinsa (f)	فلورنسا
Frankfort	frankfurt (f)	فرانكفورت
Genève	ʒinīv (f)	جنيف
Hamburg	hamburɣ (m)	هامبورغ
Hanoi	hanuy (f)	هانوى
Havana	havāna (f)	هافانا
Helsinki	hilsinki (f)	هلسنكي

Hiroshima	hiruʃīma (f)	هيروشيما
Hongkong	hunɣ kunɣ (f)	هونغ كونغ
Istanbul	isṭanbūl (f)	إسطنبول
Jeruzalem	al quds (f)	القدس
Kiev	kiyiv (f)	كييف
Kopenhagen	kubinhāʒin (f)	كوبنهاجن
Kuala Lumpur	kuala lumpur (f)	كوالالمبور
Lissabon	liʃbūna (f)	لشبونة
Londen	lundun (f)	لندن
Los Angeles	lus anʒilis (f)	لوس أنجلوس
Lyon	liyūn (f)	ليون
Madrid	madrīd (f)	مدريد
Marseille	marsīliya (f)	مرسيليا
Mexico-Stad	madīnat maksiku (f)	مدينة مكسيكو
Miami	mayāmi (f)	ميامي
Montreal	muntriyāl (f)	مونتريال
Moskou	musku (f)	موسكو
München	myūniχ (f)	ميونخ
Nairobi	nayrūbi (f)	نيروبي
Napels	nabuli (f)	نابولي
New York	nyu yūrk (f)	نيويورك
Nice	nīs (f)	نيس
Oslo	uslu (f)	أوسلو
Ottawa	uttawa (f)	أوتاوا
Parijs	barīs (f)	باريس
Peking	bikīn (f)	بيكين
Praag	brāɣ (f)	براغ
Rio de Janeiro	riu di ʒaniyru (f)	ريو دي جانيرو
Rome	rūma (f)	روما
Seoel	siūl (f)	سيول
Singapore	sinɣafūra (f)	سنغافورة
Sint-Petersburg	sant bitirsburɣ (f)	سانت بطرسبرغ
Sjanghai	ʃanɣhāy (f)	شانغهاي
Stockholm	stukhūlm (f)	ستوكهولم
Sydney	sidniy (f)	سيدني
Taipei	taybay (f)	تايبيه
Tokio	ṭukyu (f)	طوكيو
Toronto	turūntu (f)	تورونتو
Venetië	al bunduqiyya (f)	البندقيّة
Warschau	warsaw (f)	وارسو
Washington	wāʃinṭun (f)	واشنطن
Wenen	vyīna (f)	فيينا

243. Politiek. Overheid. Deel 1

politiek (de)	siyāsa (f)	سياسة
politiek (bn)	siyāsiy	سياسيّ

politicus (de)	siyāsiy (m)	سياسيّ
staat (land)	dawla (f)	دولة
burger (de)	muwāṭin (m)	مواطن
staatsburgerschap (het)	ʒinsiyya (f)	جنسيّة
nationaal wapen (het)	ʃiʿār waṭaniy (m)	شعار وطنيّ
volkslied (het)	naʃīd waṭaniy (m)	نشيد وطنيّ
regering (de)	ḥukūma (f)	حكومة
staatshoofd (het)	raʾs ad dawla (m)	رأس الدولة
parlement (het)	barlamān (m)	برلمان
partij (de)	ḥizb (m)	حزب
kapitalisme (het)	raʾsmāliyya (f)	رأسماليّة
kapitalistisch (bn)	raʾsmāliy	رأسماليّ
socialisme (het)	iʃtirākiyya (f)	إشتراكيّة
socialistisch (bn)	iʃtirākiy	إشتراكيّ
communisme (het)	ʃuyūʿiyya (f)	شيوعيّة
communistisch (bn)	ʃuyūʿiy	شيوعيّ
communist (de)	ʃuyūʿiy (m)	شيوعيّ
democratie (de)	dimuqraṭiyya (f)	ديموقراطيّة
democraat (de)	dimuqrāṭiy (m)	ديموقراطيّ
democratisch (bn)	dimuqrāṭiy	ديموقراطيّ
democratische partij (de)	al ḥizb ad dimukrāṭiy (m)	الحزب الديموقراطيّ
liberaal (de)	libirāliy (m)	ليبراليّ
liberaal (bn)	libirāliy	ليبراليّ
conservator (de)	muḥāfiẓ (m)	محافظ
conservatief (bn)	muḥāfiẓ	محافظ
republiek (de)	ʒumhūriyya (f)	جمهوريّة
republikein (de)	ʒumhūriy (m)	جمهوريّ
Republikeinse Partij (de)	al ḥizb al ʒumhūriy (m)	الحزب الجمهوريّ
verkiezing (de)	intiχābāt (pl)	إنتخابات
kiezen (ww)	intaχab	إنتخب
kiezer (de)	nāχib (m)	ناخب
verkiezingscampagne (de)	ḥamla intiχābiyya (f)	حملة إنتخابيّة
stemming (de)	taṣwīt (m)	تصويت
stemmen (ww)	ṣawwat	صوّت
stemrecht (het)	ḥaqq al intiχāb (m)	حقّ الإنتخاب
kandidaat (de)	muraʃʃaḥ (m)	مرشّح
zich kandideren	raʃʃaḥ nafsahu	رشّح نفسه
campagne (de)	ḥamla (f)	حملة
oppositie- (abn)	muʿāriḍ	معارض
oppositie (de)	muʿāraḍa (f)	معارضة
bezoek (het)	ziyāra (f)	زيارة
officieel bezoek (het)	ziyāra rasmiyya (f)	زيارة رسميّة
internationaal (bn)	duwaliy	دوليّ

onderhandelingen (mv.)	mubāḥaθāt (pl)	مباحثات
onderhandelen (ww)	aʒra mubāḥaθāt	أجرى مباحثات

244. Politiek. Overheid. Deel 2

maatschappij (de)	muʒtama' (m)	مجتمع
grondwet (de)	dustūr (m)	دستور
macht (politieke ~)	sulṭa (f)	سلطة
corruptie (de)	fasād (m)	فساد
wet (de)	qānūn (m)	قانون
wettelijk (bn)	qānūniy	قانونيّ
rechtvaardigheid (de)	'adāla (f)	عدالة
rechtvaardig (bn)	'ādil	عادل
comité (het)	laʒna (f)	لجنة
wetsvoorstel (het)	maʃrū' qānūn (m)	مشروع قانون
begroting (de)	mīzāniyya (f)	ميزانيّة
beleid (het)	siyāsa (f)	سياسة
hervorming (de)	iṣlāḥ (m)	إصلاح
radicaal (bn)	radikāliy	راديكاليّ
macht (vermogen)	quwwa (f)	قوّة
machtig (bn)	qawiy	قويّ
aanhanger (de)	mu'ayyid (m)	مؤيّد
invloed (de)	ta'θīr (m)	تأثير
regime (het)	niẓām ḥukm (m)	نظام حكم
conflict (het)	χilāf (m)	خلاف
samenzwering (de)	mu'āmara (f)	مؤامرة
provocatie (de)	istifzāz (m)	إستفزاز
omverwerpen (ww)	asqaṭ	أسقط
omverwerping (de)	isqāṭ (m)	إسقاط
revolutie (de)	θawra (f)	ثورة
staatsgreep (de)	inqilāb (m)	إنقلاب
militaire coup (de)	inqilāb 'askariy (m)	انقلاب عسكريّ
crisis (de)	azma (f)	أزمة
economische recessie (de)	rukūd iqtiṣādiy (m)	ركود إقتصاديّ
betoger (de)	mutaẓāhir (m)	متظاهر
betoging (de)	muẓāhara (f)	مظاهرة
krijgswet (de)	al aḥkām al 'urfiyya (pl)	الأحكام العرفيّة
militaire basis (de)	qa'ida 'askariyya (f)	قاعدة عسكريّة
stabiliteit (de)	istiqrār (m)	إستقرار
stabiel (bn)	mustaqirr	مستقرّ
uitbuiting (de)	istiɣlāl (m)	إستغلال
uitbuiten (ww)	istaɣall	إستغلّ
racisme (het)	'unṣuriyya (f)	عنصريّة
racist (de)	'unṣuriy (m)	عنصريّ

fascisme (het)	fāʃiyya (f)	فاشيّة
fascist (de)	fāʃiy (m)	فاشيّ

245. Landen. Diversen

vreemdeling (de)	aʒnabiy (m)	أجنبيّ
buitenlands (bn)	aʒnabiy	أجنبيّ
in het buitenland (bw)	fil χāriʒ	في الخارج
emigrant (de)	nāziḥ (m)	نازح
emigratie (de)	nuziḥ (m)	نزوح
emigreren (ww)	nazūḥ	نزح
Westen (het)	al ɣarb (m)	الغرب
Oosten (het)	aʃ ʃarq (m)	الشرق
Verre Oosten (het)	aʃ ʃarq al aqṣa (m)	الشرق الأقصى
beschaving (de)	ḥaḍāra (f)	حضارة
mensheid (de)	al baʃariyya (f)	البشريّة
wereld (de)	al ʿālam (m)	العالم
vrede (de)	salām (m)	سلام
wereld- (abn)	ʿālamiy	عالميّ
vaderland (het)	waṭan (m)	وطن
volk (het)	ʃaʿb (m)	شعب
bevolking (de)	sukkān (pl)	سكّان
mensen (mv.)	nās (pl)	ناس
natie (de)	umma (f)	أمّة
generatie (de)	ʒīl (m)	جيل
gebied (bijv. bezette ~en)	arḍ (f)	أرض
regio, streek (de)	minṭaqa (f)	منطقة
deelstaat (de)	wilāya (f)	ولاية
traditie (de)	taqlīd (m)	تقليد
gewoonte (de)	ʿāda (f)	عادة
ecologie (de)	ʿilm al bīʾa (m)	علم البيئة
Indiaan (de)	hindiy aḥmar (m)	هنديّ أحمر
zigeuner (de)	ɣaʒariy (m)	غجريّ
zigeunerin (de)	ɣaʒariyya (f)	غجريّة
zigeuner- (abn)	ɣaʒariy	غجريّ
rijk (het)	imbiraṭuriyya (f)	امبراطوريّة
kolonie (de)	mustaʿmara (f)	مستعمرة
slavernij (de)	ʿubūdiyya (f)	عبوديّة
invasie (de)	ɣazw (m)	غزو
hongersnood (de)	maʒāʿa (f)	مجاعة

246. Grote religieuze groepen. Bekentenissen

religie (de)	dīn (m)	دين
religieus (bn)	dīniy	دينيّ

geloof (het)	'īmān (m)	إيمان
geloven (ww)	'āman	آمن
gelovige (de)	mu'min (m)	مؤمن
atheïsme (het)	al ilḥād (m)	الإلحاد
atheïst (de)	mulḥid (m)	ملحد
christendom (het)	al masīḥiyya (f)	المسيحيّة
christen (de)	masīḥiy (m)	مسيحيّ
christelijk (bn)	masīḥiy	مسيحي
katholicisme (het)	al kaθūlikiyya (f)	الكاثوليكيّة
katholiek (de)	kaθulīkiy (m)	كاثوليكيّ
katholiek (bn)	kaθulīkiy	كاثوليكي
protestantisme (het)	al brutistantiyya (f)	البروتستانتية
Protestante Kerk (de)	al kanīsa al brutistantiyya (f)	الكنيسة البروتستانتيّة
protestant (de)	brutistantiy (m)	بروتستانتيّ
orthodoxie (de)	urθuðuksiyya (f)	الأرثوذكسيّة
Orthodoxe Kerk (de)	al kanīsa al urθuðuksiyya (f)	الكنيسة الأرثوذكسيّة
orthodox	urθuðuksiy (m)	أرثوذكسيّ
presbyterianisme (het)	maʃīχiyya (f)	المشيخيّة
Presbyteriaanse Kerk (de)	al kanīsa al maʃīχiyya (f)	الكنيسة المشيخيّة
presbyteriaan (de)	maʃīχiy (m)	مشيخيّ
lutheranisme (het)	al kanīsa al luθiriyya (f)	الكنيسة اللوثريّة
lutheraan (de)	luθiriy (m)	لوثريّ
baptisme (het)	al kanīsa al ma'madāniyya (f)	الكنيسة المعمدانيّة
baptist (de)	ma'madāniy (m)	معمدانيّ
Anglicaanse Kerk (de)	al kanīsa al anʒlikāniyya (f)	الكنيسة الإنجليكانيّة
anglicaan (de)	anʒlikāniy (m)	أنجليكانيّ
mormonisme (het)	al murumūniyya (f)	المورمونيّة
mormoon (de)	masīḥiy murmūn (m)	مسيحيّ مرمون
Jodendom (het)	al yahūdiyya (f)	اليهودية
jood (aanhanger van het Jodendom)	yahūdiy (m)	يهوديّ
boeddhisme (het)	al būðiyya (f)	البوذيّة
boeddhist (de)	būðiy (m)	بوذيّ
hindoeïsme (het)	al hindūsiyya (f)	الهندوسيّة
hindoe (de)	hindūsiy (m)	هندوسيّ
islam (de)	al islām (m)	الإسلام
islamiet (de)	muslim (m)	مسلم
islamitisch (bn)	islāmiy	إسلاميّ
sjiisme (het)	al maðhab aʃ ʃī'iy (m)	المذهب الشيعيّ
sjiiet (de)	ʃī'iy (m)	شيعيّ
soennisme (het)	al maðhab as sunniy (m)	المذهب السنّيّ
soenniet (de)	sunniy (m)	سنّيّ

247. Religies. Priesters

priester (de)	qissīs (m), kāhin (m)	قسّيس, كاهن
paus (de)	al bāba (m)	البابا
monnik (de)	rāhib (m)	راهب
non (de)	rāhiba (f)	راهبة
pastoor (de)	qissīs (m)	قسّيس
abt (de)	ra'īs ad dayr (m)	رئيس الدير
vicaris (de)	viqār (m)	فيقار
bisschop (de)	usquf (m)	أسقف
kardinaal (de)	kardināl (m)	كاردينال
predikant (de)	tabʃīr (m)	تبشير
preek (de)	χuṭba (f)	خطبة
kerkgangers (mv.)	ra'iyyat al abraʃiyya (f)	رعية الأبرشيّة
gelovige (de)	mu'min (m)	مؤمن
atheïst (de)	mulḥid (m)	ملحد

248. Geloof. Christendom. Islam

Adam	'ādam (m)	آدم
Eva	ḥawā' (f)	حواء
God (de)	allah (m)	الله
Heer (de)	ar rabb (m)	الربّ
Almachtige (de)	al qadīr (m)	القدير
zonde (de)	ðamb (m)	ذنب
zondigen (ww)	aðnab	أذنب
zondaar (de)	muðnib (m)	مذنب
zondares (de)	muðniba (f)	مذنبة
hel (de)	al ʒaḥīm (f)	الجحيم
paradijs (het)	al ʒanna (f)	الجنّة
Jezus	yasū' (m)	يسوع
Jezus Christus	yasū' al masīḥ (m)	يسوع المسيح
Heilige Geest (de)	ar rūḥ al qudus (m)	الروح القدس
Verlosser (de)	al masīḥ (m)	المسيح
Maagd Maria (de)	maryam al 'aðrā' (f)	مريم العذراء
duivel (de)	aʃ ʃayṭān (m)	الشيطان
duivels (bn)	ʃayṭāniy	شيطانيّ
Satan	aʃ ʃayṭān (m)	الشيطان
satanisch (bn)	ʃayṭāniy	شيطانيّ
engel (de)	malāk (m)	ملاك
beschermengel (de)	malāk ḥāris (m)	ملاك حارس
engelachtig (bn)	malā'ikiy	ملائكيّ

apostel (de)	rasūl (m)	رسول
aartsengel (de)	al malak ar ra'īsiy (m)	الملك الرئيسي
antichrist (de)	al masīḥ ad daʒʒāl (m)	المسيح الدجّال
Kerk (de)	al kanīsa (f)	الكنيسة
bijbel (de)	al kitāb al muqaddas (m)	الكتاب المقدّس
bijbels (bn)	tawrātiy	توراتيّ
Oude Testament (het)	al ʿaḥd al qadīm (m)	العهد القديم
Nieuwe Testament (het)	al ʿahd al ʒadīd (m)	العهد الجديد
evangelie (het)	inʒīl (m)	إنجيل
Heilige Schrift (de)	al kitāb al muqaddas (m)	الكتاب المقدّس
Hemel, Hemelrijk (de)	al ʒanna (f)	الجنّة
gebod (het)	waṣiyya (f)	وصيّة
profeet (de)	nabiy (m)	نبيّ
profetie (de)	nubū'a (f)	نبوءة
Allah	allah (m)	الله
Mohammed	muḥammad (m)	محمّد
Koran (de)	al qur'ān (m)	القرآن
moskee (de)	masʒid (m)	مسجد
moellah (de)	mulla (m)	ملّا
gebed (het)	ṣalāt (f)	صلاة
bidden (ww)	ṣalla	صلّى
pelgrimstocht (de)	ḥaʒʒ (m)	حجّ
pelgrim (de)	ḥāʒʒ (m)	حاجّ
Mekka	makka al mukarrama (f)	مكة المكرّمة
kerk (de)	kanīsa (f)	كنيسة
tempel (de)	maʿbad (m)	معبد
kathedraal (de)	katidrā'iyya (f)	كاتدرائيّة
gotisch (bn)	qūṭiy	قوطيّ
synagoge (de)	kanīs maʿbad yahūdiy (m)	كنيس معبد يهوديّ
moskee (de)	masʒid (m)	مسجد
kapel (de)	kanīsa saɣīra (f)	كنيسة صغيرة
abdij (de)	dayr (m)	دير
nonnenklooster (het)	dayr (m)	دير
mannenklooster (het)	dayr (m)	دير
klok (de)	ʒaras (m)	جرس
klokkentoren (de)	burʒ al ʒaras (m)	برج الجرس
luiden (klokken)	daqq	دقّ
kruis (het)	ṣalīb (m)	صليب
koepel (de)	qubba (f)	قبّة
icoon (de)	'īkūna (f)	ايقونة
ziel (de)	nafs (f)	نفس
lot, noodlot (het)	maṣīr (m)	مصير
kwaad (het)	ʃarr (m)	شرّ
goed (het)	χayr (m)	خير
vampier (de)	maṣṣāṣ dimā' (m)	مصّاص دماء

heks (de)	sāḥira (f)	ساحرة
demoon (de)	ʃayṭān (m)	شيطان
geest (de)	rūḥ (m)	روح
verzoeningsleer (de)	takfīr (m)	تكفير
vrijkopen (ww)	kaffar ʿan	كفّر عن
mis (de)	qaddās (m)	قدّاس
de mis opdragen	alqa χuṭba bil kanīsa	ألقى خطبة بالكنيسة
biecht (de)	iʿtirāf (m)	إعتراف
biechten (ww)	iʿtaraf	إعترف
heilige (de)	qiddīs (m)	قدّيس
heilig (bn)	muqaddas (m)	مقدّس
wijwater (het)	māʾ muqaddas (m)	ماء مقدّس
ritueel (het)	ṭuqūs (pl)	طقوس
ritueel (bn)	ṭuqūsiy	طقوسي
offerande (de)	ðabīḥa (f)	ذبيحة
bijgeloof (het)	χurāfa (f)	خرافة
bijgelovig (bn)	muʾmin bil χurāfāt (m)	مؤمن بالخرافات
hiernamaals (het)	al ʾāχira (f)	الآخرة
eeuwige leven (het)	al ḥayāt al abadiyya (f)	الحياة الأبدية

DIVERSEN

249. Diverse nuttige woorden

achtergrond (de)	χalfiyya (f)	خلفيّة
balans (de)	tawāzun (m)	توازن
basis (de)	asās (m)	أساس
begin (het)	bidāya (f)	بداية
beurt (wie is aan de ~?)	dawr (m)	دور
categorie (de)	fi'a (f)	فئة
comfortabel (~ bed, enz.)	murīḥ	مريح
compensatie (de)	ta'wīḍ (m)	تعويض
deel (gedeelte)	ʒuz' (m)	جزء
deeltje (het)	ʒuz' (m)	جزء
ding (object, voorwerp)	ʃay' (m)	شيء
dringend (bn, urgent)	'āʒil	عاجل
dringend (bw, met spoed)	'āʒilan	عاجلًا
effect (het)	ta'θīr (m)	تأثير
eigenschap (kwaliteit)	χaṣṣa (f)	خاصّة
einde (het)	nihāya (f)	نهاية
element (het)	'unṣur (m)	عنصر
feit (het)	ḥaqīqa (f)	حقيقة
fout (de)	χaṭa' (m)	خطأ
geheim (het)	sirr (m)	سرّ
graad (mate)	daraʒa (f)	درجة
groei (ontwikkeling)	numuww (m)	نموّ
hindernis (de)	ḥāʒiz (m)	حاجز
hinderpaal (de)	'aqba (f)	عقبة
hulp (de)	musā'ada (f)	مساعدة
ideaal (het)	miθāl (m)	مثال
inspanning (de)	ʒuhd (m)	جهد
keuze (een grote ~)	iχtiyār (m)	إختيار
labyrint (het)	tayh (m)	تيه
manier (de)	ṭarīqa (f)	طريقة
moment (het)	laḥẓa (f)	لحظة
nut (bruikbaarheid)	manfa'a (f)	منفعة
onderscheid (het)	farq (m)	فرق
ontwikkeling (de)	tanmiya (f)	تنمية
oplossing (de)	ḥall (m)	حلّ
origineel (het)	aṣl (m)	أصل
pauze (de)	istirāḥa (f)	إستراحة
positie (de)	mawqif (m)	موقف
principe (het)	mabda' (m)	مبدأ

probleem (het)	muʃkila (f)	مشكلة
proces (het)	ʻamaliyya (f)	عمليّة
reactie (de)	radd fiʻl (m)	ردّ فعل
reden (om ~ van)	sabab (m)	سبب
risico (het)	muχāṭara (f)	مخاطرة
samenvallen (het)	ṣudfa (f)	صدفة
serie (de)	silsila (f)	سلسلة
situatie (de)	ḥāla (f), waḍʻ (m)	حالة, وضع
soort (bijv. ~ sport)	nawʻ (m)	نوع
standaard (bn)	qiyāsiy	قياسيّ
standaard (de)	qiyās (m)	قياس
stijl (de)	uslūb (m)	أسلوب
stop (korte onderbreking)	istirāḥa (f)	إستراحة
systeem (het)	niẓām (m)	نظام
tabel (bijv. ~ van Mendelejev)	ʒadwal (m)	جدول
tempo (langzaam ~)	surʻa (f)	سرعة
term (medische ~en)	muṣṭalaḥ (m)	مصطلح
type (soort)	nawʻ (m)	نوع
variant (de)	ʃakl muχtalif (m)	شكل مختلف
veelvuldig (bn)	mutakarrir (m)	متكرّر
vergelijking (de)	muqārana (f)	مقارنة
voorbeeld (het goede ~)	miθāl (m)	مثال
voortgang (de)	taqaddum (m)	تقدّم
voorwerp (ding)	mawḍūʻ (m)	موضوع
vorm (uiterlijke ~)	ʃakl (m)	شكل
waarheid (de)	ḥaqīqa (f)	حقيقة
zone (de)	mintaqa (f)	منطقة

250. Beperkende bijwoorden. Bijvoeglijke naamwoorden. Deel 1

accuraat (uurwerk, enz.)	mutqan	متقن
achter- (abn)	χalfiy	خلفيّ
additioneel (bn)	iḍāfiy	إضافيّ
anders (bn)	muχtalif	مختلف
arm (bijv. ~e landen)	faqīr	فقير
begrijpelijk (bn)	wāḍiḥ	واضح
belangrijk (bn)	muhimm	مهمّ
belangrijkst (bn)	ahamm	أهمّ
beleefd (bn)	muʼaddab	مؤدّب
beperkt (bn)	maḥdūd	محدود
betekenisvol (bn)	muhimm	مهمّ
bijziend (bn)	qaṣīr an naẓar	قصير النظر
binnen- (abn)	dāχiliy	داخليّ
bitter (bn)	murr	مرّ
blind (bn)	aʻma	أعمى
breed (een ~e straat)	wāsiʻ	واسع

breekbaar (porselein, glas)	haʃʃ	هشّ
buiten- (abn)	χāriʒiy	خارجيّ
buitenlands (bn)	aʒnabiy	أجنبيّ
burgerlijk (bn)	madaniy	مدني
centraal (bn)	markaziy	مركزيّ
dankbaar (bn)	ʃākir	شاكر
dicht (~e mist)	kaθīf	كثيف
dicht (bijv. ~e mist)	kaθīf	كثيف
dicht (in de ruimte)	qarīb	قريب
dicht (bn)	qarīb	قريب
dichtstbijzijnd (bn)	aqrab	أقرب
diepvries (~product)	muʒammad	مجمّد
dik (bijv. muur)	θaχīn	ثخين
dof (~ licht)	bāhit	باهت
dom (dwaas)	ɣabiy	غبيّ
donker (bijv. ~e kamer)	muẓlim	مظلم
dood (bn)	mayyit	ميّت
doorzichtig (bn)	ʃaffāf	شفّاف
droevig (~ blik)	ḥazīn	حزين
droog (bn)	ʒāff	جافّ
dun (persoon)	naḥīf	نحيف
duur (bn)	ɣāli	غال
eender (bn)	mumāθil	مماثل
eenvoudig (bn)	sahl	سهل
eenvoudig (bn)	basīṭ	بسيط
eeuwenoude (~ beschaving)	qadīm	قديم
enorm (bn)	ḍaχm	ضخم
geboorte- (stad, land)	aṣliy	أصلي
gebruind (bn)	asmar	أسمر
gelijkend (bn)	ʃabīh	شبيه
gelukkig (bn)	saʿīd	سعيد
gesloten (bn)	muɣlaq	مغلق
getaand (bn)	asmar	أسمر
gevaarlijk (bn)	χaṭīr	خطير
gewoon (bn)	ʿādiy	عاديّ
gezamenlijk (~ besluit)	muʃtarak	مشترك
glad (~ oppervlak)	amlas	أملس
glad (~ oppervlak)	musaṭṭaḥ	مسطّح
goed (bn)	ʒayyid	جيّد
goedkoop (bn)	raχīṣ	رخيص
gratis (bn)	maʒʒāniy	مجّانيّ
groot (bn)	kabīr	كبير
hard (niet zacht)	ʒāmid	جامد
heel (volledig)	kāmil	كامل
heet (bn)	sāχin	ساخن
hongerig (bn)	ʒawʿān	جوعان

hoofd- (abn)	ra'īsi	رئيسي
hoogste (bn)	a'la	أعلى
huidig (courant)	ḥāḍir	حاضر
jong (bn)	ʃābb	شابّ
juist, correct (bn)	ṣaḥīḥ	صحيح
kalm (bn)	hādi'	هادئ
kinder- (abn)	lil aṭfāl	للأطفال
klein (bn)	ṣaɣīr	صغير
koel (~ weer)	qarīr	قرير
kort (kortstondig)	qaṣīr	قصير
kort (niet lang)	qaṣīr	قصير
koud (~ water, weer)	bārid	بارد
kunstmatig (bn)	ṣinā'iy	صناعيّ
laatst (bn)	'āχir	آخر
lang (een ~ verhaal)	ṭawīl	طويل
langdurig (bn)	mumtadd	ممتدّ
lastig (~ probleem)	ṣa'b	صعب
leeg (glas, kamer)	χāli	خال
lekker (bn)	laðīð	لذيذ
licht (kleur)	fātiḥ	فاتح
licht (niet veel weegt)	χafīf	خفيف
linker (bn)	al yasār	اليسار
luid (bijv. ~e stem)	'āli	عال
mager (bn)	naḥīf	نحيف
mat (bijv. ~ verf)	munṭafi'	منطفئ
moe (bn)	ta'bān	تعبان
moeilijk (~ besluit)	ṣa'b	صعب
mogelijk (bn)	mumkin	ممكن
mooi (bn)	ʒamīl	جميل
mysterieus (bn)	ɣarīb	غريب
naburig (bn)	muʒāwir	مجاور
nalatig (bn)	muhmil	مهمل
nat (~te kleding)	mablūl	مبلول
nerveus (bn)	'aṣabiy	عصبيّ
niet groot (bn)	ɣayr kabīr	غير كبير
niet moeilijk (bn)	ɣayr ṣa'b	غير صعب
nieuw (bn)	ʒadīd	جديد
nodig (bn)	lāzim	لازم
normaal (bn)	'ādiy	عاديّ

251. Beperkende bijwoorden. Bijvoeglijke naamwoorden. Deel 2

onbegrijpelijk (bn)	ɣayr wāḍiḥ	غير واضح
onbelangrijk (bn)	ɣayr muhimm	غير مهمّ
onbeweeglijk (bn)	θābit	ثابت
onbewolkt (bn)	ṣāfi	صاف

ondergronds (geheim)	sirriy	سرّيّ
ondiep (bn)	ḍaḥl	ضحل
onduidelijk (bn)	ɣayr wāḍiḥ	غير واضح
onervaren (bn)	qalīl al χibra	قليل الخبرة
onmogelijk (bn)	mustaḥīl	مستحيل
onontbeerlijk (bn)	ḍarūriy	ضروريّ
onophoudelijk (bn)	mutawāṣil	متواصل
ontkennend (bn)	salbiy	سلبيّ
open (bn)	maftūḥ	مفتوح
openbaar (bn)	ʿāmm	عامّ
origineel (ongewoon)	aṣliy	أصليّ
oud (~ huis)	qadīm	قديم
overdreven (bn)	mufriṭ	مفرط
passend (bn)	ṣāliḥ	صالح
permanent (bn)	dāʾim	دائم
persoonlijk (bn)	ʃaχṣiy	شخصيّ
plat (bijv. ~ scherm)	musaṭṭaḥ	مسطّح
prachtig (~ paleis, enz.)	ʒamīl	جميل
precies (bn)	daqīq	دقيق
prettig (bn)	laṭīf	لطيف
privé (bn)	ʃaχṣiy	شخصيّ
punctueel (bn)	daqīq	دقيق
rauw (niet gekookt)	nayy	نيّ
recht (weg, straat)	mustaqīm	مستقيم
rechter (bn)	al yamīn	اليمين
rijp (fruit)	nāḍiʒ	ناضج
riskant (bn)	χaṭir	خطر
ruim (een ~ huis)	wāsiʿ	واسع
rustig (bn)	hādiʾ	هادئ
scherp (bijv. ~ mes)	ḥādd	حادّ
schoon (niet vies)	naẓīf	نظيف
slecht (bn)	sayyiʾ	سيّئ
slim (verstandig)	ðakiy	ذكيّ
smal (~le weg)	ḍayyiq	ضيّق
snel (vlug)	sarīʿ	سريع
somber (bn)	muẓlim	مظلم
speciaal (bn)	χāṣṣ	خاصّ
sterk (bn)	qawiy	قويّ
stevig (bn)	matīn	متين
straatarm (bn)	muʿdim	معدم
strak (schoenen, enz.)	ḍayyiq	ضيّق
teder (liefderijk)	ḥanūn	حنون
tegenovergesteld (bn)	muqābil	مقابل
tevreden (bn)	rāḍi	راض
tevreden (klant, enz.)	rāḍi	راض
treurig (bn)	ḥazīn	حزين
tweedehands (bn)	mustaʿmal	مستعمل
uitstekend (bn)	mumtāz	ممتاز

uitstekend (bn)	mumtāz	ممتاز
uniek (bn)	farīd	فريد
veilig (niet gevaarlijk)	ʾāmin	آمن
ver (in de ruimte)	baʿīd	بعيد
verenigbaar (bn)	mutawāfiq	متوافق
vermoeiend (bn)	mutʿib	متعب
verplicht (bn)	ḍarūriy	ضروريّ
vers (~ brood)	ṭāziʒ	طازج
verschillende (bn)	muχtalif	مختلف
verst (meest afgelegen)	baʿīd	بعيد
vettig (voedsel)	dasim	دسم
vijandig (bn)	muʿādin	معاد
vloeibaar (bn)	sāʾil	سائل
vochtig (bn)	raṭib	رطب
vol (helemaal gevuld)	malyān	مليان
volgend (~ jaar)	muqbil	مقبل
vorig (bn)	māḍi	ماض
voornaamste (bn)	asāsiy	أساسيّ
vorig (~ jaar)	māḍi	ماض
vorig (bijv. ~e baas)	māḍi	ماض
vriendelijk (aardig)	laṭīf	لطيف
vriendelijk (goedhartig)	ṭayyib	طيّب
vrij (bn)	ḥurr	حرّ
vrolijk (bn)	farḥān	فرحان
vruchtbaar (~ land)	χaṣib	خصب
vuil (niet schoon)	wasiχ	وسخ
waarschijnlijk (bn)	muḥtamal	محتمل
warm (bn)	dāfiʾ	دافئ
wettelijk (bn)	qānūniy, ʃarʿiy	قانونيّ, شرعيّ
zacht (bijv. ~ kussen)	ṭariy	طريّ
zacht (bn)	munχafiḍ	منخفض
zeldzaam (bn)	nādir	نادر
ziek (bn)	marīḍ	مريض
zoet (~ water)	ʿaðb	عذب
zoet (bn)	musakkar	مسكّر
zonnig (~e dag)	muʃmis	مشمس
zorgzaam (bn)	muhtamm	مهتمّ
zout (de soep is ~)	māliḥ	مالح
zuur (smaak)	ḥāmiḍ	حامض
zwaar (~ voorwerp)	taqīl	ثقيل

DE 500 BELANGRIJKSTE WERKWOORDEN

252. Werkwoorden A-C

aaien (bijv. een konijn ~)	masaḥ	مسح
aanbevelen (ww)	naṣaḥ	نصح
aandringen (ww)	aṣarr	أصر
aankomen (ov. de treinen)	waṣal	وصل
aanleggen (bijv. bij de pier)	rasa	رسا
aanraken (met de hand)	lamas	لمس
aansteken (kampvuur, enz.)	aʃʿal	أشعل
aanstellen (in functie plaatsen)	ʿayyan	عيّن
aanvallen (mil.)	haʒam	هجم
aanvoelen (gevaar ~)	ʃaʿr bi	شعر بـ
aanvoeren (leiden)	raʾs	رأس
aanwijzen (de weg ~)	aʃār	أشار
aanzetten (computer, enz.)	fataḥ, ʃaɣɣal	فتح, شغّل
ademen (ww)	tanaffas	تنفّس
adverteren (ww)	aʿlan	أعلن
adviseren (ww)	naṣaḥ	نصح
afdalen (on.ww.)	nazil	نزل
afgunstig zijn (ww)	ḥasad	حسد
afhakken (ww)	qaṭaʿ	قطع
afhangen van …	taʿallaq bi …	تعلّق بـ...
afluisteren (ww)	tanaṣṣat	تنصّت
afnemen (verwijderen)	nazaʿ	نزع
afrukken (ww)	qaṭaʿ	قطع
afslaan (naar rechts ~)	inʿaṭaf	إنعطف
afsnijden (ww)	qaṭaʿ	قطع
afzeggen (ww)	alɣa	ألغى
amputeren (ww)	batar	بتر
amuseren (ww)	salla	سلّى
antwoorden (ww)	aʒāb	أجاب
applaudisseren (ww)	ṣaffaq	صفّق
aspireren (iets willen worden)	saʿa	سعى
assisteren (ww)	sāʿad	ساعد
bang zijn (ww)	χāf	خاف
barsten (plafond, enz.)	taʃaqqaq	تشقّق
bedienen (in restaurant)	χadam	خدم
bedreigen (bijv. met een pistool)	haddad	هدّد

bedriegen (ww)	χadaʿ	خدع
beduiden (betekenen)	ʿana	عنى
bedwingen (ww)	manaʿ	منع
beëindigen (ww)	atamm	أتمّ
begeleiden (vergezellen)	rāfaq	رافق
begieten (water geven)	saqa	سقى
beginnen (ww)	badaʾ	بدأ
begrijpen (ww)	fahim	فهم
behandelen (patiënt, ziekte)	ʿālaʒ	عالج
beheren (managen)	adār	أدار
beïnvloeden (ww)	aθθar	أثّر
bekennen (misdadiger)	iʿtaraf	إعترف
beledigen (met scheldwoorden)	ahān	أهان
beledigen (ww)	asāʾ	أساء
beloven (ww)	waʿad	وعد
beperken (de uitgaven ~)	ḥaddad	حدّد
bereiken (doel ~, enz.)	balaɣ	بلغ
bereiken (plaats van bestemming ~)	waṣal	وصل
beschermen (bijv. de natuur ~)	ḥama	حمى
beschuldigen (ww)	ittaham	إتّهم
beslissen (~ iets te doen)	qarrar	قرّر
besmet worden (met ...)	inʿada	إنعدى
besmetten (ziekte overbrengen)	aʿda	أعدى
bespreken (spreken over)	nāqaʃ	ناقش
bestaan (een ~ voeren)	ʿāʃ	عاش
bestellen (eten ~)	ṭalab	طلب
bestraffen (een stout kind ~)	ʿāqab	عاقب
betalen (ww)	dafaʿ	دفع
betekenen (beduiden)	ʿana	عنى
betreuren (ww)	nadim	ندم
bevallen (prettig vinden)	aʿʒab	أعجب
bevelen (mil.)	amar	أمر
bevredigen (ww)	arḍa	أرضى
bevrijden (stad, enz.)	ḥarrar	حرّر
bewaren (oude brieven, enz.)	iḥtafaẓ	إحتفظ
bewaren (vrede, leven)	ḥafaẓ	حفظ
bewijzen (ww)	aθbat	أثبت
bewonderen (ww)	uʿʒab bi	أعجب بـ
bezitten (ww)	malak	ملك
bezorgd zijn (ww)	qalaq	قلق
bezorgd zijn (ww)	qalaq	قلق
bidden (praten met God)	ṣalla	صلّى
bijvoegen (ww)	aḍāf	أضاف

binden (ww)	rabaṭ	ربط
binnengaan (een kamer ~)	daχal	دخل
blazen (ww)	habb	هبّ
blozen (zich schamen)	iḥmarr	إحمرّ
blussen (brand ~)	aṭfa'	أطفأ
boos maken (ww)	az'al	أزعل
boos zijn (ww)	za'al	زعل
breken (on.ww., van een touw)	inqaṭa'	إنقطع
breken (speelgoed, enz.)	kasar	كسر
brengen (iets ergens ~)	ata bi	أتى بـ
charmeren (ww)	fatan	فتن
citeren (ww)	istaʃhad	إستشهد
compenseren (ww)	'awwaḍ	عوّض
compliceren (ww)	'aqqad	عقّد
componeren (muziek ~)	laḥḥan	لحّن
compromitteren (ww)	faḍah	فضح
concurreren (ww)	nāfas	نافس
controleren (ww)	taḥakkam	تحكّم
coöpereren (samenwerken)	ta'āwan	تعاون
coördineren (ww)	nassaq	نسّق
corrigeren (fouten ~)	ṣaḥḥaḥ	صحّح
creëren (ww)	χalaq	خلق

253. Werkwoorden D-K

danken (ww)	ʃakar	شكر
de was doen	ɣasal	غسل
de weg wijzen	waʒʒah	وجّه
deelnemen (ww)	iʃtarak	إشترك
delen (wisk.)	qasam	قسم
denken (ww)	ẓann	ظنّ
doden (ww)	qatal	قتل
doen (ww)	'amal	عمل
dresseren (ww)	darrab	درّب
drinken (ww)	ʃarib	شرب
drogen (klederen, haar)	ʒaffaf	جفّف
dromen (in de slaap)	ḥalam	حلم
dromen (over vakantie ~)	ḥalam	حلم
duiken (ww)	ɣāṣ	غاص
durven (ww)	aqdam	أقدم
duwen (ww)	dafa'	دفع
een auto besturen	qād sayyāra	قاد سيّارة
een bad geven	ḥammam	حمّم
een bad nemen	istaḥamm	إستحمّ
een conclusie trekken	istantaʒ	إستنتج

foto's maken	ṣawwar	صوّر
eisen (met klem vragen)	ṭālib	طالب
erkennen (schuld)	i'taraf	إعترف
erven (ww)	wariθ	ورث
eten (ww)	akal	أكل
excuseren (vergeven)	'aðar	عذر
existeren (bestaan)	kān mawʒūd	كان موجودًا
feliciteren (ww)	hanna'	هنّأ
gaan (te voet)	maʃa	مشى
gaan slapen	nām	نام
gaan zitten (ww)	ʒalas	جلس
gaan zwemmen	sabaḥ	سبح
garanderen (garantie geven)	ḍaman	ضمن
gebruiken (bijv. een potlood ~)	istanfa'	إستنفع
gebruiken (woord, uitdrukking)	istaχdam	إستخدم
geconserveerd zijn (ww)	baqiya	بقي
gedateerd zijn (ww)	raʒa' tarīχuhu ila	رجع تاريخه إلى
gehoorzamen (ww)	ṭā'	طاع
gelijken (op elkaar lijken)	kān ʃabīhan	كان شبيهًا
geloven (vinden)	i'taqad	إعتقد
genoeg zijn (ww)	kafa	كفى
geven (ww)	a'ṭa	أعطى
gieten (in een beker ~)	ṣabb	صبّ
glimlachen (ww)	ibtasam	إبتسم
glimmen (glanzen)	lam'	لمع
gluren (ww)	waṣwaṣ	وصوص
goed raden (ww)	χamman	خمّن
gooien (een steen, enz.)	rama	رمى
grappen maken (ww)	mazaḥ	مزح
graven (tunnel, enz.)	ḥafar	حفر
haasten (iemand ~)	a'ʒʒal	عجّل
hebben (ww)	malak	ملك
helpen (hulp geven)	sā'ad	ساعد
herhalen (opnieuw zeggen)	karrar	كرّر
herinneren (ww)	taðakkar	تذكّر
herinneren aan … (afspraak, opdracht)	ðakkar	ذكّر
herkennen (identificeren)	'araf	عرف
herstellen (repareren)	aṣlaḥ	أصلح
het haar kammen	tamaʃʃaṭ	تمشّط
hopen (ww)	tamanna	تمنّى
horen (waarnemen met het oor)	sami'	سمع
houden van (muziek, enz.)	aḥabb	أحبّ
huilen (wenen)	baka	بكى
huiveren (ww)	irta'aʃ	إرتعش

huren (een boot ~)	ista'ʒar	إستأجر
huren (huis, kamer)	ista'ʒar	إستأجر
huren (personeel)	wazzaf	وظّف
imiteren (ww)	qallad	قلّد
importeren (ww)	istawrad	إستورد
inenten (vaccineren)	laqqaḥ	لقّح
informeren (informatie geven)	aχbar	أخبر
informeren naar ... (navraag doen)	istafsar	إستفسر
inlassen (invoegen)	adχal	أدخل
inpakken (in papier)	laff	لفّ
inspireren (ww)	alham	ألهم
instemmen (akkoord gaan)	ittafaq	إتّفق
interesseren (ww)	hamm	همّ
irriteren (ww)	azʿaʒ	أزعج
isoleren (ww)	ʿazal	عزل
jagen (ww)	iṣṭād	إصطاد
kalmeren (kalm maken)	ṭam'an	طمأن
kennen (kennis hebben van iemand)	ʿaraf	عرف
kennismaken (met ...)	taʿarraf	تعرّف
kiezen (ww)	iχtār	إختار
kijken (ww)	naẓar	نظر
klaarmaken (een plan ~)	aʿadd	أعدّ
klaarmaken (het eten ~)	ḥaḍḍar	حضّر
klagen (ww)	ʃaka	شكا
kloppen (aan een deur)	daqq	دقّ
kopen (ww)	iʃtara	إشترى
kopieën maken	ṣawwar	صوّر
kosten (ww)	kallaf	كلّف
kunnen (ww)	istaṭāʿ	إستطاع
kweken (planten ~)	anbat	أنبت

254. Werkwoorden L-R

lachen (ww)	ḍaḥik	ضحك
laden (geweer, kanon)	ḥaʃa	حشا
laden (vrachtwagen)	ʃaḥan	شحن
laten vallen (ww)	awqaʿ	أوقع
lenen (geld ~)	istalaf	إستلف
leren (lesgeven)	ʿallam	علّم
leven (bijv. in Frankrijk ~)	sakan	سكن
lezen (een boek ~)	qara'	قرأ
lid worden (ww)	inḍamm ila	إنضمّ إلى
liefhebben (ww)	aḥabb	أحبّ
liegen (ww)	kaðib	كذب

liggen (op de tafel ~)	kān mawʒūdan	كان موجودً
liggen (persoon)	raqad	رقد
lijden (pijn voelen)	ʿāna	عانى
losbinden (ww)	fakk	فكّ
luisteren (ww)	istamaʿ	إستمع
lunchen (ww)	taɣadda	تغدّى
markeren (op de kaart, enz.)	ʿallam	علّم
melden (nieuws ~)	aχbar	أخبر
memoriseren (ww)	ḥafaẓ	حفظ
mengen (ww)	χalaṭ	خلط
mikken op (ww)	ṣawwab	صوّب
minachten (ww)	iḥtaqar	إحتقر
moeten (ww)	kān yaʒib ʿalayh	كان يجب عليه
morsen (koffie, enz.)	dalaq	دلق
naderen (dichterbij komen)	iqtarab	إقترب
neerlaten (ww)	anzal	أنزل
nemen (ww)	aχað	أخذ
nodig zijn (ww)	kānat hunāk ḥāʒa ila	كانت هناك حاجة إلى
noemen (ww)	samma	سمّى
noteren (opschrijven)	katab mulāḥaẓa	كتب ملاحظة
omhelzen (ww)	ʿānaq	عانق
omkeren (steen, voorwerp)	qalab	قلب
onderhandelen (ww)	aʒra mubāḥaθāt	أجرى مباحثات
ondernemen (ww)	qām bi	قام بـ
onderschatten (ww)	istaχaff	إستخفّ
onderscheiden (een ereteken geven)	manaḥ	منح
onderstrepen (ww)	waḍaʿ χaṭṭ taḥt	وضع خطًا تحت
ondertekenen (ww)	waqqaʿ	وقّع
onderwijzen (ww)	ʿallam	علّم
onderzoeken (alle feiten, enz.)	baḥas fi	بحث في
bezorgd maken	aqlaq	أقلق
onmisbaar zijn (ww)	kān maṭlūb	كان مطلوبًا
ontbijten (ww)	afṭar	أفطر
ontdekken (bijv. nieuw land)	iktaʃaf	إكتشف
ontkennen (ww)	ankar	أنكر
ontlopen (gevaar, taak)	taʒannab	تجنّب
ontnemen (ww)	ḥaram	حرم
ontwerpen (machine, enz.)	ṣammam	صمّم
oorlog voeren (ww)	ḥārab	حارب
op orde brengen	naẓẓam	نظّم
opbergen (in de kast, enz.)	ʃāl	شال
opduiken (ov. een duikboot)	ṣaʿid ilas saṭḥ	صعد إلى السطح
openen (ww)	fataḥ	فتح
ophangen (bijv. gordijnen ~)	ʿallaq	علّق

ophouden (ww)	tawaqqaf	توقّف
oplossen (een probleem ~)	ḥall	حلّ
opmerken (zien)	lāḥaẓ	لاحظ
opmerken (zien)	lamaḥ	لمح
opscheppen (ww)	tabāha	تباهى
opschrijven (op een lijst)	saʒʒal	سجّل
opschrijven (ww)	katab	كتب
opstaan (uit je bed)	qām	قام
opstarten (project, enz.)	aṭlaq	أطلق
opstijgen (vliegtuig)	aqla'	أقلع
optreden (resoluut ~)	'amal	عمل
organiseren (concert, feest)	naẓẓam	نظّم
overdoen (ww)	a'ād	أعاد
overheersen (dominant zijn)	ɣalab	غلب
overschatten (ww)	bāliɣ fit taqdīr	بالغ في التقدير
overtuigd worden (ww)	iqtana'	إقتنع
overtuigen (ww)	aqna'	أقنع
passen (jurk, broek)	nāsab	ناسب
passeren (~ mooie dorpjes, enz.)	marr bi	مرّ بـ
peinzen (lang nadenken)	ʃaṭaḥ bi muχayyilatih	شطح بمخيّلته
penetreren (ww)	daχal	دخل
plaatsen (ww)	waḍa'	وضع
plaatsen (zetten)	waḍa'	وضع
plannen (ww)	χaṭṭaṭ	خطّط
plezier hebben (ww)	istamta'	إستمتع
plukken (bloemen ~)	qaṭaf	قطف
prefereren (verkiezen)	faḍḍal	فضّل
proberen (trachten)	ḥāwal	حاول
proberen (trachten)	ḥāwal	حاول
protesteren (ww)	iḥtaʒʒ	إحتجّ
provoceren (uitdagen)	istafazz	إستفزّ
raadplegen (dokter, enz.)	istaʃār …	إستشار...
rapporteren (ww)	qaddam taqrīr	قدّم تقريرًا
redden (ww)	anqað	أنقذ
regelen (conflict)	sawwa	سوّى
reinigen (schoonmaken)	naẓẓaf	نظّف
rekenen op …	i'tamad 'ala …	إعتمد على...
rennen (ww)	ʒara	جرى
reserveren (een hotelkamer ~)	ḥaʒaz	حجز
rijden (per auto, enz.)	sāfar	سافر
rillen (ov. de kou)	irta'aʃ	إرتعش
riskeren (ww)	χāṭar	خاطر
roepen (met je stem)	nāda	نادى
roepen (om hulp)	istaɣāθ	إستغاث

ruiken (bepaalde geur verspreiden)	fāḥ	فاح
ruiken (rozen)	iʃtamm	إشتمّ
rusten (verpozen)	istarāḥ	إستراح

255. Verbs S-V

samenstellen, maken (een lijst ~)	ʒamma'	جمّع
schieten (ww)	aṭlaq an nār	أطلق النار
schoonmaken (bijv. schoenen ~)	naẓẓaf	نظّف
schoonmaken (ww)	rattab	رتّب
schrammen (ww)	χadaʃ	خدش
schreeuwen (ww)	ṣaraχ	صرخ
schrijven (ww)	katab	كتب
schudden (ww)	hazz	هزّ
selecteren (ww)	iχtār	إختار
simplificeren (ww)	bassaṭ	بسّط
slaan (een hond ~)	ḍarab	ضرب
sluiten (ww)	aɣlaq	أغلق
smeken (bijv. om hulp ~)	tawassal	توسّل
souperen (ww)	ta'aʃʃa	تعشّى
spelen (bijv. filmacteur)	maθθal	مثّل
spelen (kinderen, enz.)	la'ib	لعب
spreken met ...	takallam ma'a ...	تكلّم مع...
spuwen (ww)	bazaq	بزق
stelen (ww)	saraq	سرق
stemmen (verkiezing)	ṣawwat	صوّت
steunen (een goed doel, enz.)	ayyad	أيّد
stoppen (pauzeren)	waqaf	وقف
storen (lastigvallen)	az'aʒ	أزعج
strijden (tegen een vijand)	qātal	قاتل
strijden (ww)	qātal	قاتل
strijken (met een strijkbout)	kawa	كوى
studeren (bijv. wiskunde ~)	daras	درس
sturen (zenden)	arsal	أرسل
tellen (bijv. geld ~)	'add	عدّ
terugkeren (ww)	'ād	عاد
terugsturen (ww)	a'ād	أعاد
toebehoren aan ...	χaṣṣ	خصّ
toegeven (zwichten)	istaslam	إستسلم
toenemen (on ww)	izdād	إزداد
toespreken (zich tot iemand richten)	χāṭab	خاطب

toestaan (goedkeuren)	samaḥ	سمح
toestaan (ww)	samaḥ	سمح
toewijden (boek, enz.)	karras	كرّس
tonen (uitstallen, laten zien)	'araḍ	عرض
trainen (ww)	darrab	درّب
transformeren (ww)	ḥawwal	حوّل
trekken (touw)	ʃadd	شدّ
trouwen (ww)	tazawwaʒ	تزوّج
tussenbeide komen (ww)	tadaχχal	تدخّل
twijfelen (onzeker zijn)	ʃakk fi	شكّ في
uitdelen (pamfletten ~)	wazza' 'ala	وزّع على
uitdoen (licht)	aṭfa'	أطفأ
uitdrukken (opinie, gevoel)	'abbar	عبّر
uitgaan (om te dineren, enz.)	χaraʒ	خرج
uitlachen (bespotten)	saχar	سخر
uitnodigen (ww)	da'a	دعا
uitrusten (ww)	ʒahhaz	جهّز
uitsluiten (wegsturen)	faṣal	فصل
uitspreken (ww)	naṭaq	نطق
uittorenen (boven ...)	irtafa'	إرتفع
uitvaren tegen (ww)	wabbaχ	وبّخ
uitvinden (machine, enz.)	iχtara'	إخترع
uitwissen (ww)	masaḥ	مسح
vangen (ww)	amsak	أمسك
vastbinden aan ...	rabaṭ bi ...	ربط بـ....
vechten (ww)	ta'ārak	تعارك
veranderen (bijv. mening ~)	ɣayyar	غيّر
verbaasd zijn (ww)	indahaʃ	إندهش
verbazen (verwonderen)	adhaʃ	أدهش
verbergen (ww)	χaba'	خبأ
verbieden (ww)	mana'	منع
verblinden (andere chauffeurs)	a'ma	أعمى
verbouwereerd zijn (ww)	iḥtār	إحتار
verbranden (bijv. papieren ~)	ḥaraq	حرق
verdedigen (je land ~)	dāfa'	دافع
verdenken (ww)	iʃtabah fi	إشتبه في
verdienen (een complimentje, enz.)	istaḥaqq	إستحقّ
verdragen (tandpijn, enz.)	taḥammal	تحمّل
verdrinken (in het water omkomen)	ɣariq	غرق
verdubbelen (ww)	ḍā'af	ضاعف
verdwijnen (ww)	iχtafa	إختفى
verenigen (ww)	waḥḥad	وحّد
vergelijken (ww)	qāran	قارن

vergeten (achterlaten)	nasiya	نسي
vergeten (ww)	nasiy	نسي
vergeven (ww)	ʿafa	عفا
vergroten (groter maken)	zayyad	زيّد
verklaren (uitleggen)	ʃaraḥ	شرح
verklaren (volhouden)	aṣarr	أصرّ
verklikken (ww)	waʃa	وشى
verkopen (per stuk ~)	bāʿ	باع
verlaten (echtgenoot, enz.)	tarak	ترك
verlichten (gebouw, straat)	aḍāʾ	أضاء
verlichten (gemakkelijker maken)	sahhal	سهّل
verliefd worden (ww)	aḥabb	أحبّ
verliezen (bagage, enz.)	faqad	فقد
vermelden (praten over)	ðakar	ذكر
vermenigvuldigen (wisk.)	ḍarab	ضرب
verminderen (ww)	qallal	قلّل
vermoeid raken (ww)	taʿib	تعب
vermoeien (ww)	atʿab	أتعب

256. Verbs V-Z

vernietigen (documenten, enz.)	atlaf	أتلف
veronderstellen (ww)	iftaraḍ	إفترض
verontwaardigd zijn (ww)	istāʾ	إستاء
veroordelen (in een rechtszaak)	ḥakam	حكم
veroorzaken ... (oorzaak zijn van ...)	sabbab	سبّب
verplaatsen (ww)	ḥarrak	حرّك
verpletteren (een insect, enz.)	faʿaṣ	فعص
verplichten (ww)	aʒbar	أجبر
verschijnen (bijv. boek)	ṣadar	صدر
verschijnen (in zicht komen)	ẓahar	ظهر
verschillen (~ van iets anders)	iχtalaf	إختلف
versieren (decoreren)	zayyan	زيّن
verspreiden (pamfletten, enz.)	wazzaʿ	وزّع
verspreiden (reuk, enz.)	fāḥ	فاح
versterken (positie ~)	ʿazzaz	عزّز
verstommen (ww)	sakat	سكت
vertalen (ww)	tarʒam	ترجم
vertellen (verhaal ~)	ḥaddaθ	حدّث
vertrekken (bijv. naar Mexico ~)	ɣādar	غادر

vertrouwen (ww)	waθiq	وثق
vervolgen (ww)	istamarr	إستمرّ
verwachten (ww)	tawaqqaʿ	توقّع
verwarmen (ww)	saχχan	سخّن
verwarren (met elkaar ~)	iχtalaṭ	إختلط
verwelkomen (ww)	sallam ʿala	سلّم على
verwezenlijken (ww)	ḥaqqaq	حقّق
verwijderen (een obstakel)	azāl	أزال
verwijderen (een vlek ~)	azāl	أزال
verwijten (ww)	lām	لام
verwisselen (ww)	ṣaraf	صرف
verzoeken (ww)	ṭalab	طلب
verzuimen (school, enz.)	ɣāb	غاب
vies worden (ww)	tawassaχ	توسّخ
vinden (denken)	iʿtaqad	إعتقد
vinden (ww)	waʒad	وجد
vissen (ww)	iṣṭād as samak	إصطاد السمك
vleien (ww)	ʒāmal	جامل
vliegen (vogel, vliegtuig)	ṭār	طار
voederen (een dier voer geven)	aṭʿam	أطعم
volgen (ww)	tabaʿ	تبع
voorstellen (introduceren)	qaddam	قدّم
voorstellen (Mag ik jullie ~)	ʿarraf	عرّف
voorstellen (ww)	iqtaraḥ, ʿaraḍ	إقترح , عرض
voorzien (verwachten)	tanabbaʾ	تنبّأ
vorderen (vooruitgaan)	taqaddam	تقدّم
vormen (samenstellen)	ʃakkal	شكّل
vullen (glas, fles)	malaʾ	ملأ
waarnemen (ww)	rāqab	راقب
waarschuwen (ww)	ḥaððar	حذّر
wachten (ww)	inṭazar	إنتظر
wassen (ww)	ɣasal	غسل
weerspreken (ww)	iʿtaraḍ	إعترض
wegdraaien (ww)	aʿraḍ ʿan	أعرض عن
wegdragen (ww)	ðahab bi	ذهب بـ
wegen (gewicht hebben)	wazan	وزن
wegjagen (ww)	ṭarad	طرد
weglaten (woord, zin)	ḥaðaf	حذف
wegvaren (uit de haven vertrekken)	aqlaʿ	أقلع
weigeren (iemand ~)	rafaḍ	رفض
wekken (ww)	ayqaẓ	أيقظ
wensen (ww)	raɣib	رغب
werken (ww)	ʿamal	عمل
weten (ww)	ʿaraf	عرف

willen (verlangen)	arād	أراد
wisselen (omruilen, iets ~)	tabādal	تبادل
worden (bijv. oud ~)	aṣbaḥ	أصبح
worstelen (sport)	ṣāraʿ	صارع
wreken (ww)	intaqam	إنتقم
zaaien (zaad strooien)	baðar	بذر
zeggen (ww)	qāl	قال
zich baseerd op	iʿtamad	إعتمد
zich bevrijden van ... (afhelpen)	taχallaṣ min ...	تخلّص من...
zich concentreren (ww)	tarakkaz	تركّز
zich ergeren (ww)	inzaʿaʒ	إنزعج
zich gedragen (ww)	taṣarraf	تصرّف
zich haasten (ww)	istaʿʒal	إستعجل
zich herinneren (ww)	taðakkar	تذكّر
zich herstellen (ww)	ʃufiy	شفي
zich indenken (ww)	taṣawwar	تصور
zich interesseren voor ...	ihtamm	إهتمّ
zich scheren (ww)	ḥalaq	حلق
zich trainen (ww)	tadarrab	تدرّب
zich verdedigen (ww)	dāfaʿ ʿan nafsih	دافع عن نفسه
zich vergissen (ww)	aχṭaʾ	أخطأ
zich verontschuldigen	iʿtaðar	إعتذر
zich verspreiden (meel, suiker, enz.)	saqaṭ	سقط
zich vervelen (ww)	ʃaʿar bil malal	شعر بالملل
zijn (ww)	kān	كان
zinspelen (ww)	lamaḥ	لمح
zitten (ww)	ʒalas	جلس
zoeken (ww)	baḥaθ	بحث
zondigen (ww)	aðnab	أذنب
zuchten (ww)	tanahhad	تنهّد
zwaaien (met de hand)	lawwaḥ	لوّح
zwemmen (ww)	sabaḥ	سبح
zwijgen (ww)	sakat	سكت

www.ingramcontent.com/pod-product-compliance
Lightning Source LLC
Chambersburg PA
CBHW071330090426
42738CB00012B/2839
* 9 7 8 1 7 8 7 1 6 7 2 1 6 *